南开大学校史丛书

总主编　刘景泉

《大公报·经济周刊》南开学者经济学文选

鲍志芳　编

南開大學出版社

天　津

图书在版编目(CIP)数据

《大公报·经济周刊》南开学者经济学文选 / 鲍志芳编. —天津 ：南开大学出版社，2017.11
(南开大学校史丛书)
ISBN 978-7-310-05483-1

Ⅰ. ①大… Ⅱ. ①鲍… Ⅲ. ①经济学－文集 Ⅳ. ①F0－53

中国版本图书馆 CIP 数据核字(2017)第 251154 号

南开大学出版社出版发行
出版人:刘立松
地址:天津市南开区卫津路 94 号 邮政编码:300071
营销部电话:(022)23508339 23500755
营销部传真:(022)23508542 邮购部电话:(022)23502200
*
天津午阳印刷有限公司印刷
全国各地新华书店经销
*
2017 年 11 月第 1 版 2017 年 11 月第 1 次印刷
230×170 毫米 16 开本 15.25 印张 2 插页 269 千字
定价:40.00 元

如遇图书印装质量问题,请与本社营销部联系调换,电话:(022)23507125

前言

《经济周刊》由南开经济研究所同人于1931年3月1日借助《大公报》创刊，是当时《大公报》诸多副刊中持续时间较长，集学术性与知识普及于一体，特色鲜明的一种。该刊以讨论中国与世界的实际经济状况为宗旨，主要发表有关中国经济及世界经济的研究性论文、实地调查报告、统计数据之分析及书评等，作者基本是南开经济学的师生。该副刊每周一期，直至1937年7月日本侵略军占领天津，天津《大公报》被迫停止出版，《经济周刊》亦随之停刊。其间共出版227期。

抗战胜利后，南开大学在天津复校，经济研究所亦由重庆迁回天津，该所同人经过近十年流离迁徙，研究人员虽然发生了很大变化，而其学术使命与学术精神则一脉相承，南开经济学人秉承南开的“公能”校训，于1947年10月再次以天津《大公报》为平台，推出《经济周刊》复刊，直到1948年12月因时局变化及《大公报》缩减版面，再次被迫停刊。在一年多的时间里，复刊共出版60期，以刊登经济时评为主。

何廉、方显廷、李锐、袁贤能、吴大业等南开经济学人，以“知中国，服务中国”作为教学与科研的宗旨，以“务实应用”为科教理念，以“中国化”为学术特色，并与工、商、农、学、政及国外学术机构密切互动合作，共同服务社会，推进学术，推出丰硕“中国化”学术成果的重要平台——前后近300期的《经济周刊》，这个平台借助《大公报》的翅膀，不仅提高了中国经济学研究的学术水平，也使经济学及经济知识走向社会、走向大众，极为有效地扩展了经济学对人们生活的影响，也为南开大学、南开经济研究所及其学人赢得了广泛的国际声誉。南开大学经济研究所也因此成为民国时期公认的具有国际影响的研究中国经济的权威学术机构。

南开经济学人的社会调查以“独开风气之先，指数编制享誉中外”，以“出版物驰名全球”建言献策，触动朝野，南开《经济周刊》刊载的文章，作为一种宝贵史料，至今仍是研读中国现代经济史、经济学史乃至中国近代史的必备文献，这也正是整理该文选的初衷。

希望我们整理的这本文选，可以历史地再现南开大学作为全国经济研究重镇和南开经济学的丰富学术成就，为今后中国近代经济史、社会史乃至政治史、文化史等领域的研究提供原始的资料和重要的参考。

由于水平有限，整理编辑中可能存在一些不足，敬请读者批评指正。

2017.9

鲍志芳

出版说明

本书在编辑过程中，以尊重原文为准则，具体如下：

一、将原文繁体字改为通用简体字。

二、对原文的断句与标点符号，一般情况下，仍旧使用原文所用标点符号。尽管当时所用标点符号与现行有所不同，但均一仍其旧。

三、尊重作者用词遣句的时代特色，在整理过程中尽量保持其原貌，仅对个别字、词，在不影响文意的情况下，做了一些必要的统一。

四、对于原文中个别明显的手民误植，径予改正；原文脱漏字，以[]标出补入；对于其他可能存在的行文或引文笔误，一般不做改动。

五、原文中数字，均保留汉字表述方式，不更改为阿拉伯数字。

南开大学出版社

2017.9

本刊之旨趣

我们现在不但有政治的国难，还有经济的国难。政治的国难大家都感觉到：国土给敌人强占着，人们给敌人屠戮着，国家的主权给敌人蹂躏着。但是经济的国难却没有这样的为大家深切地注意到。大家固然都知道我国的农村经济困难日甚一日，国际贸易入超年多一年，然而大家却很少感觉到我们的经济已经蒙受着和政治同样深度的国难。

我们的政治国难，不全是由帝国主义的国家的侵略政策造成的，大部分的原因还在我们中国人自己身上。同样，我们的经济的国难，亦不见得全是受了世界经济衰落的影响，大部分也是由于国内纷乱情形所致。然而帝国主义国家的侵略政策与我们的政治国难，世界经济的衰落与我们的经济国难，都是有密切关系的。

本刊就是以讨论我国经济状况，介绍世界经济大势，这样一个旨趣创办起来的。不过我们并不期望本刊是我国研究经济的专门刊物，我们只想以同人研究的余暇，有系统地，把中国及世界经济的各方面，用浅近的文字和图表，介绍给读者。我们预备每期都有这样三类的文字：第一类是论文，就是关于中国以及世界经济上各种问题的讨论。第二类是经济调查通讯，由本院驻外调查员按期寄发。第三类是书报批评，选择国内外重要的经济书籍加以客观的批评和介绍。至于专门的论著和经济资料，因为我们已经有《经济统计季刊》（中文）和《统计周报》（英文）为之刊载，长篇的经济著作，也因为可以归入本院所刊行的经济丛刊里，不想在本刊耗费很宝贵的地位。

也许读者诸君还记得，我们在过去，承《大公报》的好意，曾经两度地在本报和社会相见过。第一次在民国十七年，我们刊行过中文的《统计周报》，整整的一年，到民国十八年的开始，才单另发行。第二次从民国十九年的三月到二十年的三月，也是整整的一年，我们刊行过《经济研究周刊》，这两次都是用南开大学社会经济研究委员会的名义编的。这委员会就是现在本院前身，所以我们现在也可以说是第三次在本报又和读者诸君相见了。

不过我们这一次的努力，和以前两次，在性质上都稍有不同。第一次的《统计周报》是专载关于经济方面的统计资料的。第二次的《经济研究周刊》是专载我国工商业的调查报告的，间或有几篇论文。这一次我们的旨趣却不在这两方面。刚才我们不是已经说过吗？我国现在正蒙受着极深度的经济的国难。而一国的经济又和世界的经济是分不开的，我们现在的希望就是能够在中国以及世界经济的各方面，给读者诸君一点点的贡献。我们不期望本刊是供少数专家鉴赏的园地，只期望本刊是一般国民通俗的读物。

（《大公报·经济周刊》第1期，1933年3月1日）

目 录

矛盾的经济世界

何　廉

今日之经济世界，无在而非呈矛盾之现象。矛盾愈多，因之贫富之差异愈甚，贫富之差异愈甚，因之社会之问题愈滋。吁，现象如斯，病征毕露，吾人岂忍掩耳而为之讳哉？欲求改善，是不可以不言。

试先就吾国之经济现象证之。吾国之农村经济，处连年天灾人祸之后，元气斫丧，已濒破产，乡间利贷之高，普通周息自百分之二十至八十。利率如是，告贷且犹无门。城市之利贷亦高，而工商业因困于资力相继倒闭者仍时有所闻。此似为国内资金缺乏之象，然而各大银行，存款甚多，不能放出，有举巨款在上海建筑高楼数十层者。一方告贷无从，以致工商衰落，一方拥有巨资，苦于无地可投，有无不能相通，缓急不肯相济，至于此种，宁非怪象！近年内地通货，常苦不足，乡间现洋，为数尤少，故有举纸币一张，分裁为二以供通用者（为河南内地及徐州一带实事）。此似为国内通货缺乏之现象，然而各大商埠如平津，则现洋充斥，以之兑换纸币，尚须折水。货币为流通之物，今竟聚集都市，失其所以为流通之工具，又宁非怪象！此外如各省之年□有灾，产额增而民啼饥，三等车之拥挤不堪，而头等车座位多空，毒品之戢防禁止，而种植及制造之数日增。耳闻目见，几无一非矛盾之现象，此稍留心经济情形者所易见也。畸形病态，有不可言喻者。

再就世界之经济现象证之。欧战告终，欧西各国之经济，濒于破产，处元气摧残之后，竞以增加生产为目标。不及十年，而生产遂恢复战前之状。据国联所编制之世界生产指数，一九二九年，世界生产总额，较一九二五年，平均增加百分之一一。其中食物生产，较一九二五年，增加百分之五，而工业原料品，则增加百分之二十。此数年内，食物每年平均增加率仅百分之一.二，而工业原料之每年平均增加率为百分之五。畸形发展之象，即此可见一斑。更自各工业原料分析观之，其中生铁产量增加百分之二八，铜之产量增加百分之三三，航船产量增加百分之二七，汽车产量增加百分之二九，人造丝产量，增加百分之一二二。其畸形处更为显著，此生产增加方面之矛盾现象也。近年来，世界生产增加之速率，远在人口增加速率之上，在一九二五至一九二九数年之中，生产增加之百分数，较人口增加之百分数，约大一倍有余（人口增加百分之四，生产增加百分之一一）。似此生产增加，速于人口，工人失业，应形减少，然而征之事实，一九二九年世界工业国家之失业工人，为数竟达千万，较之一九二五年所有，且超逾之。两两相形，矛盾已极。一九二九年后，世界经济衰落，矛盾之现象尤多。试举一九三〇年之事实数点，以为佐证。一九三〇年中，世界不能售出之小麦存货，计一九，〇〇〇，〇〇〇公吨之多，不能售出之咖啡存货，计有五，五九三，〇〇〇袋之多，不能售出之白糖存货，计有三，二一六，〇〇〇公吨之多。存货既多，生产者又不欲贱其价以售，于是美国之小麦，有付之焚毁者，巴西之咖啡，有投入海中者。此茫茫世界中，无数之平民，方捧腹啼饥，求一饱而不可得，而彼生产者，因不欲使价格低落，宁焚之弃之而不肯举以供人之食，此岂非极矛盾而不可以理解者乎？循此不变，无论今后之生产方法，如何改善，生产数量，如何增加，而失业，困穷，饥荒，饿死，终不可以免，不第不可免，且恐将随日而俱增也。

世界之矛盾经济现象，已举数端论之矣，兹复自国际间之经济关系言之。欧洲大战之经济结果，最著者即为各国间经济均衡之破坏。欧美两洲之经济关系，尤失平衡之常态。处此战后而欲求恢复世界之繁荣，应速谋均衡之恢复，盖惟出此而后工商业所资赖之稳定始可实现也。按之实际，战后所定之政策，未能与此相符，一若采用赔债及战债政策，使比较困穷之国之财富，输入于较富之国，而世界已破坏之经济状况，即可复原。故结果所至，不第不能恢复国际之经济均衡，而变本加厉，反有每况愈下之势。战债问题，为今日国际间之一大经济问题。牵入漩涡之国，二十有八。债主之国，如德有债权国十一，小国如奥及捷克亦有债权国九与十，债权之国，如美负其债者十有六国，如英负其债者十有七国，如法负其债者十国。战债总额，在一九三一年六月胡佛提议停付战债时，共有美金五二，七四一，五四七，〇〇〇元。债主国以德为最大，其应还美金二五，六〇九，六二五，〇〇〇元。债权者以美为最大，其应收美金二〇，八二二，六二一，〇〇〇元。国际间之债务，既如此之巨，因之国际间每年之资金支付亦甚巨。在一九三一至一九三二之间（即胡佛所提之停付期间），其总额约在八〇〇，〇〇〇，〇〇〇金元之谱。计此数中，德应付三八五，〇〇〇，〇〇〇金元，英应付一六〇，〇〇〇，〇〇〇金元，法应付一一六，〇〇〇，〇〇〇金元，意应付三七，〇〇〇，〇〇〇金元，比应付一五，〇〇〇，〇〇〇金元。而自此数中，美应收二六二，〇〇〇，〇〇〇金元，法应收一九六，〇〇〇，〇〇〇金元，英应收一八八，〇〇〇，〇〇〇金元，意应收四八，〇〇〇，〇〇〇金元，比应收三〇，〇〇〇，〇〇〇金元。自上述数字观之，德为主要债主国，美为主要债权国，在此停付战债期间，德应付之总数，等于其他债主国所应付之总和。美应收之总数，占世界各债权国应收总数百分之四十。

国际间偿债之法，详加分析。应由债主国以货品或劳务作为偿付之资，此经济基本原则也。且自长期观之，债主国应有出超，而债权国应有入超。用金偿债，虽亦可行，但实有限。以资本（如国外投资之类）作偿债之用，尤只宜偶而行之，盖国内之资本，苟多举以偿债，则是自斫其国家之产业，即借债为之，亦徒自增加其负担耳。国家如公司然，虽有时可偶用资本或贷款以偿欠，但自长久言，必须恃纯净收入以为挹注也。国际间偿付之原则如是，今债权各国，均渴欲收回战债，试一察其所持之政策，是否与此相符？对于德国之国外贸易，是否提倡其出超？征诸事实，殊多背驰。协约各国之态度，大抵对于德国贸易之发展于世界市场，认为于其国之工商业不利。至德国贸易之及于其国，则认为绝对有害。群相率增加关税，高筑壁垒，以拒千里之外。是一方逼人偿债，一方又不予人以促进偿债能力之机会也。事之矛盾，昭然若揭。美国为主要之债权国，自事理言，尤宜提倡负债各国之出超，而实际上美国年来之关税政策，一面限制其各种竞争物品之进口，一面竭力提倡各种出口货品之增加。以喻譬之，战债犹索也，关税犹利器也，美国既以索系人之颈，而同时又以利器拒之，使不得近，此徒令受系者感处境之困难耳。此种政策，可谓矛盾已极。

国际间经济关系之矛盾现象，不仅是也，试再就黄金之流通言之。世界每年产金之数量，约四〇〇，〇〇〇，〇〇〇金元，其中半数，用为世界金本位国家货币及信用制度之准备金，而此种准备金之现有储量，约一一，〇〇〇，〇〇〇，〇〇〇金元。此数已不可谓不多，但仍时呈缺乏之象，以致各国物价下降，工商衰落。一九三一年，正英国放弃金本位之前，英国所存之金，至不足以偿付伦敦之巴黎银行之短期借款，其缺乏之情形，可以想见。然则此一一，〇〇〇，〇〇〇，〇〇〇金元之存量，果安在哉？据可靠之统计，三分之一，存之美国，四分之一，存之法国。世界中金之存量，倘分配适宜，本足以资流通之用，仍因糜集一处，致其他各处求为用而不可得，此亦矛盾现象之至者也。

上述各种矛盾之经济现象，骤视之似甚离奇。实则在现行经济制度之下，此种现象之脱颖而出，实意中事。盖制度本身，即已含有矛盾，种瓜得瓜，奚足为异。现代之经济制度，纯为一种以获利为目的之制度，业工商者，视物价为指针，以获利为目的，其所营之业，是否有功用于社会，其所产之物，是否适应社会之需要，俱不问也。然此非谓现代经济制度不能供给社会消费者之需要，不过现制下之经济行动，其主动只在获利，而非以供给社会需要为前提耳。商业循环，为现代经济制度下必有之现象。盖因现制下之生产事业，趋重获利，其影响所及，足以阻碍购买力之充足的分配于一般民众。于是少数之逾量投资，市场之信用膨胀，在所难免。迨至信用膨胀之限度一达，无法维持其现状时，始则制造生产货品之工厂减少，工作工人失业，继因工人失业者之日增，而制造消费货品之工厂，亦受影响，于是社会顿行紧缩，工商遂趋衰落。此现代工商业情形，所以常若患疟疾者之时寒时热也。经济的国家主义，亦因现代经济制度之发达而增剧。盖以获利为目的之经济盛行，各国中经济利益不同之阶级必多；此各经济利益不同之阶级，往往直接或间接要求政府执行其有利于己之各种政策，如采用保护关税及禁止某种货品输入之类是。因之，整个的国家经济或世界经济失却调和，致时呈此荣彼枯之象。

现代之经济制，其病态病原，已揭其荦荦大者言之。处今日而欲求疗治之法，应为澄本清源之计，枝枝节节，以谋补苴，必将如捧土塞河，劳而鲜效。所谓澄本清源之计，即制度上之变更是也。一种制度，经长期之试验，已揭露其自身之弱点，发生无数之病态，则改弦更张，岂容少缓？故变更现有以获利为目的之经济，而以功用经济代之，实为今后改善经济应有之趋势。

何谓功用经济？简括言之，各种经济行动，获得财富，宜视其行动对于社会功用之如何以为断。其劳务之有利于社会愈多，则其应得之偿酬亦愈多，无劳务者，根本即不应有财富之取得。故在功用经济之制度下，所着重者，非获得利益，乃执行职务，非仅视价格，乃兼顾功用也。采用功用经济之制度，其应注意之点有三：第一，宜有限制。各种经济行动之进行，其目的须有一定，在其有定之目的范围内，进行须有限制。若者值，若者不值，分划甚明，而其发展之范围，因此而定。第二，宜有计划。产业之种类至多，各种经济行动之进行，应有统一之计划。庶能导大众之力以同赴公共之目的。第三，宜有适当之分配。职务分配，不宜因机会或权势而异，应根据一种原则。报酬分配，不宜因得之者之幸运与否而有不同，应视其对于职务之称否，不逾其所应得，亦不少于其所应得。

变更制度，夫岂易言？一般人谈虎色变，率以为变更现有之经济制度，即将出于革命，流于共产，遂致明知现制之弊，相率噤若寒蝉，不肯轻发。实则此皆错误之见，事实上实不若是也。功用经济，苏俄自国家社会主义之基础上采而行之，已有相当之成功。第同时丹麦从合作运动之基础上采而行之，亦有相当之成功。足征更易制度，不必须经由革命，惟知其弊而不肯改，泄泄沓沓，则革命终不可以幸免。现世资本主义之国家，如英如德如美，近年来已渐趋于此种改革。吾国为经济衰落之国，目前固以振兴实业增加生产为要着。第现有经济制度之病态，现已显著，则此后之徐图更改，亦□经济建设者所不可忽略也。

（《大公报·经济周刊》第1期，1933年3月1日）

日本的经济果濒危机？

傅勤先

要知道日本的经济是否果濒危机？我们如不搜集多种较确实的材料，用科学的方法去考察，谁也不能断下肯定的论断。但是，我们试一检阅最近国内各报章杂志关于这类的文章，差不多千篇一律都有这样一个结论：“日本的经济已陷危机”，这些人都替日本抱隐忧，一若日本的社会马上便将自然地总崩溃。

归纳这些批评日本经济已陷危机的文字，最大的理由是指责军费膨胀，国家财政入不敷出。固然，军费如果长此过度膨胀，确有促经济陷于危机的可能。不过我们要明白日本的经济是否果陷危机，似不应专列举几个军费的数字为断。退一步言，即使因军费膨胀而导经济于危机，我们亦须分析此种危机程度的深浅，持续性如何？有否补救方法？国民能否负担？我们决不应因日本侵我国土而抱幸灾乐祸的心理，意气用事的口吻，不着实际的批评，希冀别人的经济破产。这种态度于日本无所损，于我则徒然增加国人对日本的轻视及误解。我们应当抑制我们的情感，用客观的态度，从事实上去加以分析。

日本自前年九一八后，因为军费陡然增加，财政确是不安状态。总括其军事费专在侵略东北一项，至本月止竟达五万万七千万日金，每人平均负担计有六圆之巨，这一点就是批评日本经济已陷危机的最大理由，也确值得我们甚深的考察。

我们要分析这次军费的膨胀，与它的财政经济上之影响如何，我们首当考察的地方，是日本本年度预算，岁出共有二十二万万余日金，与岁入相比竟不足八万万九千万，其中军费一项，占百分之三十六强。用正面直觉的方法考察，确是惊人的亏负。然而我们须知道军费的负担，在今日各帝国主义角逐之下，世界上任何国家都不可免，破产是世界整个的问题，此处暂且不必谈。假使日本并不侵我东北，一九二九年度的岁出也会有十八万万，一九二八年度的岁出，也有十七万万余，本年度日本岁出预算较一九二九年度增加四万万，若以比率计算，不免过大，然而这不过是偶发的现象。我们再统计侵略东北军费前后不过五万万七千万，倘与甲午中日之战日本所耗军费相比，相差亦无几。倘更与日俄战争日本所耗军费十九万万二千八百万比较，相差不啻天渊。况日俄战时日本当时货币之购买力与今日相差甚过，则所谓日俄战费十九万万者实当今日侵略东北军费十倍以上。可见一个国家除去经常岁出外，对于临时支出并非绝对不能负担，如果绝对不能负担偶发的临时支出，这种国家根本就失了她存立的资格。

问题是如此，日本本年度预算岁出超过二十二万万三千八百万圆，岁入不足八万万九千万，这个伟大的亏额，政府虽发新公债以资弥补，国民是否有消化的能力？消化之后对于产业上之影响又如何？要明白这几点，我们第一要考察日本国内外公债最近总额究有多少？偿还的经过情形如何？第二是日本全国国富究有多少？其全国总收益有若干？

查日本国富计一千〇二十三万万，每人平均有一千七百三十一圆，若依这个数字来看，虽然增加公债八万万九千万，似乎并无多大影响。我们再把日本政府全体新旧内外公债总额累计起来也不到七十万万，不及国富百分之七，试问假使有一家公司，财产为一百万万，负债并不及财产百分之七，如何能说它濒于破产呢？我们现在更进一步探讨此次八万万九千万公债，日本的国民是否有余资来承受？承受之后与产业发生如何影响？这里我们第一须考察日本全国总收益，其次须考察日本国民在各银行的贮金，邮政贮金，以及其他各贮蓄机关的贮金总额。贮金总额愈大，愈表示人民购买公债能力的余裕，因为贮储机关收受民间的存款除一部直接转贷于民间外，多半都是用以购买债券。查日本全国总收益共一百一十万万三千四百万圆，储金至本年一月底，全国邮政贮金计有二十六万万九千八百三十万圆，去年十二月底，全国各银行贮金总额计一百十一万六千四百五十七万圆，两共计一百三十八万万圆，我们看了上面的数字，觉得日本国民并非没有承受八九万万公债的能力。事实并且告诉我们，日本此次增发公债后，这几个月一切经济的现象仍然安定，货币并未膨胀，物价也未腾高，足见人民尚有消化能力，产业尚未发生影响。且本年预算中之九万万圆公债，或尚无全数发出之必要，因为昭和八年度预算与七年度比较，租税应减收七千〇二十八万一千圆，然而我们试一仔细考察这几个月实际税收之经过，昭和八年所谓减收者竟比七年度全期实际收入增加四百万零八千元（昭和七年十月底累计税收与昭和六年十月底累计之比），由此我们可以推想昭和八年（一九三三年）度年终会计决算时全盘租税之实收，必较预算案为多，所以[它]的公债或尚无按照预定额全数发出之必要。由此看来，我们更不能说它的经济已濒危机。

上面的事实明显地告诉我们，日本的经济并不因军费一时膨胀便告破产。然而我们试更进一步考察除军费外是否有其他构成经济破产的分子？这点国人也多所论列，有谓目下日本的产业已陷危机者，有谓贸易已陷危机者，有谓国际汇兑暴落是危机者。固然，这些都是构成经济危机的根本原因，确值得十分重视。然而我们要知道这些是否已濒危机？我们也要搜集事实的材料去分析。现在首从生产方面看，不过本刊篇幅有限，不能很精细地一一用数字来表现，今将最近五年来日本工业生产之指数与其他重要国之工业指数排列一比：

	一九二八年	一九二九年	一九三〇年	一九三一年	一九三二年
日本	一〇〇	一一〇	一〇三	一〇二	一一四
德国	一〇〇	一〇一	八九	七二	六七
英国	一〇〇	一〇六	九七	八九	八九
法国	一〇〇	一〇九	一一〇	九八	七四
美国	一〇〇	一〇七	八七	七三	五七

上表我们可以看出，最近五年来德英法美等国之工业生产都是逐年衰落，惟日本则独增加，可见日本工业生产方面尚称安定。至若农业方面日本也没有什么特别危机状态，虽云去年丝价暴落，影响农村经济，然而这是过去半年及一年以前偶发的现象，现在日本因汇兑降低，最近半年来丝价已涨至与原来价格相差无几，这是值得我们注意的。

其次我们再就国际贸易及国际收支上观察日本是否陷于经济的危机？日本国际贸易历年多半均系入超，昭和三年入超三万万三千四百八十万，昭和四年入超一万万七千万，昭和五年入超减到一万万六千一百万，昭和六年入超一万万四千万，昭和七年竟减到六千六百九十四万万圆，入超每年有巨额的减少，这种现象我们决不能说她是危机。但是同时也有人觉得最近三年来日本的输出也比前三年减低不少。关于这点我们须知日本的工业是棉布工业，它输出的大宗完全仗棉纱及丝，最近三四年来日本棉纱输出额，有极大的锐减，论者谓这就是日本工业衰萎的现象，这就是日本经济日趋危机之途。然而我们如果从事实方面加以考察，觉得完全不同，日本年来曾努力在中国设立纱厂，据最近调查在中国的日本纱厂增至四十一处，生产能力计纱锭一，七五七，二四八锭，线锭二四六，一四〇锭，此外其他杂工业在中国设厂，发展亦极迅速，因为直接在外设厂发展的结果，输出的数字虽然是锐减，我们如果把近年日本在外设厂的生产额加以综计，当觉日本的输出不但没有减少，反而年有增加。表面上虽然入超，常能因它国外事业之收益，保持国际收支之平衡。其实日本所谓入超去年不过六千六百九十四万圆，这个数目若与中国去年的入超五万万余海关两比，不及中国十分之一，我们还说人家经济破产？

再次我们要讨论最近日本国外汇兑暴落，是否经济的危机？关于这点我们也要分两方面看，一是因汇兑的暴落而影响到国际贷借的结算如何？一是因汇兑的暴落是否增加输出？考日本的汇兑所以暴落的原因，是现内阁的财政政策，因为在昭和六年以前（民国二十年）日本的入超很大，于是在昭和七年一月断行禁金出口，目的在求汇兑暴落达到增加出口的数字，今日汇兑已经达到暴落目的，但是输出究竟增加没有？我们且一看日本的海关报告，昭和六年度输出为十一万万七千九百二十万圆，昭和七年度输出为十四万五千七百二十四万圆，七年度较六年度输出增加二万万七千八百万圆，这个数字究是偶发的现象抑日本财政政策之成功？我们虽不能下个肯定的结论，至少我们知道在昭和七年里，日本并未因汇兑跌落而吃亏到国际贸易。我们现在更反转来看看，因汇兑影响国际贷借的关系如何？日本每年都是入超，如果汇兑跌落，从前应送百圆的数目现在变作二百圆，这当然是吃亏的现象。然而我们不要专就从前一百圆和现在二百圆作比，我们应当考察从前应送外国的总数多少，现在应送外国的总数多少？这里我们又要搬出海关报告来看。昭和六年入超为一万万四千〇二万圆，昭和七年入超为六千六百九十四万圆，纵使汇兑跌落一倍（去年上半年不及一倍，下半年超过一倍），去年比前年单就贸易一项也曾少送外国一千万圆左右。国际贷借以国际贸易占主要成分，其他虽有多少出入（如偿还国外公债之本利因汇兑跌落须多付等），实不碍国家大计。惟国外汇兑暴落，是否永久能增加输出，我们不必预先下判断，今日日本汇兑暴落的结果，能够增加它的输出，能算它财政政策一时之成功，将来是否因汇兑暴落，而影响它贸易的衰微，这完全要看它是否继续采取禁金出口政策。

我们看了上面所举的实例，再归纳起来看看：1.日本虽因军费一时膨胀增发公债八万万九千万，实际上并不像中国人说的那样有破产危险，我们当然也不能说绝无影响，不过这种影响并不算大，好比一个家庭留客吃顿饭，虽然不免超出主妇的预算，然而决不致因多一顿客饭便足以影响到家庭全盘绝食。2.日本全国生产数字，在今日各国（苏俄除外）生产极度衰萎时，尚能保存增加之趋势，当然不能说它是经济的危机。3.国际贸易虽然有入超，然而入超的数目已经锐减，输出已较上年为多。4.国外汇兑虽然暴跌，原来是它要求增加输出的财政政策。根据这些材料去分析，我们看不出什么地方是果濒危机。

总之，中国近来批评日本任何方面的文章，都是先戴着有色眼镜去观察，再抱幸灾乐祸的态度去批评，有时还梦想世界第二次大战，希望世界各国团结起来击溃日本，或期待国际联盟施以经济的制裁。须知这些都是幻想，实际上国际间的情形决没如此简单。

最后我们要知道，日本依照现状下去，离经济危机的路程实在尚远。它将来是否真要踏入经济危机之途，这关乎世界整个问题，此时尚难断言。本文并非替日本说话，无论我们如何嫉视日本，无论我们如何排斥日本，然而事实我们不可不认识清楚。不过中日的经济关系是非常密切，中国这时所处的地位有两种伟大力量，足以致日本经济的死命。一即日本工业生产品的最大尾闾市场是中国，中国果能真正坚决抵制日货，不但她在中国所设的工厂将全部倒闭，即国内的工厂也会陆续停业，失业人数自会日见增多，金融自会发生动摇；一即军事上我国真能长期抵抗，使它的军费永远消减不了，东北也不能安然经营，持之以久，经济界自将濒于危机。然而事实上国人日言抵货，日货仍如潮涌而来，日言长期抵抗，而数日之内，即丧失一省。如此下去，它的军事告一段落之后，我们不但永远看不着她经济的危机，恐怕还要看她日滋繁荣了！

（《大公报·经济周刊》第 2 期，1933 年 3 月 8 日）

美国银行风潮发生之经过及原因

何　廉

（一）

此次美国银行风潮之起，不数日间而掀动全美，以金元富足之美国，而忽呈此金融恐慌之现象，骤视之似甚离奇可诧。然苟细察，则知其银潮发生之原因，积蓄已久，譬之火厝薪边，特待触而发耳。

原此次银潮发生于米西根第答难城之联合监护公司，该公司因现款不敷应付存户提款及发财政善后社之借款息金，风声外播，存户遂纷纷前往提款。米西根州长即以金融紧急之理由，下令全州各银行信托公司及其他财政机关，自二月十四日起至二十一日止，停业八天。计停业者，除证券交易所外，有州银行四百二十家，国银行一百二十家。在此期中，经百方维持，银潮暂告平息，期满之后，州长下令各银行于二十二日开市，但只许提取存款百分之五。因此限制提存之结果，各方人心之疑惧未释，东部之马利兰州，遂随之而发生提存风潮。提款之数，一日内竟达六百万金元之多。该州州长为保持存户及银行之利益计，乃于二月二十四日，下令全州各银行停业三日。计停业之银行，共二百零五家。

自米、马两州发生银行提存及停业后，美国人民对于银行之信任心，遂大动摇，小存户纷向银行提取储蓄存款。各州见此情形亦皆讨论授州长宣布银行停业之权，以图减轻双方无谓之损失。故二月二十六日一日中，各州立法会议集议此事者计二十。迨至三月二日，宣布银行停业者，共十有八州，受停付影响者，共逾五千万人。因此各州宣布银行休业之事续出，于是恐慌之空气，渐漫于全国，三月三日之一日中，美国因金融风潮所受之损失，达一万一千六百万金元，宣布休业之银行，达三千家。人有戒心，蔓延愈广。三月四日——即新总统罗斯福就职之日——，即素以金融总汇著称之纽约及伊利诺伊两大中枢，亦相继卷入金融怒潮之中，宣布银行停业，是日日没时，全国四十八州中，宣布银行停业者共四十有四。事势进展如此，全国金融遂均陷于停顿之状态而不能动。根据哈瓦斯五日电，所有停业银行数目及滞存款项约如下表：

银行	家数	存款总额（金元）
国家银行	六，一五〇	二五，三六八，〇〇〇，〇〇〇
州银行及商业银行	一一，四五五	九，四九九，〇〇〇，〇〇〇
信托公司	一，二三五	一三，一一八，〇〇〇，〇〇〇
私立银行	二二七	五五，〇〇〇，〇〇〇
储蓄银行	一，〇九六	一一，〇二一，〇〇〇，〇〇〇
总共	二〇，〇六三	五七，〇四〇，〇〇〇，〇〇〇

自上表观之，银行停业者共二〇，〇六三家，滞存款项，共五七，〇四〇，〇〇〇，〇〇〇金元，为数之巨，几等于一九三一年之全国国人（五七，五〇〇，〇〇〇，〇〇〇）。

（二）

美国此次银行风潮之发生及其推演，上已略及，而推其所以至此，则有远因与近因两种。近因易明，简约言之，□令为一种心理作用所致。盖人民闻银行风潮发生，□热波及，加以目睹银行相继停业，愈生戒惧，激于一时之利念，遂纷向银行提存，虽有政令，亦莫之能禁。在此心理失常之时，存户只恐后时而不能得款，鲜能念及银行挤倒后之损失。提者愈多，恐慌之心理愈炽，而银行处境之危险亦愈甚。盖银行之收受存款，通常除提相当现金作为准备外，余皆周转于工商业，决无尽付之斋藏者。故使存户纷起提款，超出其平常准备之外，银行即穷于应付，盖客家之放款，非立谈间所能收回也。假使提存者只一银行，则其他银行，尚可设法接济，今多数银行，同时被存户提款，则周转不灵，其□惟有出于暂时休业之一途。此美国各州，于银行潮发生之初，所以多令停业也。

至于远因，则较复杂，就大体上言，一由于全国负债之过多；一由于银行制度之不善。盖自欧战以后，各国虽努力于生产之增加，美人尤抱乐观，竭力扩充工商业，因之工商技术之发明，日多一日。一九二〇至一九二九之十年内，政府所授与之发明特许证，超过前百年之所有。为数之多，可以想见。而此种扩充工商业之资金，则多借自银行。农业亦然，美国农业在战时大事扩充，战后仍旧进行，未加裁抑，其资金则大率来自借贷。同时分期付款之购买制度，战后亦大扩充，其影响所及，与借款同。

美国投资之热，不仅限于国内已也，亦且及于国外。欧洲及南美洲，美国所投之资甚巨。一九二九年私人及政府应收之国际债额，共约二百五十六亿金元。

上述世界之投资，其资金多自借贷而来，故在一九二九年时（即世界经济衰落之第一年），美国私人负债竟达一千七百八十三亿金元之数。再加入联邦政府及地方政府之债务三百亿金元，共有二千 〇八十三亿金元之多。此项巨数，其分配约如下表：

一、农民房地押款	九，五〇〇，〇〇〇，〇〇〇金元
二、农民其他借款	一，九〇〇，〇〇〇，〇〇〇金元
三、都市房产押款	五七，〇〇〇， 〇〇〇，〇〇〇金元
四、保险单押款	二，四〇〇，〇〇〇，〇〇〇 金元
五、公司长期与短期借款	七六，〇〇〇， 〇〇〇，〇〇〇金元
六、分期付款购买	三，〇〇〇， 〇〇〇，〇〇〇金元
七、商业银行借款（即贴现）	三九，〇〇〇，〇〇〇，〇〇〇金元
八、经纪人借款	九，五〇〇， 〇〇〇，〇〇〇金元
私人负债总额	一七八，三〇〇，〇〇〇，〇〇〇金元

政府负债

一、联邦政府负债	一七，〇〇〇，〇〇〇，〇〇〇金元
二、地方政府负债	一三，〇〇〇，〇〇〇，〇〇〇金元
政府负债总额	三 〇，〇〇〇，〇〇〇，〇〇〇金元
总计	二 〇八，三〇〇，〇〇〇，〇〇〇金元
平均每人负债	一，七一四金元

美国一九二九年二〇八三亿金元之债额，是否过巨？自债额与全国存金及全国国入之比率观之，即可得一具体之印象。大凡一国债额与其存金之比率过低时，则不利于债权者；一国债额与其国入之比率过低时，则不利于债务者。据美国经济家 Wanan F. Hichernell 之研究，一国之债额，不应超过其国入总数之半，同时存金之数，至少应等于债额百分之九；否则即为负债过巨，易有破产之虞。美国一九二九年之债额，为二〇八三亿金元，其国入为八七五亿金元，已远超过半数。政府及银行存金三九亿金元，不及债额百分之二。衡之百分之九之标准，已少数倍。负债过巨，即等于信用膨胀。弊害所至，易使债权者与债务者俱起恐慌。盖债权者因实金之供给减少，可以动摇其信用之基础，债务者因市场物价之降落，足以限制其偿付之能力，增加其债务之负担，故一有动摇，即呈经济崩溃之象。

情形既略述如上，试举一九二九年之事实证之。一九二九年九月，英伦因 Charence Hatry 氏企业之倒闭，英国在纽约证券市场之投资者，多售出其所有之美国证券，以其现金供维持本国证券市场之用。加以英兰银行，为维持英国金本位计，提高贴现利率至百分之六.五，以鼓动现金输入。于是英国在纽约之投资者，群相率去卖纽约证券，纽约证券市场，因之顿起恐慌，证券市价遂惨落而不能复振。而证券市价惨落之后，物价亦随而下降，盖因消费者心怀恐惧，不欲多购，货币流通之速度，因之减少；同时银行因证券市场之风潮，又于一九二九年十月开始清偿其往来存款，于是存款通货之流通额，亦因之减少。一九三〇年上半期联邦准备会会员银行之定期存款，虽曾增加五七〇百万金元，其往来存款，则减少六二七百万金元。此即信用通货紧缩之始。嗣后每况愈下，计一九二九至一九三二之三年中，美国一四一大都市（纽约在内）之存款通货流通额，减少百分之二一（从一八七亿金元减至一四七亿金元），货币流通之速度，减少且百分之六一。债务之额，至一九三二年时，虽已清偿者达三七〇亿金元；然因债务之清偿，而通货之流通额减；因人民之心怀恐惧，节缩不用，而通货之流通速度滞。结果所至，一般之物价下降，而通货之购买力增高。清偿愈多，物价愈落，迨至一九三二年十二月，股票之价格，较一九二九年平均降百分之七五，物价降百分之三五。物价愈落，负债愈增，而偿债更形困难。一九二九年之二〇八三亿金元债额，至一九三二年，虽已清偿三七〇亿金元，较原额减少百分之一八，然因物价下落币制上涨之故，一九三二年之债负，实为二六一七亿金元，较原额增加百分之二七。

收入减支出，即商人之利润也。市场物价愈下落，商人之收入，愈随而下降；支出方面，虽亦有变动，然为数甚微，不能与收入之减少相提并论。故在此物价惨落之情形下，工商业之利润，由减少以至于零，因此工商业经营之动机，随而销丧。结果商业倒闭（一九三二年之商业倒闭者较一九二九年增百分之二三），生产衰落（一九三二年之生产额较一九二九年减少百分之四七），失业增加（一九三二年较一九二九年增百分之七三），国入减少（一九三二年较一九二九年减少百分三四）。市场之交易，遂日趋停顿之状（一九三二年之票据交换额，较一九二九年减少三分之二）。萧条气象，满布全国。因此种种，现金输出，一九三一冬至翌年春，共计约七八八百万金元之多；而民众提存现款以匿藏者亦日增，至一九三二年夏，计有一，五〇〇百万金元之数。于是银行停业者日多，一九三〇至一九三二年十月，共有四，八四二家，约占十年来银行休业总数之半。此皆致成此次金融恐慌之主因也。

（三）

负债过多之情形，已加详述，再就其银行制度之不善，约略言之。美国银行之现状，为近百年来“银行自由政策”发展之结果。在此种政策之下，无论何人，苟能筹措政府所定之最低资本额，即可请求特许，组织银行。一九〇〇年之银行法，将原先之最低资本额（五〇〇〇〇金元），减低为二五，〇〇〇金元。当此银行法通过之时，银行总数为一〇，三八二，至一九二〇年，增至三〇，一三九。二十年之内，增加银行一九，七五七，平均每年，增加九八八。增加之数日多，于是银行倒闭之事频见，最近十二年中，倒闭之银行，计一〇，四八四，共有存款，计四，八八二，四八一，〇〇〇金元。计其中国家银行一，五七一，存款为一，一四三，八五七金元，州银行与私立银行八，五一三，存款为三，七三八，六二四，〇〇〇金元。因此银行倒闭而致存款者所蒙之损失，计一，五〇〇，〇〇〇，〇〇〇金元，股东所蒙之损失，计一，〇〇〇，〇〇〇，〇〇〇金元。此种倒闭之银行，多为乡村小银行，在上述一〇，四八四之中，百分之六六，其资本总值在五〇，〇〇〇金元之下。资本既微，又各为单独银行，不相隶属，故易受其所在地经济盛衰之影响；而以在农业或工业畸形发达之地方为尤甚，银行营业，应受国家之监督；第在美监督甚难。盖因美采国银行与州银行并立之制，互相竞争，政府方面，授予特许之权不一，银行自身，又多互相摧残之竞争。同时在现有制度之下，国银行可随时改为州银行，州银行亦将改为国银行，故监督之权，甚难实施，因之各种不健全之摧残竞争，亦遂无法遏抑，制度散漫，实亦致成银行风潮之要因也。

银潮发生之远因，实不仅上述二者，本文特以其为致成之主因，故详论之。此次银潮发生之后之影响，其最著者如资金之外移，现金之藏匿，工商之停顿，及对外信用之丧失。而后者尤足注意，自银潮发生之后，伦敦汇市暂停，丹麦外汇交易只收英镑，巴黎市场，美汇无市，各银行均不付美行支票，罗马亦停止美汇交易两小时，意大利国家银行电纽约将所有存款改作黄金记账，盖恐美将放弃金本位。诸如此类，不可胜举。

美国政府对此次银潮之处置，新总统罗斯福援引一九一七年十月之法律，发布紧急命令，令全国银行，停业四日。发行新币，以支持具有解决能力之银行，而听其能力薄弱者，因缺乏通货而自行倒闭。同时禁止对于外币之买卖，及现币生金等之输出储藏与销毁。此项命令，国会现已通认。据财长伍定氏之声明，美国并未放弃金本位，实则其令中所定办法，如银行停市期满后，存户不得支取现金；严禁输出现金，即移动亦在取缔之列等，与放弃金本位，初无二致也。

据十一日华盛顿路透电消息，凡属于票据清换所之银行，定星期二日开业，小地方之银行，则定星期三开业。此系采渐进计划，以便得需要之时间，运输新币。美国此次消灭风云之银潮，至是似成过去矣。惟上述命令，为救济之处置，虽可收一时之效，然其能否铲除此次恐慌之原因，则殊不可知，此视乎将来之发展如何而定。然吾人以为此尚非治本之法也，治本之法，应注意下列两点：（一）彻底改革通货制度，以期购买力之稳定而不变；（二）整理全国银行制度，以期收统一与监督之效。

（《大公报·经济周刊》第3期，1933年03月15日）

我国银本位币制之实行

巫宝三

货币的必要，在于其供交易的媒介，而免除物物交易的困难，本位币的必要，在于其供记账的单位，使一切交易皆以同一单位计量，而便于交易的计算，及债权债务的清结。抑经济高度发达的社会，款项的授受，不必实有本位币其物，但本位币的制定，则无论如何为不可缺，盖本位币之职务，在提供一记账的统一单位，实质的本位币，虽可以银行通货代替，但银行通货仍必以此单位为根据。我国货币复杂，系统各别，既无规定进位的便利，复乏记账单位的统一，不特异地异制，即同一市区，亦杂陈并列。人民商贾以至国家经济发展，受此互相折换及其衍生的种种弊端的影响与损害，殆不可以数计。总括而论，我国有两个货币问题，一为货币的系统问题，一为货币的本位问题，货币的系统在使杂色辅币。归于准本位币进位的辅币，使纷异的记账单位，统一于一种记账单位。货币的本位，为求以何种货币为记账单位，可使价值得以稳定。此两问题可以一次解决，如确定何种本位之后，随即制定货币的系统而实行之，民三国币条例，即属于这一种，或则分别解决，先确定并统一本位币，而后再谋辅币的整理，目前的货币改革，即属于此类。

我国货币改革，自清末至今，论议者垂三十年，倡导者亦不知若干人，皆因一方面憧憬于金本位的良制，一方面牵制于银两势力的深固，而逡巡莫前，踌躇不决，以致一无所成。原我国之倡货币改革论者，可分三派，一为主张由现制直接跨入金汇兑本位，一为主张先确立银本位制而后再谋改革，一为主张不经过银本位阶段而由现制之上建设金汇兑本位以徐图实现。后一主张，经过金贵银贱的刺激，及《甘末尔草案》的具体化，在国内极占势力，政府亦颇有采纳的势样。顾以年来世界经济凋蔽日益深刻，各国已有金本位多趋于停止，而政治风云变幻，前途更非可测，以我国的经济力量，此时而谈金本位，盖非时势所能容。同时我国年来因暴敌凭凌，空前水灾，城市工商衰落，农村经济崩溃，资金全集中于都市，银元供过于求，其价乃跌，至去年八月，由通常等于规元七钱二分左右的市价，跌至六钱八分余，开亘古未有的新低价，银元价格既低，熔毁乃盛，于是银行界及政府群认为废除银两建设银本位币的时机已至，政府并决定原则，与中外银行界专家组织研究委员会，以期实行，今年三月政府以各事筹备就绪，乃颁布银本位币铸造条例，规定于三月十日起，先从上海实施，各业一切交易均用银币计算，不得再用银两。至此确立银本位制的主张，乃具体实现，我国从此亦有法定记账单位了。

事实上，我国自清代中叶西班牙、墨西哥银元大量流入后，继之以本国的鼓铸，至民国八年而统一银元行市，不但银元为国内交易的通用媒介，即按民三国币条例的规定，亦已承认为中国的法定货币，所引为遗憾的，银元的成色不一，自由铸造未能实行，辅币不能十进，银两未能尽废而已。按估计现在全国所存银两银元的比例，前者约为百分之八，后者则占百分之九十二。所以这次银本位币的实行，不过将残余势力的银两尽行铲除，而将银元的本位币资格更为法定罢了。

查去秋讨论废两改元的时候，社会争论纷纷，而争论的焦点，则集中于下列三问题，（一）新银币的重量、成色及法价，（二）尚在有效期间的银两契约，其与银币折合的比率，如何规定，（三）应采取何种方法，使社会一般人对于此项变更，了解而信任。现在银本位币铸造条例已经颁布，废两改元已经实行，对于以上三点，想必有较善解决办法，今试将铸造条例做一通盘的考察，并论列其前途的发展。

银本位币铸造条例第二条规定，“银本位币定名曰元，总重二六.六九七一公分，银八八，铜一二，即含纯银二三.四九三四四八公分。”按照国币条例，银元总重二六.八五六七二公分，以银八九合算，每元纯银为二三.九〇二四八〇八公分。现时流通的袁头币，成色重量皆如上所规定，即新出的总理币，据化验的结果，其所含纯银，有千分之八九一.五的成色（其所以未起《葛莱歆法则》的作用，乃因总理币的重量公差太大）。所以新铸造的银币，与旧币比较，重量轻〇.一五九六二公分，成色低千分之十，纯银少〇.四〇九〇三二八公分。新币铸造此种规定，显与一部分人要求以民三国币条例为根据者，相差甚远，于此吾人首须了解，过去洋厘存在的原因，乃因银元混乱复杂的结果，现在既欲整理币制，则势非铲除此种混乱复杂的现象，而另铸造发行一种统一的新币不可，但欲此新币能不胫而走流通于全国，唯一办法，即为应用葛莱歆法则，以低减成色货币驱除成色较高的货币，虽然新币按照民三条例铸造，而将全国流通的杂色旧币收回重铸，以免除各方面的纠纷，未为不可，不过以现在中央政府的财力，要使政府担负此一大宗改铸经费显为事实上所不容许。按新币与旧币，纯银的相差，申合上海银两（纯银）为〇.〇一二一七四，等于新币所含纯银百分之一.八四六，此数虽与现时规定铸费百分之二.二五相较，尚嫌不足，但或可足以弥补改铸的用费。铸币条例第十一条第二项，“旧有之一元银币，合原定重量成色者，以银本位币同额兑换之，免纳铸费”。此种规定，即缘于上列计算的结果。所以关于新币重量成色的规定，从事实与发展上说，都是很成功的。

新币的重量成色及铸费既经规定，新币的法价即可按规定合算，计每银本位币一元，等于上海银两（纯银）七钱一分五厘。这是银币与银两，一定不变的换算率。人民有七百十五两的纯银，即可换到一千元的银币，同时一千元的银币，也就值七百十五两的纯银。在此换算率之下，尚在有效期间的银两契约，债权者无论所受为银两抑为银元，皆是一事，而债务者以七钱一分五厘之换算价格，清偿债务，比较实际价格，亦有益无损（按最近上海洋厘市价，常盘旋于七钱一分五厘左右）。而按财部命令，现在为新币试行期，在试行期间，银两与银本位币一元，或旧有一元银币之合原定重量成色者，皆可通用，惟换算率则有一定。其用意，盖在避免债权者的顽抗，与新币制的推行，不生阻碍。

货币价格与法价是否相符，最好的保障，莫过于自由铸造。自由铸造一经实行，则银元供不应求价格高昂时，人民即可将银条送造币厂铸造银元，洋厘即可不致发生，反之银元求少于供，人民亦可将银元送造币厂化为银条，银元既少，价格自可再返于法价，因此原因，世界各国莫不遵自由铸造的原则以行。民三国币条例，亦有自由铸造的规定，惟以未能见诸实行，遂致有洋厘行市的存在。这次政府既实行以银币为统一的记账单位，而使其换算率常定于七钱一分五厘，自不能不有此同样的规定，按银本位铸造条例第十一条，“凡可以供铸币银类，或旧有银币，向中央造币厂请求代铸银本位币者，依左列各款之规定，（一）银类成色为千分之九九九者，每元纳纯银二三.四九三四四八公分，加纳铸费一元之百分之二.二五，（二）旧有之一元银币，合原定重量成色者，以银本位币同额兑换之，免纳铸费，（三）银类成色不及千分之九九九，或旧有银币不合规定重量成色者，应按其实含纯银数量申合，每元并须纳铸费一元之百分之二.二五。前项银类或银币，如成色过复，除照纳铸费外，得酌加炼费。”上列规定，除第二项为适应旧银币的高度成色，成为特别规定外，余两项皆为应有的规定。其中所可讨论的一点，即为铸费的问题。按民三国币条例，每元仅收铸费库平六厘，合上海银两为〇.〇〇六六六一一，与此次规定之百分之二.二五，相差为上海银两〇.〇〇九〇七一六。一般社会人士咸不免以为取费太高，而有政府从中渔利的怀疑，关于此点，中央造币厂去秋有一函致废两委员会，其计算铸造量及工料价的结果，最低费用，须百分之二.二五，此盖为此次铸费规定的由来。

除银本位币之外，条例尚规定铸造一种厂条，此额值得吾人注意。铸造条例第十二条，"中央造币厂，得铸厂条，其成色为千分之九九九，每条重量与银本位币一千元所含之纯银数量相等，并于其面标记之"。第十三条，"凡以银类请求中央造币厂炼铸厂条者，依左列各款之规定，（一）银类之成色，为千分之九九九者，每条应纳铸费百分之二.二五，（二）银类之成色，不及千分之九九九者，应按其炼得纯银实数合算，每条纳铸费百分之二.二五外，并得酌加炼费"。按金本位国家除金币外，尚有金条，盖所以便利国际差额的支付，及大宗款项的清算，上海为国际贸易地点，向来收付全用实银，现在实银取消，势必求所以代替之物，这就是厂条所以铸造的原因。从来实银进出，由公估局批水，计算非常麻烦，现在厂条重量、成色、铸费既经规定，则可直接申合外来大条，以元化为盎司，或以盎司化为元，甚为便利。并且从来输入银条改铸银两，银炉须收取相当的铸造费，及至银两再行输出，又再改铸银条，不特事甚艰难，而且所费太巨。据耿爱德氏称，经此两度改铸，原来的十万盎斯，最后乃减为九万八千盎斯。此种损耗，由于厂条的铸造制度完善，必能减轻不少。厂条铸造在造币厂方面，亦甚合算，盖铸造厂条与铸造银币的铸费相等，而实际铸造厂条所费自较铸造银币为少。所以厂条的铸造及流通，在政府出口、商人及银行三方面，皆甚便利。至于厂条得按其标记的元数，向造币厂兑换同额银本位币，此为题中应有之义，铸造条例亦已予以规定。

以上为银本位铸造条例中主要论点，其余若公差及法偿资格等，亦皆有规定，不再赘述。

现在银本位币已自三月十日起在上海实行，消息传来，钱业已停止开做洋厘，银拆改为拆息，银行业经国内外汇兑，亦皆改用银币计算，海关方面亦废关平两，改为银元征税（其以金单位征税者仍旧）。而财政部为恐实行伊始，市面因供求关系，发生不便，已请中央、中国、交通三银行合组兑换机关，以司银两兑换银元，及银元兑换银两事宜，第一日该机关两元兑换达百二十万，由此种种，可知银本位币已在积极推行之中。我们回溯既往，瞻望将来，实觉中国金融组织，已跨入一个新的阶级，这个新的阶级，就是组织化与简单化。我国金融市场过去所以呈一种散漫纷乱的现象，一方面是本国金融机关资力薄弱，一方面也是银行与钱业分道扬镳所致，而造成银钱业分歧的原因，就是两元两个原素在作祟。今一日废除银两，则市面所见的票据，无论为庄票抑为本票，皆以同一单位计算，对外单位既同，则庄票本票的成见乃失，而银行与钱业以经营的业务相同，记账的单位相同，将来两方得票据汇划及准备等等，不难合为一炉，以收集中便利之效率，其于市面恐慌的救济，金融的控制，皆有莫大的关系。再者，我国过去因银两银元之并存，庄票因历史上的关系，在市面极占优势，本票致为之减色，现银两既废，则本票可望发展，市面票据既多，则贴现市场不难造成，此对于国内工商的发展，实有极大的影响。以上不过就金融组织一端而言，其他若民众授受的便利，将来币制改革有所根基，皆莫非从此银本位币制的实行而获得。

现在银本位币制，虽政府规定先从上海施行，并先从本位币施行，但上海为全国货物的分配与集中处所，各地与上海皆发生汇兑上的关系，上海一经用元，各地亦必相率用元，新于最近数日汉口、南京等地纷纷改制，即可知银本位币不久即可普行于各地。本位币既经确立，铸币的改革自可如水就下。最后关于社会的了解与信任一点，现新制已行之数日，作者不再辞费了。

（《大公报·经济周刊》第3、4期，1933年03月15日）

最近天津铜元跌价之原因及其影响

何　廉

一、铜元跌价之经过

中国之铸造铜元，始于前清光绪二十六年（一九〇二），铜元初铸时，因供给甚少，每元仅易铜元八十八枚，市价在法价之上，铸造利益优厚，故三数年内即因铸造之过滥而市价遂跌至法价之下。此后铜元铸造有增无已，各省皆以铸造铜元为财政之重要收入，故三十年来铜无市价亦无日不在下跌之中。各种铜元之中，当二十文之铜元其铸造利益又较当十文之铜元为厚，故流通当二十文铜元之区域，其市价之下跌又较其他各地为甚。最近七年天津铜元市价之下跌见本文附图。图中可知自十五年至十七年铜元行市已由每元三百一十枚跌至四百二十枚，但十八年至二十年又略回涨，且较稳定。二十年一月每元仅易三百八十余枚，是月以后铜元市价又复下降，七月以后每元已易铜元四百二十余枚。及本年一月因在年关，铜元市价略涨，一月初每元仅易四百枚，但二三两月又复继跌，二月平均每元可易四百二十四枚，三月平均每元可易四百三十六枚，截止至本文发稿时止，最近四月二日之最低价则已降至每元四百四十六枚，截至本文发稿时止，最近四月二日之最低价则已降至每元四百四十六枚，为历来最低之点。

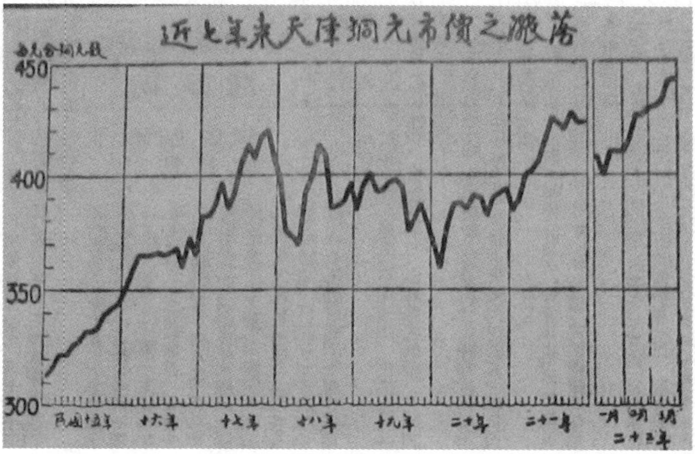

二、铜元跌价之原因

铜元乃为一种辅币，名价较实值为高，造币有利可图，故铸造若无限制，则为牟利起见，即易有滥铸之弊。防止滥发最简易之方法即为国库之无限制兑换。人民随时可以任何数额之辅币请求按照法定价格兑换同额之主币，政府不得拒绝，并不得收取手续费。采用此法则滥发之弊即可免除，盖若因滥发而价跌，则人民即可以辅币退回政府，虽欲滥发亦不可得也。前清之银币则例与民国国币条例皆有此无限兑现之规定，但卒未实行，此为我国辅币法价不能维持之根本原因。无限兑换不能履行，而铜元铸造之利益又极大，故各省造币厂皆大量鼓铸。按中国铜元之来源，除政府之铸造外尚有私人之铸造，重量成色皆较政府所铸为低，政府无力禁止，此亦铜元供给之另一途径，铜元之跌价固为必然之实事也。继此以往，苟无法律之限制，则将来市价必将低落至与铜元实值相等而后已。盖现时之铜币已失去辅币之条件而与一般货物无异，其市价之高下，完全取决于供需之状况矣。

至于铜元市价之短期升降则纯为各地供求与居民操纵之结果。天津造币厂久已停铸，现时平津通用之当二十文铜元多由开封、蚌埠、徐州等地输至，盖此等区域之铜元市价每元可易五百枚，较天津为贱，运津销售，有利可图，我政府虽严令禁止，而私运仍多也。除长江铸造铜元之运输外，闻本津与国外尚有私运者。

天津收付铜元最多之机构即为电车公司钱铺，电车公司每日收入铜元不下三四千元，普通皆于次晨售出，但遇铜元价格过低时，间亦囤积待价而售。常人多因电车公司收纳之铜元最多，故每遇市价涨落，皆谴责于该公司。但电动车公司之铜元每日皆为售出，市价利涨不利跌，现时铜元之跌价不能归罪于彼也。钱铺在铜元跌价时，收买囤积，待时而售，自可获利，但此种举动谓其扰乱市价，尚不若谓其可以平抑市价之为愈。盖钱铺资金并非极巨，各个钱铺又无坚固之组织，共同行动并非易举，非遇银行风潮或有其他事故，不易收操纵之效。故此次平津铜元市价之更落，似为三十年来铜元跌价之继续趋势，未必为少数私人操纵之结果。

三、铜元跌价之影响

批发物价与大数量之交易皆不用铜元，食品等日用物品之零售价则以铜元为准。铜元跌价则物价必须上涨，但物价常有惰性，如以银计算之物价不动，以银计算之铜元市价下跌，则当铜元市价之跌落并非过甚时，零售商店亦不愿骤将物价提高，而自愿略将其收入减少，但当铜元跌价过甚，则有时又可借口将物价提高而超过于铜元跌价之程度。如梨之批发价每百个售洋两元五角，加上费用及利益约百分之二十，则当铜元行市为每元易四百枚时，每梨应售铜元十二枚，今每元可易四百一十枚，则每梨应售铜元十二枚零三文，但此价在售卖时极不便利，故零售商店宁减少其利益而仍售十二枚。苟铜元价格变动较甚，每元可易四百二十五枚，则每梨应售铜元十二枚零七文半，为便利起见，每梨当售铜元十三枚或十四枚。故铜元市价变动对于零售商人之影响，有时增加其利益，有时减少其利益。苟售卖之物品种类甚多，则可互相抵补而影响甚少。但铜元市价若常有变动，则成本常须重新估计，至不便利，此为零售商店所受之影响。普通为稳当起见，多将物价提高，故对于消费者至为不利。

中上阶级及工人收入之以大洋计算者，在铜元跌价时，每元可易较多之铜元。苟铜元之跌价未能影响到物价之变动，则于消费者反有利益；苟物价的提高超过于铜元市价之下跌，消费者自有损失。但普通吾人购物之种类甚多，互相抵补，损失似不能超过于利益。且此等人之收入较丰，即微有损失，亦能负担，并非重要也。

下级工人之收入尚有以铜元计算者，此等收入常不能因铜元跌价而作同样之提高。铜元跌价，零售物价升涨，而工资收入不能作比例的增加，则惟一方法只能降低其日常之生活程度。且下级工人购用之物品，除房租衣料等少数物品外皆以铜元计算，故受铜元跌价之影响最甚者，实为此等最下级之工人也。

此外如上海与平津之电车公司收入皆以铜元计算，电车乘价不能随时改变，故铜元价格之下跌全部皆为公司收入之减少。但此等公司赢利甚厚，尚不至因此而蒙亏累。

四、补救之方法

铜元跌价既由于无限兑现之未能实行，与私铸之不能制止，故补救之方，只能由此两方面着手。无限兑换之实行必先集中铸造权于中央政府，盖各省若自为政，则滥发自不可免，谁愿代他人作无限之兑换而受此损失！吾人所谓铸造权之集中，并非必由一厂独铸，但各省之造币厂应直接受中央之管辖，与现时之中央银行办法相同。如此则损失或赢余各厂共之，铸造数额亦有稽考，无限兑换之制始可成立而滥发之弊始可免除。现时之铜币市价已过于低下，自无施行无限兑换制度而使其恢复法价之理由。吾人以为我国铜币私铸之多，其原因之一即由于币面花纹之过劣。且现在各种铜币之重量成色并不一致，今日应采之方法宜先禁止各地之私铸私运，同时对于现时通行之辅币，按照当地市价并斟酌其他情形确立一法定之比价，逐渐收回，为铸花纹精巧之十进新辅币。各地法定比价现经确立，则以后更行低跌之现象自可免除；统一造币权而施行无限兑换，则新币之法价可以维持；花纹精巧，成色重量划一，则私铸可减，此为免除辅币跌价之根本办法。昔日常有禁止奸商操纵行市之命令而未尝有效，盖政府之滥发无已，供过于求，不禁发行之过多，而独禁商人之贬价行使，是犹作为而强人承受耳，必不能维持久远者也。

（《大公报·经济周刊》第6期，1933年04月05日）

中国棉纺织业之危机

方显廷

一、危机的严重

近来津沪日报给了我们一个惊人的消息，虽然并没有引起大家的注意：那就是中国棉业目前所遭遇的空前危机。大家都知道热河的陷落，农村的破产，然而没有人注意到中国唯一巨大的民族资本工业的将趋毁灭。

中国为世界上一个最大的农业国家，有众庶的人口，广博的富源，在这实业发达的时期，却没有一种在世界上占地位的工业。就是棉纺织业，在中国过去四十年中算是发达的最有成绩的，比起东西其他国家的重要实业来，还是瞠乎其后。欧战以后，中国的棉纺锤数增加极速，差不多增加现在的纺锤数之四分之三，然而拿纺锤数去与人口相比较，其比率在世界的棉纺业国家中还是最低的，英国最高，每千人有纺锤一一九九锭，而中国则每千人只有九锭，仅当英国的百分之一的四分之三。中国的纺锤对人口之比率，就是比别的两大农业国家，俄国与印度，也是相形见绌。俄国每千人有四十八锭，印度有二十六锭，而中国则仅仅九锭。

所以中国的棉纺织品产量，只供自己消费，尚感不足。譬如在民国十八年中国就运进值一八八，三八九，二五三海关两的棉货，约值进口总值的百分之十五（总值一，二六五，七七八，八二一两）。在这种情形之下，目前棉纺织业所遭遇的危机，便尤其值得我们注意。现在的危机，固然不是一朝一夕所致，它的原因可以追溯到大战之前，特别是大战以后的不健全的发展。而现在严重的情形，我们比较一下上海纱市的棉纱批发市价，便可知道。在去年第一星期人钟十六支纱每包现货价为一百六十八两五钱，自后即继续跌减，到了今年三月的最后一星期，跌到一百三十七两七钱五，一共跌了三十两七钱五，或百分之一八.二。而质地较高的纱，跌价愈厉害。譬如人钟四十二支纱在同样的一年多一点的期间，纱价从三百二十五两一包跌到二百零六两一包，竟跌落一百十九两或百分之三十六.六。纱价这样狂跌，自然每个纱厂都亏本极大。据一个上海厂主的估计，每包十六支纱，要赔蚀十五两左右。在上海一个平均资本在一百五十万元，一年平均出纱一万七千五百包的纱厂，每年就要赔蚀二十六万二千五百两，折合银元三十六万五千元，计合资本的四分之一！这样，叫他们如何维持？所以上海纱厂联合会提议实行减工，每星期工作四日四夜，希望将原有生产减少三分之一，使得生产与消费能够互相适应，纱厂可以勉强维持下去。本月十日在上海举行联合会全体会员大会，集合上海、汉口、天津、无锡的各厂，共同议决，一致实行。至于以前轰传全国纱厂联合实行停工的传说，暂时虽不至于实行，但是如果现在的恶劣状况，继续深刻下去，未始不会见诸事实。我们所应注意的是这件事情意义的严重和关系的重大。这是一种空前的举动，从好的方面看，是中国的工厂已发达到需要一种彻底的改革的程度，去适应世界上的剧烈竞争。“合理化”已成了世界各种工业的惊语，现在在远东也发生了影响，然而这不是宣导的结果，而是由于在一个技术与商业效力较高的场所竞争的需要。从坏的方面看，这却是中国民族资本工业在各国经济侵略下没落的先兆。以规模最大、成绩最好的棉纺织业的命运尚且如此，其他各种工业的前途，更可想而知。现在各方在设法积极地抵制日货，而尚不能以本国最有希望的棉纺织业去抵抗倾销最甚的日本棉纱，其他的一切也可设想了。至于减工以后，占最大部分的工人的生活问题，又会替社会增加了不少不安与扰乱。从天津方面的工人自得了减工的消息以后，即集议应付，这件事实上看来，可见我们的预料并不是杞忧。

二、纱业危机的外因

这次的危机，是内外两方面的原因造成的。外来的影响，虽然对各业都一样，而棉纺织业因为规模较大的缘故，所受的打击尤重。第一种外因，即时内战。民国以来，除了极少的几年以外，自相残杀的内战差不多是继续着，最近的实例便是四川的混乱与江西、福建、两湖等省的剿共战役。内战对工商业的摧残有好几方面，第一是阻碍交通，割断棉花供给的来源，同时又封闭纱布的市场。而且受到战祸的区域的人民购买力减低，纱布的销路势趋滞钝。内战的第二个影响是城市的过度繁荣与乡村的凋敝。因为战祸的频仍，税捐的苛重，乡间的富户，大都将田产完全变卖成现金运到城市里去存储，或者迁移到城市去居住。这样，乡村不但没有这些人的人力，就是信用积蓄也完全随之以俱去了。所以在乡间银根奇紧，利息高涨，而在城市情形却好完全相反。乡间只有手纺织械，所以一向是棉纺织生产品销售的尾闾，而现在则因此而不能推销，所以近来在各棉纺织业中心的城市存货极多。中国一半以上的棉纺织业集中在上海，所受内战的影响也特甚。据说上海棉纱存底已在二十万包以上，就是天津各厂及各纱号存货也在四万包以上。

第二个外来的原因就是这一年多的中日纠纷。自九一八事变以后，东三省的广大市场就被日本的棉货独占，中国的棉纺织业就不得染指了。例如民国十八年大连和牛庄两埠就销进值二五，九〇九，七四一海关两的国产棉货，约值中国各埠运销国产棉货总值的百分之一三.五一。现在，这样广大的市场被日本攫去，中国棉纺织品就不能入口，即使让你入口，也多一笔关税的耗费，中日问题的另一个影响便是日本在华所设的纱厂的倾销政策，给予我国纱厂颇不小的打击。九一八事变以后，我国对日货无论是在日本制造抑在中国制造的一致加以排斥，为抵御我们的抵货，日商在华所设的纱厂就采取倾销政策，廉价销售纱布。爱国心是极难持久的，时间一长，消费者的经济打算终究会胜过他的爱国热忱。日本纱货质地较高，如果再价钱便宜一点，在市场上自然占了优势。倾销程度究竟怎样，我们还不知道，不过由下面的事例我们可以知道竞争影响的重大。譬如高阳一县的土布业有二十多年的历史，而近来因为山东潍县出品的竞争，一落千秋。潍县布业用的是青岛日商纱厂所纺的纱，价廉成本因之减轻，高阳的布业则是用高价购买天津、石家庄华商纱厂的棉纱，因之不能和潍县的竞争。别的地方也必定有同样的情形。据说日商纱厂为减少抵货的效力起见，竟至于冒贴华商纱厂棉纱的商标，日人的没有商业道德，固然毫不足怪，然而华商纱厂要与其竞争，却多了一层困难。

第三种外因即是没有政府的保护。先说政府的税：虽然厘金已经废除，通行统税，各厂运出棉纱都只要付一定额的税，不必缴付许多次的地方通行税，然在中央政府势力没有达到的省份如四川、广东等省，还是须付变相的通行税。而且就是在中央直辖的省份，各厂运出棉纱各缴一定额的统税，这税率也不能对华商纱厂尽适当的保护。中国的棉纺织工业并不完全在中国人手内的，一部分是在外国人手内的。例如民十九全国的纺锤里面，只有百分之五五.二完全属于中国人的，其余的百分之四四.八，则差不多在日本人手里面。现在统税规定二十三支及二十三支以下的棉纱每担纳税二元七角五，二十三支以上的棉纱每担纳税三元七角五，就不足以保护竞争能力较低的华商纱厂，因为日商纱厂大概都是专纺三十二支同四十二支的纱，而中国纱厂则是多纺十支，十六支和二十支纱，这样自然是日商纱厂的负担较轻。还有现在华商纱厂所用的棉花，大部分是外来的，最大的原因就是政府不能利用改良棉种规定标准的方法去奖励棉花生产，至于频年内乱对于棉花生产的影响，更不必说了。中国棉产最多的一年是民国八年，产棉共九，〇二八，三九〇担，以后就逐年减少，到了二十年，估计只有六，三九九，七八〇担了。本国棉产逐渐减少，自然进口棉花逐渐增加，在民国八年以前，中国的棉花贸易都是出超，从那年入超三〇二，〇六七担后，以后即一蹶不振。国内产量减少，需要增加，入超量也一年一年加多，到民国二十年竟达三，四五六，四九四担之巨，值一三二，二六五，六六九海关两，十二年内增加了十一倍，不可谓不速了。

三、纱业危机的内因

上面的种种外因，我们希望不久都能消灭。对内对外的战争都能够停止，稳固有秩序的政府能够建立起来。至然于内面的原因，已是根深蒂固了，除了于棉纺织业有利害关系的各方面都能够尽量实行大刀阔斧的改革，是不会有帮助的。内面的原因大概可分两方面：一方面是资本的不足，另一方面是技术人才，负责管理以及效力高的劳工的缺乏。我们现在就依次说明吧：

中国纱厂资本的缺乏，运用资金方法的幼稚，说起来是可骇人的。也许一个工厂刚开始设立，会遇到资金的困难，因为它是按照所招股本额拟定计划决定、厂屋的大小、机器的多寡的，经董事会承认后，即进行订购机器，招标承建厂屋，然而到了机器快要运到的时候，股本也许还没有收足，因为中国任何实业所认的股本照例不是一次付足的。一波未平一波又起，纱厂的固定资本额很大，又是经营者的一个困难。在有许多纱厂，固定资本往往会较已付的资本额大，因为他们的利润极大——在民国九年左右能够高到百分之五十至百分之一百——所得的利润，他们就用来购买新机器。当市面紧急时，这种厂家的金融周转还是一样的不灵活，虽然他们的资产增加了，换句话说，虽然他们的纺锤数目增加，他们的资金还是周转不灵。对于那些年数较长的老工厂，另有一个困难，即是他们没有相当的折旧资金准备。在平常他们都是在红利与公积金都规定了之后，才计算机器与厂屋的折旧；蚀本的年头，便根本没有折旧的准备。就是有盈余的时候，折旧的准备额也都嫌太少，普通最低限度的折旧准备是百分之五，然而就作者研究过的工厂而论，便没有一家的准备超过这限度的。其结果便是这些旧工厂的固定资产超过它们真正的市价，当一部分机器不能再修理的时候，便不能置换。

因为资金的不足，便发生许多严重的结果。顶危险的，就是纱厂没有现金作为流动资本。在上海的纱厂，因为缺乏流动资本，用十天的期货棉花制成棉纱，差不多成为习惯。厂家赊得了棉花以后，即用最大的速率，夜以继日地将棉花在十天未到期以前纺成棉纱，再卖出棉纱取得现金来偿付棉花的货价。有的时候因为纺工的关系，厂家须得买几等几样的棉花来掺和起来，又因为手头没有现金，不得不在一个花商这里多赊几包十天的期货，然后再把赊多的卖出去，去交换另一等的棉花，这样他的流动债务就增加起来，所背的利息也比较高。而当偶然有事变发生的时候，纱厂只有停工。去年“一·二八”事变发生，即有不少厂家因之破产。当现在的危机，已经提议将作工时间从每周六天半减到每周四天，如果银行界不挺身出来以资金帮助，一定有不少纱厂会有同样的命运的。

资金不足及调剂金融的方法之幼稚，虽是最重要的内因，当然不是唯一的原因；其他内部的原因像技术人才的缺乏，不负责任的管理，以及劳工效力的低下，也是极重要的。就是现在，中国棉纺织工业的技术方面差不多有百分之六十是中国工人自己管理的，他们只受过最粗浅的教育，在机器方面的一点训练，是由日本英美送到中国来装置机器的工程师那里学习来的。中国唯一的纺织专门学校南通纺织大学的毕业生以及日本英美的留学生，虽然担任指导与监督在他们手下的工人，一向他们还是摆着书生架子，直到最近始知道自己去做管理与修理机器的工作，把这部分责任从不学无术的工人手里取出来。至于管理的状况，情形更是恶劣，因为管理纺织事业的差不多是对这方面绝对没有知识和训练的。中国纱厂十有八九都倒闭在经理者的无知，任用私人以及侵吞款项上面。特别是那些毫无经验只为谋利的人，看到欧战及战后数年的兴旺，如夜蛾赴火似的都来经营纱场，把整个几百万资本的工厂交与一个无纺织知识的人经理。普通大都是大股东的亲信，既不懂复杂的纱织机械，也不知道成本会计、资金调动、市场销售为何物的。他们又把实际上的责任推到属员的身上，只凭着运气赚钱。而这属员呢，像纺织部主任之类，普通又都是大股东或经理的亲信，只知道利用地位来吃饭，把实际上的职务又推几个工头的身上去，他们是只有利用机械的技术而没有什么科学训练的，于是结果弄到机器没有好好保管，工人没有选择和训练。出品质地日坏而成本反而涨高，在欧战的时候，供给缺乏，赚钱很容易，这些缺点便不能觉察出来；一旦恢复了常态，外国纱厂用他们较大的资本，较好的技术，较有组织的市场来相竞争，中国纱厂焉能不一败涂地呢？

因了上述的原因，劳工效力的低下是自然而不可免的现象。因为工资极低，从前大家都说中国的劳工价廉，实际上这是倒因为果的说法。我国工人工资的低，至少有一部分的原因，是因为劳工成本高。我国一比较国内日商纱厂与华商纱厂的劳工情形，就会明白。日商纱厂工人的工资较高，而华商纱厂工人的工资较低，然而华商纱厂每年每个工人所产的棉花只有二六一.七三匹，较之日商纱厂每人每年出七八六.三八匹，低百分之二〇〇.四，差得实在可惊。

四、造成这次危机的近因

由上面分析，可以知道有两种不同的原因，造成这次中国纱厂的危机。纱厂不能用本身的能力去救济外因，内因却是可以用纱厂自己的力量去除去的。现在我们的问题是这些原因在过去早已存在，为什么单单的在现在发生这样的危机？换句话说，就是这许多原因之中，哪些是比较近的原因，哪些是比较远的原因？这次危机的近因，完全可以追溯到日本在东北的侵略。日本割裂我们在东北的广大市场，日本在华的纱厂用倾销政策来抵抗我们排货，日本使得我们内地乡村的购买力减低。东北四省是我国纱厂销售出品的重要市场，然而被日本用武力轻轻攫去；他们在华的纱厂，资金势力比较大，技术与经理比较好，他们有政府的强有力的援助，他们有便易的运输工具，中国的航运大部操在他们手内，自然很容易把价格减得比成本还低，来推广销售。愚昧穷苦的民众，自然只知道价格的高低，经济的动机胜过了他们的爱国心。日本占领东北以后，农村的破产程度日甚，农民的购买力急剧减低，因为炫于价格的低廉，自然把仅有的一点购买力，都去购买货高价廉的日本货，对于货低价高的国货自然无力光顾了。上述的情形，它的影响是愈积愈大的，如果中日的纠纷这样继续下去，永远没有和平解决的希望，其危险将伊于无底。而现在如果工厂方面或者政府方面没有断然的处置，我们可以断然地说，危机只有更形严重，影响只有更加扩大。如果只见靠减少生产以来价格的上涨，正和自己扼住自己的喉咙一样，无异自趋经济上的自杀，只有更增加外国人的竞争，和使得日本棉纱易于倾销，外国棉纱充斥市场。

（《大公报·经济周刊》第8期，1933年04月19日）

中国银货进出口的解释

吴大业

我们都知道中国的对外贸易历年继续入超，而银子仍然源源进口。最简单的解释就是说，中国对外贸易中的货物进出口虽是入超，但是我们尚有外人投资、华侨汇款等等无形项目的收入。中国无形项目的收入是大于无形项目的支出而常常保持着一个巨额的无形贸易净收入的。商品贸易的结果中国虽然年年都有净支出，但是无形贸易净收入的数量比起商品贸易的净支出还要大，所以有形贸易与无形贸易合计，中国仍然常常有净收入。银子的进口是外人用以支付中国应得的净收入的。

以上的解释虽至今尚未有充分可靠的资料为之完全证明，在理论上已是比较最完满的解释。但是中国对外有形贸易与无形贸易合计何以常常会有净收入而不是净支出，则仍没有适当的说明。我们若不能找出净收入所以存在的理由，则对于银货的流动仍然是未曾解释。

货物都是由价贱的地方流到价贵的地方。只要两地价格之差大于转运时的一切费用，则这种转运是有利可图的。如上海米价每石九元，天津米价每石十元，则上海米贱天津米贵，运输费用若不及一元，则上海的米当运销于天津。又如美国棉花每担售美金十元，同时美金每元合中国国币四元，则美棉每担合国币四十元。是时上海棉花每担若售银四十五元，则美国棉贱中国棉贵，每担棉花的运输费用若不及五元，则美棉当输于中国。

银子流动的原因与其他货物并没有区别。中国每两银子的价值高于国外，则银子必将输入中国；反是，中国国内的银子贱于国外，则银子必将输出国外。银子的转运比较大多数的其他货物都要容易，并且多数国家对于银货的进出口都不征税，所以它在国际间的流动比其余的货物还要便利。

但是一切货物各地价值的高下都可以价格表示之，各地银子的价值如何比较呢？在两个金本位国之间，一切物价都以金计算，银价自然亦以金计算，两地银价的高下可以每两纯银合金子若干来比较。不过中国是银本位国，金子在中国与米布等物品无异，并不是一切物价的标准，我们量度银子的价值时若与金比较，就也可与米布等物品比较了。如中国国内以金计算的银价高于国外，而以米布等物计算的银价低于国外，则银子应当进口呢还是应当出口呢？在银本位国中，银子是量度一切物价的标准，金子的价值自然也以银子为准。我们若是以银计算金的价值同时又以金计算银的价值，则当中国国内以银计算的金价高于国外时，以金计算的银价必低于国外；当国内以银计算的金价低于国外时，以金计算的银价必高于国外。在前者的情形下金子应当进口，银子应当出口，在后者的情形下银子应当进口金子应当出口；无论在何种情形下金银的进出口必是永远相反的。但是事实上并不一定要如此。因为金子在银本位国中与米布等物无异而并不能用为物价的标准，所以国内以金计算的银价即使高于国外，但是以米布等物品计算的银价若反低于国外，则银子不独不能进口反要与金子同时出口，金银货的流动并不一定要相反，而有时也可以同时进出口的。（事实上如一八八九至一八九二、一九〇一、一九〇二、一九〇八、一九一四、一九一五，金银同时出口；一九〇〇、一九〇五、一九一一、一九一二、一九一九、一九二二、一九二八金银同时进口，其余各年金银进出口增减的趋势亦多相同。）

我们比较中外银货价值的高下时既然不能以金子计算，同样也不能单独以米或布计算，因为除了米或布外还有许多物品如绸缎、煤油、茶叶等等，解释银本位国中银货的流动时，我们量度银子价值的高下是不能采用任何一种单纯的物品的。最合理的方法就是将贸易所用物品的全部完全列入，而共同地量度银货的价值。如用银子为交易媒介的只有米、布两项物品，甲国每银一两可买米两升或布三尺，乙国每银一两可买米八升或布六尺，则乙国以米量度的银价等于甲国四倍，以布量度的银价等于甲国两倍，乙国银子的价值平均等于甲国者三倍，或高于甲国者两倍。用这种方法来量度银子的价值，其实就是比较甲乙两国中银子对于各种货物购买能力的平均差异。银子可以买的货物多就是银子的价值高，买的货物少就是银子的价值低。为易于分别起见，这种以一般物品来量度的银价可以简称曰“银购买力。”

现在我们已经得到一种方法来量度银子的价值而可以中外银价互相比较了。当银子在中国的购买力高于国外，则在国外购力买较低的现银必当流入中国以增加它的购买力再易中国别的货物而去；反是当银子在中国的购买力低于国外，则国内价值较低的现银必当流出国外以增加它的购买力再易别的货物回国。

理论上中外银货价值的高下虽可以银货对于一般物品购买能力的大小为比较，但事实上两地货物并不是完全能够自由移动而可以用为国际贸易之用的。当国内银购买力低于国外时，银货的所以出口，乃因运银出国后可以将这项银货在国外购得较多的商品。将这种商品运回中国再易成银，即可获利。当国内银购买力高于国外时银子的所以进口也因为以国外价值较贱的银运入国内可以易得较多的商品，再将这种商品运出国外以易成银可以获利。但是运银去国或运银入国后并不是一切商品都可以购买的，其中有若干物品或因两地习惯不同，或因运费过巨，或因物品本身的易于腐烂破碎而永远不能在两国之间流动的。在解释银货的流动时，用以量度银购买力大小的物品应当只包含可以在两国间流动的货物，而一切的纯粹国内物品皆应除去。根据于这项原则，比较银货在中国与在英美日法等国购买能力的大小还不如直接以银货对于中国进口物品的购买力与其对于出口物品的购买力互相比较，更为准确可靠。因为中国与各国之间只有这些物品可以流动，所以只有银货对于这些物品的购买能力发生差异时才可以引起银货的移动。

中外银购买力高下的比较还不能这样的简单。各地贸易的商品其种类与品质均不相同，银货对于两地货物购买能力的大小没有直接比较的可能。如国外的哔叽每元可买八寸，国内的绸缎每元可买一尺二寸，则银子在何地的购买力较高，无法比较。事实上我们只能假定某年两地银购买力的关系适成均衡状态，在这种均衡状态之下银子没有流动。当国内国外的银购买力在同一时期内以同一的速率上升或下降，则中外银购买力的均衡仍得维持，而银子仍然不至于有进出口。当中外银购买力变动的方向或变动的程度不同，则这种均衡即为破坏而引起两地银货的移动。如国内银购买力上升而国外银购买力下降；或国内外银购买力同时上升，但国内的上升较甚；或国内外银购买力同时下降，但国外的下降较甚，皆可使国内银购买力与假定某年的均衡情形相较高于国外，而引起银货的进口。反是如国内银购买力下降而国外银购买力上升，或国内外银购买力同时上升但国外的上升较甚，或国内外银购买力同时下降但国内的下降较甚，皆可使国内银购买力与假定某年的均衡情形相较低于国外，而引起银货的出口。

现在我们可以利用以上所说的理论来解释中国银货的进出口了。我们以银货对于进口物品的购买力代表国外银购买力，以银货对于出口物品的购买力代表国内银购买力。再选择对于银货流动最合均衡情形的一年，分别计算国内外银购买力对于此年的相对的变迁，再求两种变迁的差异，然后以此种差异与实际中国银货的进出口相比较。

我们由银货对进出口货物购买力与现银进出口的关系而观察的结果，以为一九〇〇年中外银购买力的关系比较最合于均衡的情形。即以此年的银购买力为标准，以其他各年与此年相较，而计算各年中外银购买力对于此年的百分数，得第一图的曲线。图中实线表示各年国外银购买力与一九〇〇年的比较，点线表示各年国内银购买力与一九〇〇年的比较。由这两线的高下我们可以观察那几年的购买力高于一九〇〇年，那几年的购买力低于一九〇〇年。我们假定一九〇〇年中外银购买力的关系适成均衡状态，此年两线同在一点，银子应无进出口。其余各年若中外银购买力同时升降而升降的程度又相等，则图中两线必仍吻合而银货亦不至有进口或出口。银购买力变动的结果，若点线在实线之上即表示国内银购买力与一九〇〇年相较高于国外，银子应当进口；若点线在实线之下即表示国内银购买力低于国外。银子应当出口。

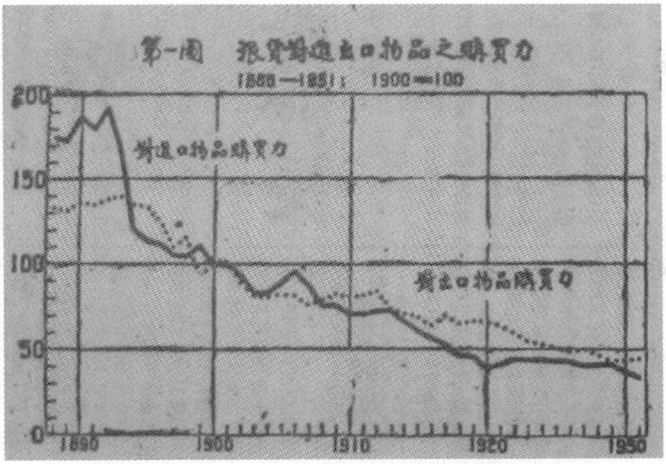

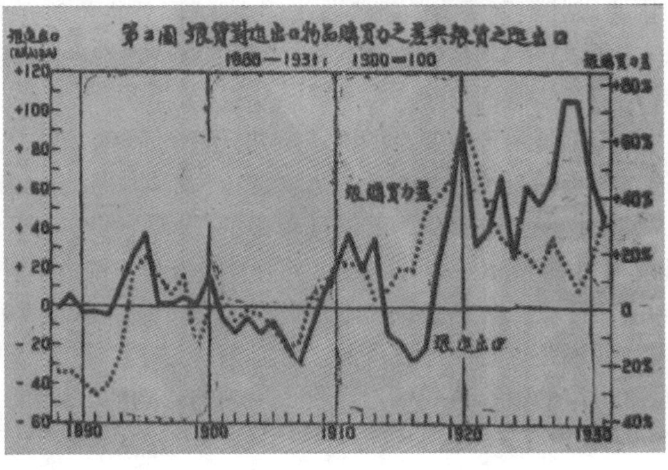

第二步我们计算国内外银购买力之差（即第一图两线之纵距）而与银货的进出口比较。我们求得各年国内外银购买力之差后，再以国外银购买力的曲线除之，化为百分数，得第二图的点线（化为百分数的原因参看文末第四点）。这线在零以上表示国内银货的购买力与一九〇〇年相较高于国外，而银子应当进口；在零以下表示国内的银购买力与一九〇〇年相较低于国外，而银子应当出口。图中同绘的实线就是中国银货进口的实值，曲线在零以上表示银子进口，在零以下表示银子出口。由图可见点线在零以上则实线亦常在零以上，点线在零以下则实线亦常在零以下，点线愈高则实线亦愈高，点线愈低则实线愈低，两线变动大致相符。故知四十年来中国银货的进口确由于国内银货的价值高于国外，而其出口则由于国外银货的价值高于国内。

我们知道了银货流动的直接原因，就可以解答本文最初提出的问题——银子何以进口多而出口少？中国有形贸易与无形贸易合计何以常常有净收入而很少净支出？因为中国银货的进出口是由于国内与国外银购买力的不能平衡，国内银购买力高于国外则银子自然进口，低于国外则银子自然出口。以金计算的银价自一八七一年起始下跌，以后各年虽时涨时落，但以一般货物计算的银购买力则自一八九〇年以后始终继续下落。银价下跌的主要原因，是由于世界银产的增加率超过于需要的增加率。世界产银的地方不在中国国内而在国外，所以银价的下跌亦不始于中国而始于国外。银价下跌的步骤是国外银价先跌而中国的银价乃随之下降。国外银价既然先跌则国外银购买力自然常常低于国内，而银子自然常常有净进口。

所以我们理论上的步骤并不是因为先有了对外贸易的净收入才有银货的进口以为支付，而是因为世界银产增加后国外银购买力的下跌甚于国内，所以银子必须进口。因为国外银购买力的下跌甚于国内（或国外物价的升涨甚于国内），银子必须进口，所以进口物值低减出口物值增加，而有国际上的净收入。

最后有几点应当注意的：

一、经济现象都是由许多复杂的因子所共同造成而不能仅仅以一项单纯的原因来解释的。银货的流动也是如此。本文所论为简明起见并未顾及其他各种复杂的要素。如我们应当分别清楚经济现象中的长期趋势与短期的逐年变动。本文的结论说：因为银价下跌，国外银购买力的降落甚于国内，银子需要进口，所以才有国际上的净收入。这是指长期的趋势而言，是解释净收入所以能够长期存在的原因，并不是说每年净收入的多寡必须决定于中外银购买力之差。事实上每年银货进出口的多寡也受每年净收入增减的影响的。由第二图中可以看出我们的解释确与事实有相当的符合，若用统计方法求两线关系的程度，则

y=.546±0.71。但是这种理论仅在其他元素皆无特殊变化时方能适用，并不是确定不移的。事实上很容易找出相反的现象。(如照普通的情形，银价跌而国外银购买力低于国内、银子应当进口、但在特殊的情形下，银子的进口反会减少，或者反会出口。最近一年来即有此种状况。至于这种现象所以造成的原因、可参考本刊第五期《中国对外贸易入超的暴增及其抵价的方法》一文。)

二、本文以中外银购买力变动之差解释银货的进出口，并不是说中外以金计算的银价之差就不能做同样的解释，而且我们确也证明后者与银货的进出口也有相当的关系。我们以为中外以金计算的银价之差若与中外以货物计算的银购买力之差同一方向（如中国以金计算的银价高于国外而以货物计算的银购买力亦高于国外)，则以中外金银比价之差来解释银货的进出口，是不至于有错误的。中外以金计算的银价之差若与中外以货物计算的银购买力之差方向相反(即谓一高于国外一低于国外)，则以金银比价之差来解释银货的流动，必与事实相符。

三、我们假定一九〇〇年的中外银购买力适成均衡状态，且以其他各年与此年比较，仅为便利起见。我们若注意到中外银购买力的相对变迁则任何一年皆可作为基期，对本文的分析没有很大的影响。我们所以举择一九〇〇年是因为在一八九八至现在的时期内以这年最合均衡状态的条件。若推至以前或以后各时期则这年未必适宜的。

四、以中外银购买力变动之差异与银货的进出口比较时，我们以此等差数化为国外银购买力曲线的百分数，因为银购买力较高之各年，中外银购买力之差应当较大；银购买力较低之各年，中外银购买力之差应当较少，前后不能比较。差数较大之各年以较大的购买力除之，差数较小之各年以较小的购买力除之，即可免去这种前后性质之不符的影响，而可以与银货的进出口比较。

五、本文所用的银货进出口数值乃根据于海关报告。而事实上海关报告对于银货流动的记载极不可靠，进出口而未经记载者数目甚大，故第二图中进出口的实数未必很有意义。但各时期增减的趋势当与事实相差不大。

六、本文所用的银货对进出口货物的购买力乃根据于本院所编的进出口物价指数。但海关报告册中，一九〇二年以前及其以后各年，货值的记载意义不符。本文所用的数字对于此点已经加以修正。

(《大公报·经济周刊》第16期，1933年06月14日)

中东铁路问题

付勤先

日、俄、伪三方代表，自上个月二十五日起在东京开始会谈出卖中东铁路问题，虽然到现在谈判结果尚未妥洽，然而这一场买卖，结果一定成交，必用不着我们多所揣测。

俄国为什么要卖中东铁路？简单点说，从前想借中东铁路作侵略中国的大本营，现在有日本制造的傀儡国夹在中间，这个目的不易达到，所以要卖。

中东铁路之设，系在距今三十七年前（一八九六年），俄国借口与我国共同防患日本大陆政策的膨胀，及沟通欧亚陆路交通起见，与清政府缔结密约，取得中东铁路敷设权，意思就是说，中东铁路之设，为防备一旦中国和日本发生战事，俄国可由中东铁路派兵入中国境地，援助中国，平时又可便利欧亚交通。在如此情形下，俄国于一八九六年开始，一九零三年告终，建筑一条所谓“中东铁路”。当时清政府亦曾投资库平银五百万两，故成为今日中俄合办事业。这一条铁路虽然是防患日本侵略而建设，但实际上未受到日本侵略之先，北满却早变作俄国的殖民地了。后来中日果然发生战争，俄国并未援助中国，一直等到中国一败涂地，割地求和，俄国才联合英德两国强迫日本退还辽东半岛。但辽东半岛虽然退还，俄国自觉调解有功，要求将旅顺、大连租借与它，期限二十五年。清政府为酬报俄国善意起见，也就允如所请，于是俄国的势力，由北满一伸而至南满，在大连建筑一条南满铁路与北满铁路相衔接。这两条铁路，为侵略我东北的总机关，也就是今日东北沦亡的根本祸因。

一九〇四年日俄战争，俄国战败，旅顺、大连被日本占领，同时将南满铁路割让与日本。昔日俄国独霸东省之局面，一变而为日俄割据之形势。

但是，俄国虽将南满铁路割让日本，然而中东铁路本身的价值，并未少减。南满铁路全线计长一千一百二十五基罗米（即千米——编者），中东铁路全线计长一千七百二十六基罗米，就路线讲，中东路已较南满路为长。南满出口港为大连，北满出口港为海参葳，但全满物产以北满为最富，我们如果把哈尔滨定为全北满中心点（实际哈尔滨系全满中心点），自哈尔滨至海参葳陆路只四百八十六哩，自哈尔滨至大连陆路五百八十六哩，同时自海参葳至日本之敦贺，计海程四百余哩，自大连至日本神户计海程八百余哩，两相比较，中东铁路吸收东北物产之力量较南满铁路实占地势上自然之优势。我们如将该两路概况列表比较，更可知一般：

	中东铁路	南满铁路
营业路程	一，七二六基罗米达	一，一二五基罗米达
从业员	二五，OOO 人	一二，OOO 人
机关车数	五O七辆	一六九辆
客车数	六三二辆	五七六辆
货车数	一O，四一四辆	八，一五O辆
运货	二四，二四一，一七三吨	一八，五九二，九五九吨
乘客数	四，九八二，九五七人	一O，四一O，五七九人

中东铁路经济上的价值既较南满铁路为大，俄国为何竟肯割让？关于这点，传说纷纭，据俄国自己声明，是根据和平政策而出卖；但据党于俄国的人说，为诱引各帝国主义因利益之不平均加紧内哄而出卖；据日本人说中东铁路不但失了政治上的价值，经济上也没有价值，故俄国急于出卖。这三种说法如果俄国的声明是真，那俄国未免太爱和平。他抛弃三十余年来惨淡经营的东铁，并且自将海参葳陆路交通封锁，倘非特别苦衷，我们不信世上真有如此慷慨的事。党于俄国的人说，为诱引各帝国主义因利益之不平均加紧内哄，这点也未免过于牵强。至于日本人说中东铁路没有经济的价值，更是不足置信。如果真没有经济价值，日本买它何用？

关于这次出卖东路的原因，据我们看，大约不外下列几点：

一、伪国成立，此后侵略不易。帝俄经营中东铁路的目的，是想吞并满蒙，从而扩张势力至中国内地，自这次九一八［事］变，东北完全被日本占领，不久又成立所谓满洲伪国，从此俄国想利用中东铁路伸张势力，可谓至难。政治上此后既不能有所作为，经济上又因为傀儡的存在，东路的经营，将受极大的限制。这一点是俄国出卖的第一个原因。

二、不堪日本压迫。日本侵略东北，完全以铁路为骨干。南满铁道公司，表面上虽然是一个管理铁路的机关，实际上等于英国当年的东印度公司。九一八［事］变以来，更是积极扩展势力。本年三月“满洲国”将所有铁道一概委托南满铁路公司经营（据伪国声明说，是南满铁路公司历年来办理成绩甚佳，故委托代办，取其驾轻就熟之意云）。这样一来，中东铁路经营权的一半，也被日本抓住了。但是日本侵略东北的整个计划，是要统一东北所有的铁道，中东铁路经营权的一半虽然被它抓住，然而决不能认为满足，所以近年来屡屡唆使伪国百般刁难，并加以种种威迫利诱，使俄国如不采用铁腕硬干，便只有抛弃之一着。

三、第二个五年计划需要大批资金。俄国第一个五年计划虽然在四年之内完成，然而第二个五年计划，恐怕未必如此容易。第二个五年计划是需要向国外购买大批机件、商船、军舰以及诸建设等费。这一批资本，本来就颇费踌躇，据五月十六日上海《时事新报》载，俄国决定举借内债三十万之金卢布，如果出卖中东路，能得着一批资本，当然亦大可补益它的建设计划了。

四、因日本侵略致中东铁路本身营业渐减。中东铁路近年营业不振，可以用数字表示如下：（一九三二年中东铁路年报）

（单位：千金卢布，一九三一年数为估计）

	一九二六年	一九二七年	一九二八年	一九二九年	一九三〇年	一九三一年
收入	五七.三四七	六〇.〇四三	六四.七一一	六九.四一五	四九.九二一	四〇.五四一
支出	二七.二二〇	三五.二二九	四〇.二三九	三二.七六〇	二八.六二九	二二.四一五
盈余	三〇.一二七	二四.八一三	二四.四七一	三六.六五四	二一.二九二	一八.一二五

上表我们很容易看出中东铁路的营业，确有逐渐衰微之势。这种衰微的现象，无疑地是受了日本侵略的影响。将来日本操纵下的傀儡国如果存在一日，该路营业更会一天一天减低。俄国看透了这点，也是促成它出卖的一个原因。但中东铁路虽然有逐渐衰微之势，然而每年仍是盈余，这点却值得注意。

五、利用默认“满洲国”，贪图较有利之价格。以上种种构成俄国出卖东路之原因。适此时各国均否认满洲国，俄国乃利用这点，欲独与满洲国缔结条约，隐约表示承认“满洲国”的意思，借以提高卖价。

俄国出卖东路的原因，大致如上所述。以下我们再看日本对此采取一种什么态度，他们的舆论又如何？

关于这次俄国对日提出出卖中东铁路问题，在日本原为求之不得，“正中下怀”的事。他们并不像往常发生一个问题，总是一派反对，一派赞成；他们这次除去评价意见互有出入外，其余百分之百接受俄国的美意。他们并且把这事讴歌为九一八以来军人外交的伟绩，意谓假使不是军人外交痛快无比，率直简明地硬干，决不会有今天的结果。中东路的收买，在日本人眼中认为是必然发生的事，故日本对此的态度极为从容，舆论也是主张缓进，免落俄国的圈套。其实日本人收买中东铁路，是急于俄国的出卖。我们看前月日本将中东铁路改为北满铁路，及宣言俄国如不出卖将受意想不到的损失云云，便可知其情急之状。总之如果俄国不肯出卖，最后日本也许要用武力夺取，或另筑一条平行线和俄国竞争，因为中东路是南满铁路的劲敌，平日借两路联运协定，保持均衡之势，如果一旦自由竞运，南满铁路决非中东路之敌。况且日本要完成大满洲国的建设，决不容俄国中东铁路之存在。中东铁路是宽轨，南满铁路是窄轨，一旦日俄发生战事，俄国的军队，可以沿中东路直行“满洲国”之中心，日本在中东路上不能灵敏调兵，易于受制于人。倘将该路收买，改为窄轨（中东路改为窄轨之议论，已为一般日本人之主张），不但运输统一，同时可以削除满洲境内第三国之势力，得以为所欲为了。

中东铁路对于日本之经济上及政治上的价值，既如前述，但日本却表面上力言无经济价值，而言外之意，又充满急于求得之心。今将大阪《每日新闻》社论节录一段如下：

> 苏联政府愿将中东铁路，售与日本，不自今日始，然将此意见正式提出，则以此次为始，因之引起世间甚大之情感，赞否论各方纷起。据所传而观，我政府有在主义上愿意收买之意见，然此但为主义上愿意收买而已，而在实际问题上，则有种种应加考虑之事项。中东铁路，为继续亏损铁证，因我方满铁系诸铁道之在北满纵横断，中东铁路之经营，亦渐增其之困难，且与铁道网之完成，诸铁道在北满经济界之飞跃成反比例，中东铁路之经济价值，将渐趋低下，苏联之所以不惜放弃其历史之在满最后之地盘者，其由于此种经济的理由，自不待言，中东铁路及附属地，在历史上有国际的纠缠关系，我政府欲让受之者，对于此点不可不考虑。总之收买中东铁路，为谋日、“满”、苏三国之和平起见，实为一可喜的现象，然该铁路经济价值，已将垂尽，将来将成为一死线，故纵欲收买，亦只可出极低之价

值，此为吾人所不惮一再声言之者也。

这次出卖中东铁路无论从主观或客观看，我们觉得一定可以成交，因为买的是急于要买，卖的也是急于要卖，不过关于价格的估计，恐有许多争执罢了。据六月三十日《满洲日报》载，俄国估计该路全部投资值二十万万金卢布，而日本只预备出价八千万金卢布。因为日本人说：

一、中东铁路原是中俄两国合办事业，自从伪国成立，一切权利自然由伪国承继，伪国既握有该路一半权利，估价不能超出半额以上。

二、中东铁路建设在中国领土内，一切宗租权及地租权不得估计入内。

三、按照奉俄协定，中东路由八十年无条件赎回期限，改为六十年，现在只剩四十余年，故东路的价值逐年减低。

四、收买该路的价格，至多不能超过建筑平行线以上的费用，或采用武力占领时所需要的最高额之军事费用。

日本根据上面几点，对于估价上当然取强硬态度。但俄国却捧出默认伪国问题来暗送秋波，彼此既各有所利用，谈判当不至于极端。

我国对此问题，一般舆论多攻击于苏俄无信义，甚至有人拿与俄国断绝商务关系来恫吓，其实中俄断交已经五年，俄国并未被我们吓倒。况且俄国放弃中东铁路，其损失亦不在中俄通商之下。我们真能从此图强，说不定日本是替我们买路呢！

（《大公报·经济周刊》第19期，1933年07月05日）

中国人寿保险事业

丁 佶

（一）人寿保险事业在华北之发展

新式人寿保险事业之传入中国，大约系在距今五十年前。惟国内各地之寿缘会、济寿会及其他以互助救济丧葬为目的之组织，其渊源想为更早。此类相互社团，多为分会员为数组，微收入会费以建基金，以供垫付赙金。遇会员有身故者，则生存者捐赠一定赙金，以供死亡者丧葬之用。第二世纪罗马之Collegia，其目的与吾国之寿缘会相同，其组织与其所用制度及方式亦颇相似。此外欧洲古时此类相互社团，除以互助会员丧葬为目的外，尚有以救济会员之受法律惩罚或疾病或其他不幸事情之发生而组成者甚多。惟真正应用科学原则及具有合于实际之方式之人寿保险事业，其发展则迟至十八世纪，英国于一七五六年伦敦有 Society for Equitable Assurances on Lives and Survivorships 之设立，其保费之计算系根据于伦敦死亡之观察，因之较合于学理，且被保险人年纪之数额系为一致，而不随年递增。美国则一八一二年有 Pennsylvania Company for Insurance on Lives and Granting Annuities 之组织，先此设立者只保以宗教为职务者之生命。法国则一七八七年有 Compagnie Royale d' Assurance Surlavie，德国则一八二八年有 Lebensvericherungsbank for Deutschland 及 Deutsche Lebensversicherungsgesell Schaft 之成立。日本则以一八八〇年设立明治生命保险公司为其保险事业之发端。

中国于一八八四年纽约人寿保险公司（New York Life Insurance Company）到华以前，英国公司如永福（Standard）、大东方（Oriental）二公司已在中国南部开始营业，受保者多系在华外人，一八九九年英人 Wattie 氏创办在香港注册按照英国保险法设立之中国永年人寿保险公司（China Mutual Life Insurance Company，Ltd ）实系国内第一家人寿保险公司。此后逐年设立或外人在华经营之人寿保险公司，其重要者如下：永明人寿保险公司（Sun Life Insurance Company），加拿大资，宏利人寿保险公司（Manufactures' Life Insurance Co.），加拿大资（以上一九零五）；华安合群保险股份有限公司（China United Assurance Society），纯华资（一九一二）；金星人寿保险公司（Venus Life Insurance Co.），华资（现在清算中，一九一四）；友邦人寿保险公司（Asia Life Insurance Co.），美资（一九二一）；旧金山人寿保险公司（West Coast Life Ins. Co.）先施人寿保险公司，华资，永安人寿保险公司，华资（以上一九二三）；宁绍人寿保险公司，华资，四海保险公司（International Assurance Co.），美英资，中国保险公司（China Insurance Company Ltd.），华资，泰山保险公司（以上一九三一）。

依中国实业志（江苏省）中所载，现华商保险公司之保寿险者，计有五家，外商则约十余家，中外人经营此业垂五十年，惟以国内人寿保险与他国比较，实显目前此业在华之幼稚。

各国人寿保险有效总额表。

（单位：千元美金，一九二九年末）

美国	一〇三，一四六，四四〇
英 国	一一，七〇五，一二九
加拿大	六，六〇八，五二六
日 本	三，九七二，八七四
德 国	三，七二二，六九四
印 度	二五九，三四三 （一九二八年末）

美国居第一位，上列统计尚未包括其国内各种友谊会及美政府所办之军人保险，惟其总额占全世界人寿保险百分之七十，美国人被保者占全国人口百分之五十五。寿险业在美所以如是发达者，系在其商业之繁盛，社会制度之遍重个人与小家庭，寿险事业界之富于进取，历来各公司之稳固可靠，及政府监督之周密。人寿保险首行于日本，几于中国同时，亦不过在五十年前，惟现今日本之有效总额竟居世界各国第四位，其进步之迅速，实可惊人。

国内中外公司所保寿险有效总额，从来未有可靠统计，各种推测不一。最近中华人寿保险协进社载现有总额为华币一二五，〇〇〇，〇〇〇元。美国汉伯纳氏根据一九二九——三〇年英文中国年鉴所载五大公司之有效总额合美金七七，五〇〇，〇〇〇元，加以其他公司之推测额数，谓总共不及美金一〇〇，〇〇〇，〇〇〇元。以上二次推测，竟相差数倍。本作者以为协进社之推测因统计不全以致过低于实额。如友邦一家一九三二末之寿险总额已合华币五一，一九五，九四二元，全国各公司中额数最大之永明，其有效面额最少四倍于友邦，加以其他公司，则全国总额定超该社所载之数多多。精确统计，非待国内各公司愿意公开报，或非待将来治外法权取消，政府能施行保险业之监督时，恐将无从征得。反视他国按月统计，各公司报告完全公开，吾人能不愧焉。

中国人寿保险之总额，若干系在华资公司、若干在外资公司、若干在中外合资公司，此类统计，吾人尚无从探得。惟依作者推测，华资公司所保额数恐不及国内总额百分之十五，而百分之八十五以上之寿险额均在英、美、加拿大三籍公司手中，以上百分数不过作者个人根据不完备之材料所定之推测。国内保有寿险者之人数若干，亦只可推测。泰山保险公司董事长徐新六君称全国投保寿险者不及三万人。此三万人中，恐巨半系在华之外国人。则中国人之保有寿险者，占全国人口尚不过三四万分之一。

（二）国内人寿保险事业不发达之原因

国内寿险事业所以如此幼稚，实有若干主要原因有以致之。兹分社会、经济二方面论之：

（1）社会方面。中国旧家庭制度注重“团体负责与彼此依赖”。中上之家十口数十口聚居一堂，妇女在社会有职业者甚少，无职业或赖遗产或家族亲友而自养在家者甚多，此辈人早年死亡对于家庭经济情形本无甚影响。至于赖职业收入以养家者，原为最应保有寿险之人，惟在旧式大家庭之下，即遇早年死亡，设死亡者兄弟尚未分产，可转移此责任于死亡者之弟兄或其他同族之人。即在已分产之旧家庭中，扶养寡嫂弟侄系遵守旧道德者所认为应负之责任。旧家庭中妇女地位卑低，缺乏常识，鲜有劝其夫投保寿险者。又文盲者占全国人口十之九许。迷信者以保寿险或谈及本身之死亡为不祥，或误会保险能保人不死。处此各种社会情况之下，人寿保险单焉得不只见于在华外人或中国新家庭及极少数旧家庭中乎。

（2）经济方面。中国工业化程度尚浅，人口百分之八十从事于农业，加以数十年之内乱外侮，天灾兵匪，鸦片等祸，多数人民陷于穷困，无时不是饥饿，自身目前已如此迫急，焉有余资，用于投寿险，以备将来不测耶？此外交通不便，币制纷乱，汇兑困难，利息高昂，投机风盛，均系阻碍人寿保险事业发展之要因。以致人寿保险只见于各商埠，而几乎绝迹于内地也。

至于华资公司所占地位所以如此薄弱，其原因为以往本国公司因管理失当、资力薄弱、投保人数过少、投资不慎等原因而失败者甚多，例如延年公司、康年公司、中华商立寿险公司、福安人寿保险公司、金星人寿保险公司等家是也，以致欲购寿险者对本国公司往往抱重大怀疑。惟近年来华资及中外合办之人寿保险公司时有新出，寿险公司在中国随社会情形之变迁而必发达，且有莫大之前途，可无疑议，望寿险界能首先认定本身之责任使命及与社会关系之密切，采取科学的精神，研究本业各方面问题，以求寿险业之健全发展。

（三）人寿保险事业目前几个重要的问题

寿险界目前之需要及应注重之问题，依作者意见，可分下列数点。

（1）保险之教育及宣扬工作

国内现有寿险总额之落后及被保险人数之稀少，吾人前已论及。保险之教育及宣扬工作在求社会悟解寿险对于个人家庭及事业界上之效用与利益，及其共对社会国家之贡献，如“提倡节俭、强迫储蓄、免除忧虑、增加进取、保障生计、安定社会、重视卫生、促进建设”。寿险业之在日本，所以能发达如此迅速者，亦巨半由于教育，凡国中高级中学、商业专校及各大学，几均定保险学为必修学程。又如美国寿险额之所以占全世界第一位者，亦不得不归功于其政府于参加欧战时举办战争保险（War-risk insurance），增加社会对寿险意义之明了，该国于一九一七年因流行症死亡增加，寿险之效用更为显然。美国各公司对于卫生延命智识之宣传，甚为致力。虽然，教育与宣传工作之效果，乃累积的，而非短时间内所可得到，惟其关系寿险之发展，实非浅鲜。前年国内各公司组织中华人寿保险协进社，发行保险书籍《寿险季刊》并在沪《申报》《时事新报》主办专刊，且于各杂志登载人寿保险之广告，以推进寿险事业。或已知宣传工作之重要欤！

公司所保之人数增加，则其所负之危险愈为散布，而事业愈应稳固，事业愈稳固，愈能得社会之信仰。对于投保人身体检查，应求严密，惟对于待遇，公司当事人应持之方针，须力求宽宏，注重服务，如付款迅速，分利充足，使投保人得享便利，而不受过繁之拘束，于是则寿险自能宣扬其功用于社会。

（2）中国死亡表急需编制

欲求吾国人寿保险事业健全之发展，则保险费之计算，非根据于精确之本国死亡表不可。死亡表者，依死亡之统计而计算死亡机会之数学的价值之表也。现国内各公司缺乏中国死亡表，故保险费之计算系根据美国死亡历验表，或英国之 British Offices Om（5）表，而因中国卫生医药设备落后，死亡率较高于英美各国，各公司乃于计算保险费时，非武断地增加投保人之年岁，即多加“营业费”（Loading），所以国内华人所付之保费，约合北美诸国所定保费之一倍半。此固系精确的中国死亡表未编制前一种过渡时期之办法，惟其计算保费之武断，不免阻碍此业之发展。日本人寿保险公司及邮政保险，除参美国经验死亡表及英国 Fair's Table 外，已有日本自编之死亡表可以供给计算之用，发表最早者为明治二十二年之藤泽氏表，翌年藤泽氏第二表编成。明治四十四年日本三大人寿保险公司——明治、帝国、日本——根据其四十八万余名被保险者死亡之经验，发表日本三会社男女全总合表，加以其他先后发表之内阁统计局表等，共计日本已编成之死亡表，为数不下于八。回视吾国寿险事业亦有五十年历史，惟因各公司缺乏合作精神、缺乏材料，迄今无一可用之死亡表。

（3）寿险公司投资之重要

人寿保险公司微收保费，对其所发保单必具有充分准备，以供保单满期时保款之给付，公司对于此准备之看管，实负有莫大之责任。故公司投资必求其极点稳当，同时回利（Return）须求丰厚，事业之基础方得强固，投保人之负担亦得减少。依美国保险学者摩耳（Moir）计算，寿险公司投资之回利，如能增加半厘，足以使保费差百分之五，而付红利保单之平均红利可增加百分之二十。投资本固利厚，在于选择之得当，投资者可利用平均律，使各种投资回利之高低损益，得求均匀，大部分投资可置于比较的期长利厚之资产上，一部分则须富流动性，以供付款偶然激增时之需要。美国各州政府对公司之投资，均有若干规定，如：公司不得投资于一定年数内未付利息或股利公司之证券；对于地产抵押放款，多定每项放款数额之不得超过抵押物价值之一半，公司且须每年呈具投资之详细报告。国内寿险公司对于投资，实应聘用对于此道富有经验智识者为之管理。

（4）人员之选择与训练

人寿保险公司组织之主脑为总办事处，指挥各地分办事处而从事工作。美国寿险公司之组织，董事会以下，主要职员依职务之性质可分为执行、总务与顾问三种。总经理、副经理与出纳属执行方面，会计、秘书及招徕员监督属于总务方面，精算、医师、律师属于顾问方面。招徕员必须经训练，使其精明寿险之学理及效用、公司之方针，及招徕之方法，方能以充分之学识与诚恳之态度为投保人服务，以发展公司事业。销售寿险，乃系一种高尚专门的职业。因其服务系有益社会，且需具保险学之专门知识，且应时时为当事人谋利益，对同业应遵守职业上之道德。寿险公司需用新人员时，应于各大学选择具有相当智能、道德可靠之毕业生，如能求其曾学过经济、社会、数学、保险、法律、理财各科者最好，再与以一年或半年之训练与实习，然后开始工作，其成绩必较善于无此种准备者。美国保险界备有一定之考试，及格者给以 C.L.U.（Chartered Life Underwriter）之名位，盖亦注重从事寿险者之应当具有相当学识。至于公司所用其他人员，均应视其职务之性质而定各人员学识及他方面应具之才能标准，于是方足使事业效率增进。检验投保人身体之医师尤为重要，设其对医学缺乏充分知识，或办事不认真，其影响公司事业绝大。国内寿险公司以往之遭于失败，考其原因，一部分系在公司对于投保人选择不当，法律顾问及精算家之职务对公司事业盛衰关系密切，亦系不可忽视者。

（5）关于外资公司之问题

人寿保险事业系由外人传入中国，现今外资公司握大部分之营业，已为吾人所共知。反视日本之人寿保险有效总额，根据一九二八至一九二九年之统计，属于本国公司者为日金六，〇五二，六一三，〇〇〇元，属于外资公司者只日金一九六，六一三，〇〇〇元。换言之，除日本邮政保险未计外，全国有效总额之百分之九十六属于本国公司，百分之三属于外国公司。在日外资公司最重要者为永明、宏利、纽约三家。

一九二六年印度境内人寿保险公司共二五七家，其中在印立案者一〇八家，在印境外立案者一四九家。一九二九年印度有效寿险保单六五六，〇〇〇个，合额数印币七八〇，〇〇〇，〇〇〇卢比。论保单印度公司占百分之七二，论总额占百分之五十五，故印度本籍公司在印度之地位虽不及日籍公司之于日本。惟其比中国现今本国公司在国内所占之地位则优越多矣。

吾人对国内外资寿险公司之经营，不应只目之为帝国主义者之侵略。因其同处境内，接触之处甚多，国人自办之公司，实应观察外资公司之组织管理，采其可学之方法，以增加本身之效能。又政府果能与本国公司以相当之倡助，即有外国公司之竞争，亦足以促进吾人之进步。惜现今在华外籍公司赖治外法权之存在，可不受中国法律之限制及政府之监督。反视日本政府对于外籍保险公司，则规定其缴存日金十万元于政府后方得开始营业，此项存款可随政府规定而增加。一九二八——一九二九年在日三外籍公司缴存日政府共合日金二五，一〇九，九四五元，（永明一三，〇六四，三五四元；宏利四，九四四，八〇〇元；纽约七，一〇〇，八〇〇元），在日外籍公司均受日本法律之限制及政府之监督，自不待言。

（6）政府监督之重要

人寿保险与家庭社会之关系至深，寿险事业愈广大，公司受信托之款数愈巨，依赖公司以保障妻子生计者愈众，保单期限长者数十年，投保人因缺乏时间及能力，多不能顾视公司之管理。所以政府对于人寿保险公司，必须加以周密之监督。各国除施行保险业法外，且设有保险监督机关，定其权责，责令各公司须每年呈报其财政书表，监督者得随时检查公司之会计账簿，公司违犯法则时，得取消其执照，停止其营业，且禁止各种非法保险之流行。人寿保险事业监督，以公司应维持之准备是否充分，新公司之组织是否合法，投保人所受之待遇是否公正，及财政书表之公布，投资之规定，捐税之缴纳等方面尤为重要。中国保险法已于一九二九年公布，惟保险业法仍付缺如，特别监督机关亦未设立，二者均与寿险事业健全发展有巨大关系，近年来新公司相继而出，政府如认此种事业有提倡及监督之必要，则应对此早早进行焉。惟至于监督国内外籍公司，则恐须待治外法权之取消也。

（《大公报·经济周刊》第 36 期，1933 年 11 月 01 日）

平均地权的解释

袁贤能

平均地权的种种解析

平均地权这一个名称，好像是没有一个确定的意思。如能使“耕者各有其田”，也可说是平均地权；如井田之制，也可说是平均地权；如劳农政府的土地政策，也可说是平均地权。还有人说平均地权并不是平均土地，所以土地国有或废除土地私有制就算是平均地权。又如各处进行的减租（如浙江之二五减租），也算平均地权，因为减租虽仍认私产之存在，却能减去地主的权利增加佃户的权利。平均地权的意思既是这样的复杂，实在是很难分得清楚，所以议论分歧，莫衷一是。其实政府欲改良地制，就照着切实的改良方法去行好了，何必一定非要借用先总理的平均地权名称以资号召呢？

平均地权的意义

可是那不确定的平均地权名称，在经济学里，却是一个最简明确切的专名辞。我们若也认不清楚，那是很可笑的，尤其是先总理对于平均地权的理想及实施，更是显明确定，不容错解的。简单地说先总理的意见就是要：

（一） 地主自报地价。

（二） 政府得按其所报之价买地或收税。

这是先总理的平均地权实施步骤，是毫无含糊的意思的。可惜我们自己将它弄糊涂了。就是许多经济学家，也是弄巧成拙反是认不清楚啊。马寅初先生就是最显著的一位。

马寅初论平均地权的困难

马先生为吾国经济学家，居领袖的地位，对于任何重要问题，常有高明的议论发表，以为缺少经济学智识的长官及领袖们的指针，其对于先总理平均地权的计划，亦尝指出二重困难：

（一）政府若要没收农民的地，来平均地权，农民必起而反对，现在中国的兵远不够抵抗全国农民的反对，困难一。

（二）政府若不用武力，就须拿钱去买。现在中国那样的穷，哪有这些钱来买这些（全国的）地，困难二。

马先生的话，句句都是切合中国的现状，那是我们所共认的。不过他这些话与先总理的平均地权计划，到底有什么关系呢。我看是格格不相入的，是毫无关系的。或者马寅初先生要实行他自己的平均地权计划时，觉得有这二重困难，也是有理可说。不过他所说的，都是关于施行先总理平均地权计划后的困难，现在我们且看这二重困难，与先总理的计划是毫无关系的理由。先总理的计划，是用不到增加兵力去没收农民的土地，更用不到积聚巨款以为收买土地之用的。试再看先总理的办法（一、地主报价；二、照价收买或纳税），是不是要先增加兵力财力而后可平均地权的呢？

困难一：兵力不足

我们先说先总理的计划，是用不着增加兵力的。先总理的计划的实施步骤是最和平的，并无武力压迫的必需的，他说："讲到解决土地问题，平均地权，一般地主自然是害怕……但是照我们国民党的办法，现在的地主还是可安心。这种办法是什么呢？就是政府照地价的收税和照地价收买……地价都是由地主报到政府，政府照他所报的地价来抽税"。

可见先总理的平均地权办法，第一步只要你去申报地价。此后照价收税或收买。试问在实施这种和平的平均地权方法时，要不要增兵呢？

况且不论在什么文明的国家，地价的估计，完全是政府独断的，哪容私人自定地价，照此抽税的呢？所以先总理的计划是最能体贴地主的一种办法，而马先生却以地主之反抗与兵力之不足为忧，岂不是将先总理的本意恰正弄错了吗？

困难二：财力不足

马先生所指出的第二点困难，就是我们如要平均地权，须有相当的财力。我们的政府现在断没钱去收买私人土地，所以也谈不到平均地权，这话是较有理，盖先总理的平均地权办法，固然是最和平的，武力是用不到了，但金钱是和平办法所必需的。不用武力，就须金钱，那是必然的。况且照先总理的办法，政府若要私人的地，就须"照地价收买"的。所以钱是少不来的。

其实照先总理的计划，是不需什么钱的。虽然先总理对于这点没有特别的指出，不过照他整个的计划考验起来，并不需什么钱的。第一个不需钱的理由，就是先总理的计划并不是一定要“照地价收买”的。他的计划“就是政府照地价收税和照地价收买”。这明明是说“收税”和“收买”并不是一定要收买的。政府若是有余力去收买，就可以去收买；若无力收买，就可以去抽税。任何办法，都是先总理所许可的；任何办法，都没有违反了先总理的平均地权计划的。为什么马先生却以财力充裕为实行先总理平均地权计划之前题呢？这岂不是又误加困难于本无困难的计划上去么？

况且照先总理的计划，也并无立时收买的意思。他是注重税制之改良，这一点也是马先生所承认的。试看先总理下面的一段话，就可见是重在“抽税”而不重在“收买”了：

> 像现在的广州市，如果是照地价收税，政府便有了一宗很大的收入，政府有了大宗的收入，行政经费就有着落，便可整理地方一切。杂税固可以豁免……一般普通人负担的杂捐太重……这种穷人负担太重的原故，就是由于政府抽税不公道，地权不平均，土地问题没有解决。如果地价税完全实行，土地问题可以解决。一般平民便没有这种痛苦。

这一段的话，完全注重在整理地价税的。苟从“抽税”方面入手去实施先总理的计划，那就用不到钱了。

这是只重“抽税”不重“收买”的说法，不过马先生可以责问我们说，这是单方的理由，虽然我们都认目前的办法是偏重“抽税”，但是终有进行“收买”土地的时期。若是永也不去收买的，那么先总理又何必多此一举，指出抽税和收买二种办法呢。况且照先总理的本意，目前办法虽重抽税，而收买一切土地完全归于政府，却是最终的目的。这就是他主张的现在私产将来共产，“是共将来不是共现在”。这样看来，“收买”土地的办法，总有一日要进行的，所以像马先生所说，我们要先预备好了钱，然后可以去平均地权，那也是很对的，因为这是必须有的，钱也是必须先预备的，并不是可以专门一直抽税就是可以算了的，所以马先生的意思是很对的。

就是马先生的意思（不能一直抽税，终必备款收买）是对的，政府终必设法收买的，政府却不必以金钱故而不进行收买，因为先总理所说的收买，并不是像马先生说的立时收买全国的土地。马先生实在是自找烦恼，想出这些绝大的困难出来。这样大的中国，怎能立时收买的呢？就是一个糊糊涂涂的报告，也需许多年月。至于稍较可靠的一种大范围的调查，如全美国的铁路估价，以千万人之力，费数十年之光阴，也仅勉勉强强地算是告成，何必说这样大的全国土地，怎么可立时将一切的买卖交割清楚的呢？

既然慢慢地收买的，那就容易办了。况且政府买地，并不是一定要自备地价的，有钱去买当然是最好的。就是没有钱，也是可以同样地进行买地的。何以呢？因为照着现代的理财方法，不管政府私人，只要你有相当的抵押，就是可以借钱的。或者是向银行借也可，或者是自发债券向人民借也可。现在政府若无钱买地，就可拿地做抵押，拿抵押来的钱去买地。现在各国政府，许多事业都是这样干的。如中国的各大铁路，都是这样筑起来的。譬如我们要筑京奉铁路时，我们自己没有钱，只好向英国人借。但借钱须有抵押，我们就拿京奉铁路做抵押。可见筑路买地，并不是一定要先有钱的。中国现在固然很穷，但政府若要买地，却可以地得钱，以钱买地，毫不需额外补助的。

若是以地抵钱，一定是有人借给你的，上面的话是对的，马先生说一定要先有钱而后平均地权的话是错了的。但若没人肯借给你，仍旧还是少不了钱的，马先生是对的。譬如筑京奉路的钱是英国来的，中国哪来的钱呢？难道你也可以拿中国的地皮像京奉路样抵押给外国人去要钱吗？可见是必先有钱方可平均地权的。

这一点的疑难，是很可以值得注意的。凡是先总理的信徒，应该彻底地了解。我们现在第一要注意的，就是一般谈平均地权的学者，自蜜儿（John Stuart Mill）以外，大概都是以为一切的地价是有涨无跌的，而美之乔治（Henry George）和我们的先总理即是最显著的代表。在事实上讲起来，这样的论调，当然算是错了的。虽然照历史的趋势看来，一般的地价是上涨的。但是至少的限度，也有局部的跌价。不过照大体说，我们总不能不认地价上涨的趋势。不必说都市里面一寸地土一寸金的高价，就是一切的农地，也是渐涨渐高的。

既是渐涨渐高的，钱的问题就容易解决了。政府收买土地，也是容易进行了。何以呢？因为照先总理的计划，并不是随便地买，也不是在政府有钱时买，是要在地价上涨的时候，照着所报的底价买。若是地价不涨，就是永也没机会去买。即使去买，也是无益。平均地权的本意，是要没收不劳之增益（Unearned Increments）。故无劳无功之地主，不应坐享地价上涨之增益。故在地价增涨的时候，政府出来照所报的底价收买，还愁钱的问题么？譬如某地报价百元，现已值洋二百元。政府有了这块地以后，难道还不能设法一百元么？难道抵押百元也没人肯借钱吗？就是现在的国内银行，也都是有钱没处去借。苟有可靠的抵押，何处不可以借钱呢？这是实实在在值两百元的地，并不是像从前我们以为渺渺茫茫的京奉铁路，中国人自己还不愿投资，并不是真真没钱，一定要借助外人。这一点我们应认明白，因为我们常常说我们的民穷财尽，拿不出钱，看别国人是很有钱。譬如以天津为例，比国人所办的事业不少。我们以为比国是钱多，我国是钱少。其实中国这样大的国家，一人有一元，就有了四万万元，难道还不如小小的比国吗？苟有稳固可靠和相当利益的事业可做，我们的钱是足足有余的。倘使有高价的地做抵押借钱，就是现在也很容易啊。所以先总理的计划实施以后，钱是不必愁的，因为照他的意思，地价是有涨无跌的，就是有跌的，政府也只收买涨价的地，并不收买跌价的地的。夫以低价之款，收买高价之地，还要愁什么钱的问题呢？倘若使所报之价为百元，以后跌到五十元，政府须按所报之价收买，那么钱的问题，真是要成问题了。试问先总理在什么地方，说要那样做的呢。可见先总理的平均地权计划，既不要兵又不要钱来做前提的。

马寅初的结论

马先生既然觉得这二重阻碍是无法驱除，所以只好下一种结论，避免这二重困难。他说：

“顾中山先生所谓平均地权，既非用价收回，又非武力强夺，其对于乡下之地，则主张用所得税及遗产税之方法而平均之，对于城内之地，凡不劳而涨之地价，主张没收”。

这一段话，一看是很明白流畅，再看就莫名其妙。马先生既提出无兵无钱为先总理的地制改良障碍了，为什么又说“既非用价收回，又非武力强夺”呢。这岂不是自找烦恼。况且这一句话，半句又是错了的。先总理的办法，明明是“抽税”或“收买”。这就是先总理的平均地权的重要的供献，缺一就不行的，盖前者“抽税”可防“以少报多”，后者“收买”可防“以多报少”。怎么可以说是“既非用价收回”呢。

至于马先生其余的话，完全是他自己的税制改良意见，强加在先总理的肩上。夫所谓所得税及遗产税等，又是他种的税，先总理固是赞成。但是在什么地方，他说他的平均地权步骤，是那样的，是可以所得税及遗产税代平均地权的办法呢。就是马先生所分的乡地市地办法，虽是妥善可行，但亦与平均地权的原则相背。何以呢？就是在原则上说起来，平均地权的最大理由，是如马先生所说“凡不劳而涨的地价，主张没收”。既然这样，为什么仅限于市地呢。马先生应该知道，经济学里所说的平均地权（Nationalization or socialization of land），就是指这一点（凡不劳而涨之地价，主张没收）。并不是普通人照平均地权的字面上随便的解说。所以若不去没收那“不劳而涨之地价”就是将中国土地划成一样大小的四万万方块，分配给四万万同胞，也不是经济学中所说的平均地权。先总理所说的平均地权意思，明明是经济学中的平均地权意思，也就是要没收“不劳而涨之地价”。为什么马先生却说仅限于市地呢？不过这也莫怪。这一点是使得许多的人迷糊了的，因为我们一谈到了这个题目，就引起什么伦敦、上海等大商埠的地价飞涨的例证。其实平均地权的唯一目的，就是要没收一切不劳而涨的地价。若留下一部分不去没收，就不是经济学中所说的平均地权。

减租是平均地权么？

至于别的误解，大概是不懂经济学的人所犯的。他们所说的平均地权，完全不是先总理或经济学中所说的平均地权。现在我们选择几种足以代表一般的来讨论。第一就是关于减轻农民负担的。譬如浙江的二五减租，可以说是实行先总理遗训的先例，也可见长官们扶植农民的热心。不过这是一种地制改革或改良，并不是实行先总理的平均地权。你说先总理也必赞成这种政策的，或者也是对的。不过这并不是先总理所说的平均地权。

何以不是呢？上面我们已经说过先总理的平均地权，就是要没收“不劳而涨的地价”。其没收方法，是先令我们报价，以后政府可以照价收买或抽税，务使不劳而涨之地价归于政府。现在再说减租的结果是不是等于没收不劳而涨之地价呢？明明是不是的，政府并不能得到什么。减租是没收了不劳而涨的地价么？又明明是不是的，因为不管是涨是跌或不涨不跌的地，一律都减租的。试问没有涨价的地，有什么增益（Unearned Increments）可供没收（减租）呢？况且减租的法令一下，就是要遵行的，何尝如先总理所说，先令地主报价，此后政府可照价收买或抽税的呢？所以我们希望研究平均地权的学者们留意，不可将减租错解作平均地权。

平均地权与《土地法》

就是立法院的《土地法》中的增值税，虽与平均地权的本意颇相近，但是因为上文所述马寅初先生的意见与下文所述邵元冲先生的意见的缘故，已将平均地权的本意失去十之八九了。我想立法院是一定容纳了他们的意见的。原来《土地法》的三百零九条，是要没收一切不劳而涨之地价。这就是平均地权的唯一任务，不过《土地法》的条文，是稍示宽限，凡所涨之地价，在原价三倍以下者，并不完全没收，但超过三倍以上之地价，始全行没收。这一段“土地增值”法，是最适合平均地权的原则。不过马先生的主张（限于市地）是在二百八十六条里被采取了，所以“乡地……之自住地及自耕地……不征收土地增值税”。因此只有市地的平均地权，乡地就不是都受土地增值税之约束了。同在这二百八十六条里面，还有一个时期（即十五年为一届）的期限。我想这是采纳邵元冲先生的意见来的。有了这两个限制（地域与时期）之后，三百零九条的效力差不多完全失去了。现在且稍论时期的限制及其对于平均地权的影响。

平均地权与申报地价的次数

有许多总理的信徒，对于先总理的平均地权实施步骤，在时间方面加以解析，这也是我们所应特别留意的，因为地价是常常变的，应该是隔一个时期，再报一次的地价，庶可使所报之价，与实在之价较为相符。譬如现在某地的价是一百元，当然报作百元。政府照百元计算抽税。若是一年一报，是太麻烦。况且一年之间大半的地价所差也是无几。故最妥之法，应该定了一个时期，如五年一报。政府照新报的地价取税或收买，这样似较妥善。譬如邵元冲先生的意思，就是这样的。邵先生的意思，确是照着先总理所定的报价抽税收买等步骤的。不过他以为较妥善的一步，就是隔一期之后，须再报价，庶与事实较为切合。

可是这一点的差别，就将先总理的整个平均地权计划，完全是推翻了，所以我们将这一点，特别地指示出来。当然那样主张的人，并无推翻先总理计划的存心，那是我们可以担保的。现在我们且看推翻的理由何在。我们不厌重复地再说平均地权的目的，就是要没收不劳而涨的地价。既要那样，就只可以有一次的报价，以后不劳而涨的地价，均应属于政府，这样才算平均地权。若是隔了一个时期，可以再报新价的，抽税买地亦照新价，而不照旧价的，那还算平均地权么？那还能没收不劳而涨的地价么？那与现在的土地私有制度有何重大分别呢？譬如隔了五年，地价涨了一倍，所报新价，亦高一倍，政府须照新价抽税或收买，这岂不是等于取消了没收之权么？何以呢？因为若是只准报价一次的，以后地价涨高之后，政府可照所报之底价收买或没收其所涨之价。现在既许了他再报，并取消前次所报旧价，政府即要收买，亦应照新价。照了新价，政府也没有没收了什么。这样正像政府现在要问人民买地一样，是照实在的价值收买的，政府没收到什么呢？这还算是平均地权或没收不劳而涨之地价么？

不过这里邵先生还有一点余地，就是在这五年之中，在新价未报之时，政府可以照所报之底价收买已经涨了高价的地，或没收其所增之价。在土地法的土地增值税（二百八十六条）税则里，就是采了这个办法，就是在每一届（十五年）之终，实行没收办法（至于未到期而即转移其所有权者，则于转移时按法没收）。

其他误解

还有许多热心的同胞，很想要帮助平民，根据了先总理和英人惠来斯

（Wallace）所说的“耕者各有其地”一话，将平均地权的意思又弄错了。总之这一类的建议是与减租和不征农地的土地增值税的立意相似的，都是本于道德的观念和救民的热忱来的。可是真正的平均地权，是铁面无私的。它所要的只是不劳而涨的地价。不管你是大地主或穷农，不管你是有地可耕与否的。大地主的地若没有不劳而涨的地价，政府也不去特征重税或强令减租的。小农的地若增了不劳而涨的地价，政府也就要没收其所涨之价的。若因体恤穷农不去没收，就不是平均地权。所以要去体恤，在这里不能体恤，须另外设法体恤的。这样才算是真正的平均地权。凡是这种办法，或减其租，或轻其税，或与以田，都不是先总理的平均地权。不过这些地制改良的政策，或者也是先总理所赞成的。

总之这类带有专门性质的题目，拿到没有受过经济学训练的人手里，差不多一谬就是千万里的。他如廖仲恺先生，算是能利用经济学的智识了。他引经济学中所举的土地与资本的分别的理由，以为平均地权的说理（即土地是天赐的，资本是人造的。土地是有限的，资本是不可以增减的等等），确是很有眼光。盖天赐有限之物，利益应归于天生之民。可是我们不可忘了民生主义的二个问题。一个即是平均地权，还有一个是节制资本。倘使不要节制资本的，那是很高明的议论。因为土地的性质与资本不同的，所以特别要加以节制以防其害。若是与资本的性质是同的，或就不必特别地节制或平均了。现在二者既都要节制的，我们是应该说土地和资本的性质是同的。土地既然因为哪样的要节制，资本的性质也是哪样的，所以也要哪样的节制。可是这也不能怪廖先生，在十廿年以前的经济学家如马先氏（Marshall）等，哪一位不是大谈土地与资本的不同啊！不过照现在的趋势看来，在专门研究经济学者之间，这一个土地与资本分别的意见，大概是不能站得住了。那位最善于决疑的经济学者 Cannan 已经大胆地将这界限打破了。这样一来，土地与资本既是同样性质的，所以也可以说是处相同的地位，都是要节制的。

最后我以为专指出一切的误解，不如不去误解。不过不去指出几种的误解，很难不去误解。现在我想我们都知道先总理的平均地权的目的，也是要没收不劳而涨的地价，其所用方法，是先令地主自报地价（这一点是先总理的供献，Mill 以为是要由政府估价的），此后政府照得所报之价买地及抽税，以达没收不劳而涨之地价的目的。

（《大公报·经济周刊》第 43 期，1933 年 12 月 20 日）

关于《强制劳工保险法草案》之商榷

丁　佶

吾国劳工立法中最早者为民国十二年三月农商部所颁布之《暂行工厂通则》，只适用于平时雇佣工人在百人以上或含有危险性质或有碍卫生之工厂。该《通则》规定厂主对于因工作致伤病之职工，应负担其医药费，并不得扣除其伤病期内应得之工资；对于女工之产前产后，应各停止其工作五星期，并酌给以相当之扶助金。该《通则》关于检查、证明、处罚等项，均无规定，故毫无实际之效力。

国民政府民国十八年公布二十一年修正之工厂法中规定工厂对劳工疾病伤害残废分娩死亡应给之补助或抚恤，并定该法于民国二十一年十二月三十日施行，惟因种种障碍，实施甚为困难。国内重要工业区域中，因治外法权租借地之存在，租界中工厂检查不能举行，以致阻碍劳工法令在中国全部之实施。同时工厂法所规定之事项繁广，拟同时采取各国历经长久时间演化而有之各种劳工法则。专就工厂法中对于工人因执行职务而致伤病或死亡者应给之津贴及抚恤（第四十五条）及女工分娩津贴（第三十七条）而论，依据陈达于一九三一年上海二百余家工厂调查之结果，关于疾病（大概是因工致病）七二工厂不付工资（或赔偿费），一三三工厂付之；三六工厂不付医药费，一五一工厂付之。关于灾害，六五工厂不付工资，一三七工厂付之；一一工厂不付医药费，一一五工厂付之。丧葬费之给付较为普通，额数自二元至五十元不等。各工厂中约三分之一给付女工分娩津贴，平均额数为十六元许，距法定标准甚远。上海机制国货联合会对于工厂法第四十五条，厂方对工人执行职务致伤之应负担医药补助费、抚恤金、津贴、工资之规定，于呈实业部文陈述对于工厂法之意见书中云："如一工人因执行职务致伤病延六个月而后死，医药费假定为五十元，六个月工资三分之二照原工资三十元计，须一百二十元，丧葬费五十元，遗族恤金三百元，再加二年平均工资七百念元，共需一千二百四十元之巨，中级工厂已难负担，如系一小工厂，工人确有三十人以上，一部分装置汽力电力水力发动机器者，遇有工人死伤，援用此例，事实上如何负担？”可见工厂法在今日之不易整个施行，实际上，工厂规模较大者，对于工人之抚恤比较小工厂为完备。虽现有少数工厂向寿险公司购买团体生命保险单，惟因吾国工业幼稚，劳工立法最近甫受政府社会之注意，故向未有防备工业上危害之共同组织。劳动保险虽非目前所能设办，惟政府已认将来有成立之需要，故工厂法第四十五条中所定之津贴及抚恤之标准系在劳动保险法施行前所应用。

最近国民政府所拟之《强制劳工保险法草案》，其目的为设立保险制度，以救济工厂及矿业工人由职业发生之疾病伤害死亡及非职业疾病分娩等所受各险（老年及失业除外）。凡适用工厂法之工厂及适用矿业法之矿场，其受雇人均为强制伤害及疾病保险之被保险人，但不满一月之临时雇用人及年薪超过千贰百元之职员不在此限，其他工厂及矿业之受雇人凡从事含危险性或有碍卫生之工作者，经主管官署之指定后，亦得为被保险人。查中国之若干工业，自引用工厂制及新式机器以来，新式之机器工人及矿业工人，日益增多，而由机器工作而发生之灾害疾病，亦日益繁盛，故在今日而得一劳工保险法案以保护工人之健康及幸福，吾人已觉有过迟之憾。虽然，一法案之制定，宜参酌国情，集思广益而审慎为之。爰不揣谫陋，与诸君于一商榷之。

统一保险制度之重要

在多数欧洲国家，社会保险系从长久时间而建成，受若干法规之管辖，以致一国之中有多数保险独立机关之存在，结果制度欠缺联络，各项保险之范围、利益、费用、行政，颇多抵触复杂之处。即一九二五年中具有统一保险制度者不过苏俄、塞尔维亚克鲁斯拉夫尼及捷克斯拉夫三国。惟制度不统一之缺陷已渐引起一般人对于此问题之讨论。社会保险如能统一，则时间、费用均较经济，行政简单，效率增进。统一之困难多系在于国家中社会保险机关之众多，立法规定之过于繁杂。

中国无此种机关及立法上复杂之障碍，应似一般新设社会保险之国家，以发展统一保险制度为目标。本法草案先就伤害疾病设立保险，系得当之政策；失业非职业残废及衰老诸险自亦须为负保。惟以中国目前之工业化程度，社会保险经验之缺乏，及工业之无负担过重财用之能力，社会保险只能渐渐设立，以伤害疾病为发展较完备制度之第一步。关于保险范围，宜先施于工厂及矿场工人，将来再展于他种职业，此种政策合于实际，于国际劳工第一次会议之建议相符。

利 益

《草案》定所保之险发生后，保险人应给金钱上或服务上之利益，利益之种类及数额随致险之原因而异，死亡抚恤之多寡视依赖人之数而定。兹将《草案》所定之利益制度表列于下：

甲、由职业发生伤害及疾病之利益：

（1）暂时丧失工作能力者：除给实际资疗外，自受伤日起至复工日止，每日给以工资四分之三。

（2）永久丧失工作能力一部者：除须实际资疗外，给以一年以上二年以下之工资。

（3）永久丧失原任工作能力全部者：除给实际资疗外，给以二年以上三年以下之工资。

（4）永久丧失各种工作能力全部者：除给实际资疗外，给以终年残废年金。

（5）死亡：除给丧葬费（以被保险人在职前后三个月中工资最高一个月之工资数为准，但至少须为五十元）外，（a）有依赖被保险人维持生计之亲属三人以上者，给以两年之工资；（b）有亲属二人者，给以一年之工资；（c）有亲属一人者，给以八个月之工资。

乙、非职业疾病及分娩之利益：

（1）丧失工作能力，（a）非职业疾病：除给医疗费外，自生病之第四日起至病愈日止，每日给以工资百分之六十，如经过六个月尚未痊愈时，其每月津贴得减至百分之四十，但以一年为限；（b）分娩：其入工厂做六个月以上者，分娩前后八星期停止工作工资照给，不足六个月者减半发给。

（2）死亡：无论由于非职业疾病或分娩，除给丧葬费外（其额数规定与前同），（a）有依赖被保险人维持生计之亲属三人以上者，给以一年之工资；（b）有亲属二人者，给以六个月之工资；（c）有亲属一人者，给以四个月之工资。

关于《草案》中所定之利益应注意者有下列三点：

(1)《草案》规定工人受职业伤害或疾病者，给以实际资疗，惟对非职业疾病或分娩，则定给以医疗费。

（2）受职业伤害或疾病以致暂时丧失工作能力者，每日给以工资四分之三之金钱利益，且未定有等候期间；惟非职业疾病之金钱利益，则为首六个月每个月给以工资百分之六十，定有三日之等候期间；次六个月中给以工资百分之四十。分娩前后工资或全部或半数给付，视工人工作期间之长短而定。

（3）遗族恤金之多寡随死亡之原因而异。职业原因死亡之恤金无不倍于非职业原因死亡之恤金。

依据以上分析，可知《草案》中所定之利益，均有职业原因之分别，兹就上列三点分论之。

（1）应定无论伤害疾病之原因，均于可能范围之内，给与实际医药疗治，即对于非职业疾病所定之医药费应改为实际医药疗治之直接给与。社会保险学者多认给发医药津贴而任使工人自负医疗责任之方针诸多缺陷。此种放任方针尤不宜于中国。普通工人缺乏卫生治疗常识，所给付之医药费恐多不用于适当之医治；社会保险机关应组织或接洽供备治疗所药房医院各种设施，以苏工人身体健康上之需要。医药设施不甚完备之处，应由保险机关充补之。欧洲如奥、德、波兰、捷克斯拉夫各国之社会保险，注重服务的利益之供备，得因之增加国内卫生医药之设施。据同样理由，分娩费应于可能范围之内改为扶产直接照料，并供给分娩所需医药。

（2）《草案》中所定伤害疾病丧失工作能力期内之金钱利益分职业与非职业原因二种，此种差别普见于欧洲各国制度中，社会保险制度愈不统一者，各险间利益之差别愈甚。论者或谓此种差别系根据于职业危险之原则（Principle of Occupational Risk），依此原则，赔偿职业原因危险之费用应全由工厂负担。惟本《草案》并非完全遵守此原因，盖依《草案》规定，工人对于职业危险费用，亦须给纳一部分之工资，惟工厂方面对职业危险所担负之款项较重于其对其职业危险者，是以本《草案》未完全遵照职业危险之原则。工人所受疾病虽有可以断定其原因是否系职业者，惟仍有若干疾病之原因颇不易断定。因规定利益甚有差别，遇此种原因不最显明之疾病，保险人与被保险人易生争执，或将引起工人之不满。

社会保险既以救济工人及家属因停止工作之经济困难为目标，则关于暂时工作能力之丧失，无论其原因是否为工业的，其因停止工作所受之经济影响实无异。故对于金钱上之利益标准，不应依工业伤害疾病与分娩非职业疾病二类规定过甚之差别。主要者为此项利益须足以供备工人及家属以相当生活之维持，且须低于寻常之工资，以防工人之故意延搁工作，亦以求保险之支用不至过重于保险机关之财力所能担负者。保险制度之用费及其价值均赖于其利益之大小，收支均等系制度财政健全之必要条件，惟欲收支均等，必须定适当之金钱利益标准。

依据以上讨论，作者以为暂时工作能力丧失之金钱利益，无论伤害疾病之原因，均定为每日工资之三分之二，且具有三日之等候期间。等候期间之规定见于多数国家工业伤害及疾病保险法中，其目的系在避免抚恤极短期工作能力丧失之手续及调查费用，亦可防止工人故意延搁之弊病。作者以为工作能力之丧失只须分为三种：永久全部，永久一部，及暂时（所有暂时工作能力之丧失均算为全部的）。工作能力丧失之各种分类法中，以上分类为最多数国家之工人赔偿律所采用。对永久一部工作能力之丧失，应给与两年之工资。本《草案》规定永久全部工作能力丧失之利益为终身残废金，惟此项年金应合工资百分之若干则未指定。此问题须考虑财政能力后方能断定，且须先有可确之国内工业伤害疾病之统计，以为测算之根据。此类统计目前甚为缺乏。至为分娩之金钱利益，工作六个月以上者应改为工资三分之二，工作六个月以下者仍为工资二分之一。

（3）多数国家之伤害疾病保险制度中多定有死亡工人丧葬费一项，惟关于遗族抚恤金则多只见于伤害或生存人保险（Survivors' Insurance），而不常见于疾病保险中。英国及爱尔兰国内工人常自投保险，备身后丧葬及其他费用之需。本《草案》规定工人死亡，无论原因，均给付亲属依赖人之抚恤金，此实系合并生存人保险于伤害疾病保险。

遗族抚恤金额数随依赖人之多寡而定，吾人可认公允之处。惟对于职业的原因死亡之抚恤金均系倍于非职业的原因死亡之抚恤金，则以为颇须商榷。此种过甚之差别所以不当之理由，大致与前节关于暂时工作能力丧失利益之讨论相似。抚恤金额之随工资及依赖人数而定，系根据经济依赖及赔偿经济损失二原则，惟二种死亡之原因抚恤金之有一倍差异，则不免违背此二原则。即不使二类死亡原因之抚恤金完全相等，最少须减轻本《草案》中差别之程度。

费用之负担

本《草案》规定保险利益及管理费用由业主及被保险人（受雇人）依下列数额担负：对于伤害及职业疾病保险，被保险人每月缴纳工资百分之一，雇主担负工资百分之四：疾病分娩保险，被保险人缴纳工资百分之一，雇主担负工资百分之三。以上办法最少局部应用职业危险责任之原则。多数国家定职业危险之费用由雇主单独担负。

关于职业危险费用之负担，本《草案》不顾各工业危险程度之不同，而定划一之负担。惟各国对于此种保险，多定各厂应依其危险程度缴纳保费。关于危险之分类及纳费之计算均有公认之原则方法可供应用。如美国计算某一工厂应负之保费，先定该厂应归何类危险，依该类险率，再经工厂检查及保险人之经验，最后定该厂应纳之费。

吾国目前缺乏工业伤害疾病死亡统计，故关于依本《草案》所定之费用负担将来能否收支平衡，实不易定断。虽可采用他国统计及历验照中国情形加以酌改以为计算之根据，惟关于工人年龄工资分配之统计目前尚为缺乏，亟须搜集。利益及费用担负之厘定，须重保守。制度设立之初年，其利益应较轻，将来再为提高，此种方针不但合于实际，且对工人、工厂心理方面亦最适当。

政府之补助

本《草案》定国库及地方金库对于各保险社得给与补助，惟未提及补助之方法及款额之多寡。劳工保险之一大功用为疾病及他种危险之预防，故政府应与实际补助。一九二七国际劳工会议之建议案中曾主张公库对社会保险应与补助，以增进人民健康方面为目的。各国政府对保险之补助其方法及款额不甚一致。中国公共卫生设施缺乏，政府对劳工保险之补助应专就设立医院药房等方面进行。

组织与管理

中国工业化区域，重要者限于六省。适用工厂法之一，四二一工厂中，七五一工厂（百分之五二）系在上海，雇用二〇〇，三三一工人，占工厂法工厂工人总数百分之四十四。主要工业城市如上海、无锡、天津、青岛、汉口等处将来亦仍占工业上之主要地位。劳工保险制度之设立最好先就以上数处中筹办区域基金。依欧洲各国经验，区域基金制比职业基金制为较□□节省。凡一区域之工人无论其职业均属于一组织，因之危险均配，人数稳定，医药设施充足，管理容易。

行政方面应设有劳工保险总社及地方保险社。后者受总社之指挥，执行常务，组织医药设施，调查事件，征收保险费。

多数国家之社会保险系由工人、业主二方面各举代表负管理之责任，受政府之监督。惟因工人、业主欠缺组织，无自行管理之能力时，则纯由国家管理。如一九二七波加利亚之保险制度，虽工人、业主担负费用，惟行政则归政府。日本保险制度系半由政府管理。

社会保险之自治，原则上自无疑问，工人、业主既负担费用，自应有管理之权利。且工人参加管理，足以增进彼等对卫生及预防之智识，增进其对保险社财务健全之兴趣。本《草案》定保险社设理事四人至十人，处理对内对外一切事务，理事半数由各业主互选，其他半数由被保险人互选之。另由主管官署指派一人为常任理事，会议时为主席。惟因中国工人、业主缺乏组织及经验，在制度设办之初期，政府应多加指挥，不但须设立要则，且关于保险社事务之各种程序及其应具之记录，须密为规定督视。

结　论

中国工厂矿场工人约三百五十万人，而适合于工厂法之工厂雇主，尤不逮此数。(注) 故强制劳工保险只能施及全国人口之小部分。于本《草案》制度设立之后一方面应推广其所保之险，他方面应推广其被保险人。以往劳工赔偿立法之不能普及施行，主要原因为所立之标准过高。规定劳工保险制度者应注意此实际方面。《草案》中之利益规定，有应更改以求各险间所受利益较为平等，以求费用负担之减轻及财务上之成功，且须特别注重服务的利益。费用担负之计算，须根据于可确之伤害疾病死亡及工人年龄、工资分配之统计。政府之补助须就于医药设施卫生建设之方面。制度之组织及管理标准之厘定应多由政府参加。制度应用区域基金为根据，设办应先就少数主要工业区域中着手。

注：依民国十九年工商部之调查，国内九省中二十九城市之工厂工人总数为一，二〇四，三一七。全国矿工人数依俄人 Torgasheff 之估计为二，二八九，〇〇〇，共计工厂及矿场工人约三百五十万，不及全国人口百分之.七五。依据实业部民国二十年之统计，适用工厂法之工厂计一，四二一个，雇用四五六，六五六工人，合全国适用工厂法工厂工人总数百分之三十八。

（《大公报·经济周刊》第 58 期，1934 年 04 月 11 日）

今日中国的几个重要经济问题[①]

何　廉

现在中国的经济情况，真是千疮百孔，头绪万端，也不知从何说起，与其枝枝节节地讨论，不如让我来整理一下，做一个概括的述说。这篇短文，只能算替这个经济的中国病人，在药方之前，开了一段脉案，把现在中国几个重要的经济问题，描了一个轮廓，其中内容，只好让其他执笔者去研究讨论了。

归纳起来，中国现在的经济问题，可以分做两方面来说：第一是财政金融，第二是经济建设和复兴。论到财政金融这方面，我们当前最迫切的问题有：银价问题；游资集中都市，农工商资本缺乏的问题；军费偏大中央预算不能平衡，滥发公债，财政濒于破产的问题。先说银价的问题，自从英、美、日等重要国家相继放弃金本位而引起货币战争和银价不稳定之后，用银国家（以银元为货币本位）的中国，因外币和银元比价跌落和涨落不测的关系，在国际输出贸易上受了莫大的打击，同时国内因外货的倾销和人民购买力的减退，物价和贸易也有显著的低落。这种现象，用不着我用数字来表证，大家都切身知道的。要再继续下去，真是中国莫大之患，所以如何安定银价以恢复本国的物价和贸易，这方面中国的关心和利益，应该比任何国家为大。其次讲到游资集中都市，农工商资本缺乏的问题，其现象可以从三方面来讲：最近上海存银的增加，在市面流通的银行兑换券，中国生银的出口。现在就把近四年来上海存银钞票流通额和生银输出入额列一简单表如下（单位一百万元）：

上海存银	钞票流通额	生银之净输入（+）	或净输出（-）
1930	275	250	（+）140Ж
1931	250	275	（+）68

①本文在《南开大学周刊》中国经济问题专号同时刊出。

续表

上海存银	钞票流通额	生银之净输入（+）	或净输出（-）
1932	356	287	（-） 11
1933	503	353	（-） 14

注：Ж为1928～1930 三年之平均数

我们从上面的表可以看出近二三年来上海存银数有急剧的增加，而钞票流通额并没有比例的增加，足见大部分存银并没有以钞票的形式而流通于市面，来活动社会的金融。农村因资金集中都市而更见枯涸，工商业也都有资本缺乏的苦痛。至于生银的出口，尤其是近年来特有的现象。从前中国终是输入生银的，自一九〇一至一九三一年净输入达十万万元以上，但是自一九三二到一九三三这两年，反输出生银计共二千五百万元；同时期内，还有大量金子的输出，只一九三二和一九三三两年，金子输出终在三万万元以上（注）。这象征着中国历来的入超和所负国际的债务，有不得不用金银来偿付的时期来到！至少也表示中国内地的藏金，快告涸竭，所以不得不用银子来补足它！自然，我们考究游资的所以集中都市，最大的原因是因为物价低落，工商业衰败，需要的款子也就减少了；再就是内地和农村治安的不定，富户地主不敢再把金钱在乡间存放，情愿迁居都市把钱存在银行里，农村金融因此更见枯涸了。其次，就是近年来国府公债数目巨大，其实际利率常超过一分，于是银行游资，想做公债生意，趋之若鹜，因而时期长、利息低的工商业放款，就没有人肯投资了。这种一方面害膨胀病他方面患贫血症的现象，不谋急切消除，中国前途是永久没有办法的。最后要讲军费偏大，中央预算不能平衡，滥发公债，财政濒于破产的问题。中国因连年内战，武人割地自雄，常备兵额之多，全世界各国莫与伦比；每年支出的军费，占全国财政总支出的一半以上。这种现象，也是全世界各国所没有的。他们军费的实际数额，尽管比我们的多，但没有超财政支出一半以上的。中国的政府，用钱是向来没有预算的，不够就发行公债或借外债弥补，历年来几无法清算。光内债一部分，北京政府时代财政部发行的内债，总数在六万万元以上，国民政府自十六年至二十二年所发行的内债共十一万万元，两者合计共达十七万万元之巨，再加上有担保的外债，总数在二十万万元以上。以如此巨额的债款，中央收入一大部分只够还债，而借得的这些债务，大部分不是作生产用的，都化作军火或装入武人政客的钱袋中而消耗了，至今政府每年巨额的亏空，还只靠借债来弥补，财政安得而不破产！所以中国再不停止内战，痛裁兵额，休养生息，到不了五年十年，大家会一齐饿死的！

我们现在从财政金融方面再转到中国经济建设和经济复兴的问题，我以为首要的是赶快设法增进农产，复兴农村。光发展工业，不能救急，因出品一时不能和外国竞争，还要靠本国的市场。移民垦荒，不能一蹴即就，并为将来人口发展计，本国土地仍有人满之患。我所谓增进农产，是要农民所生产的超过其合理的消费而有余，然后方才能使农民安耕乐业，利用厚生。中国人民的百分之七十四是农民，农民而没有饭吃，不能安于耕，其他工商业一切都没有办法的。如何增进农产以增多农民的报酬，还应当政府和智识阶级出来倡导，积极讲求水利，改良种籽及生产，防除病患害，活动农村金融，提倡生产运销合作，改良土地划分及田赋，提倡乡村手工业等等，而安定农村的秩序治安，不受兵匪的骚扰，尤为当务之急。

关于交通，铁路是运输干线中最经济而生产的。中国合国有、省有、中外合办或外人承办以及专用等铁路，也不过一万五千余公里，但自从东四省失陷以后，合国铁路里数，又去了三分之一以上。中国有许多地方急切需要铁道的运输，但至今还没有去计划它，此后实应竭全力赴之，以为开发富源沟通民生发达工商的基础；至少也应赶快有计划地完成若干纵横的铁路网，而以公路运河及兽车大道等为其培养线。我们看见现在修筑的许多公路，往往和铁路取同一的途径而互争营养，实失提倡公路的原旨，防害铁路的发展，不胜痛心之至，而希望及早纠正过来。

讲到工业问题，我们应该赶快厘订我们工业发展的政策，处理劳资关系的方针，这是值得政府学者和工业家去竭力讨论的。有人说：中国的工业化应该采取渐进的政策，而以供国内市场为主要；发展的基础，第一要建筑在农业的生产上，例如中国盛产小麦、棉花，那末可以提倡麦粉和纺纱工业。其次当视中国工业的需要程度的大小而设立之，例如为发展铁路事业，那末可以设立制造铁轨和修理工厂；工业的性质，最好能提倡多利用中国丰富的劳力而不需很大的资本和设备的轻工业，切不要急急于提倡需要很雄厚的资本、高深的技术的大规模制造业，不过可以选择现代切要并为国防上必要的一二种重工业而试办之，但以能适合于本国市场的需要为标的。以上这些话，是不是值得我们加以深切的研究而决定取舍呢？他如劳资的纠纷，一天甚一天，为防患杜渐，我们应该如何去防患于未来，方不至蹈欧美工业先进的覆辙呢？

由工业再说到商业的问题，中国现在有一种很明显的矛盾，一方面内地货品没法运出，任其狼藉，而商埠又进口大批洋货，这正好像一个人肚子里积食的土货没法消化，口中遂不得不吃进了大批的洋货来滋补一样，上下不通气，不设法沟通，迟早要衰弱而亡。所以讲商业，首先要发展内国贸易，使货畅其流，人民需要的货品，能尽先取之于本国，不足时再从外国输入。就是如此，中国国际贸易的政策，也应该力求食粮和棉花煤铁等原料的自足，并且因为人口一天多一天，土地更不够分配，势必奖励输出贸易以换取本国所缺乏的必需品。但是现在各国都高筑着关税的壁垒，并且它们对于工业上已经有很完密的组织精美的机器，一切货物的成本，已减到最低的限度，中国仅仅靠劳力低贱这一点上来取胜，几乎是不可能了。所以在出口贸易中，我们应当竭力改良我们有天然利益的特产如丝茶等，特殊而丰富的矿产如锑矿，再辅之以若干种专门而精巧的轻工业，那末未始不足以角逐于国际市场中。

最后，我有一点感想，中国只要不再内战招侮，各方面谋求最低限度的统一和社会秩序的安定，那末经济还有向上发展的希望。这时候我们需要整个完密的设计，这计划决不能俯拾别国皮毛的什么五年计划或十年计划而类似琐屑的时序表，因为这些大抵是不实在或不适于本国情形的；我国需要的计划是先认识了中国整个的经济结构和特殊的情形，再从此出发，得各方面的合作，大家不断地观察和研究，日积月累，逐渐求得一具体而可行的方案，再由专家编成进行的步骤，视机会和财力、原料等的所许可而施之实行，这又哪里是几位空言家或衙门里的闲员关着门就能拟造的呢？

（注）查中国原来每年终有少量的金子出口的，自一九二一至一九三〇年平均每年净输出金子不过七百五十万元，但自一九三〇年五月起国府禁金出口令下，只有中央银行可以输出外国，因此偷漏输出的非常之多，就无法得到准确的记录了。但只据有记载的数目，一九三一年净输出达四千八百万元，一九三二年达一万一千八百万元，一九三三年达七千一百万元之多。至于偷漏输出的以香港为最多，但并非全部。光香港一埠，一九三二年输出金条和元宝达六千四百万元，一九三三年达八千九百万元，故一九三二和一九三三两年合计有记录及偷运出口的金子，总数超过三万万元之巨。

（《大公报·经济周刊》第68期，1934年6月20日）

经济建设与文化建设

丁洪范

近一二年来当局对于经济建设不能不谓有一部分的努力，如航空公路等发展是也。然而当局的建设举动对于国民生产事业的发展似乎尚少关系。航空只有利于军事，公路甚至被设为推销洋货的工具。执政者虽也有一部分觉悟国民经济建设之切要，如蒋委员长在四月间有国民经济建设运动的披露，拟继新生活运动而起，可是此种思想行动尚不能具体化与普遍化，而使其成为实际的民众运动。反之，所谓文化礼教等高调则一人唱之，百人和之，声浪广播，"速于置邮而传电"。蒋委员长雄才大略，深谋远虑，提倡新生活运动，登高一呼，四海风靡，全国耳目为之一新，廉顽立懦，国民精神大作，然其流风未造，反被附会利用视为恢复旧文化、旧礼教等反动手段，徒滋嚣扰，大多数民众不能得其实惠。这岂提倡者的本意呢？《大公报》记者也许有所感触发为七月三十一日的社论《关于救国大计之商榷》，揭櫫七分经济、三分文化之说以供国人参考。我们对此主张颇表赞同。著者在他处对新生活运动及国民经济建设运动曾略加论列，特其意有未尽，今再引申之，或可为上述社论的注脚。

本来，经济生活是人类生活的一部分，经济建设也是文化建设的一个条件。然而，我们应认清，经济生活是人类生活的基本生活，经济建设是文化建设的基础。生活是人类生存的活动，文化可说是人类生活的方式。所以任何提高国民生活或促进人类文化的运动，决不能脱离国民经济的生活而独立。可是，生活与文化等名词是过于笼统、过于抽象了，在提倡者原具有匡时济世的苦心，但流风所及或且资为呼风呐喊的材料，甚至仰为衣食之父母或误作反动之工具，于是沦为举世所诟病。

"饱食终日，逸居而无教，则近于禽兽"，于是礼义廉耻、孝悌忠信，最紧要也没有了。然而礼义廉耻不是布帛菽水，孝悌忠信不是柴米油盐。一般民众在没有布帛菽水、柴米油盐，就是观音粉也须争而得食的时候，如欲教他们礼义廉耻、孝悌忠信，虽圣人在上斧钺在下，也万万办不到的。以活圣人也办不到的事情，要化几百万国帑修饰祠庙丘陵像煞有介事地请几个死圣人出来大谈其“君子谋道不谋食”“饿死事小，失节事大”或启建“时轮金刚法会”，欲借其运花妙法超度众生到西天乐园，怎能办到呢？原来先人也曾说过“富而后教”“民无恒产，斯无恒心，放僻邪侈，无所不为”“仓廪实，知礼节，衣食足，知荣辱”“饥寒之身，不顾廉耻。夫腹饥不得食，肤寒不得衣，虽慈母不能保其子，君安能以有其民哉？”故“先生”施政以“农为治本，民为食天”，“其本乱，而末治者否矣”。这样看来，礼教文化的设施自古视为末节，必附麾于经济建设才能成立。况在现今物质竞争的时代呢？

然而还有一班好寻开心的“先知先觉者”竟抛却现代是经济立场而大谈其所谓什么本位文化的建设，而且俨然各成门户，闹得乌烟瘴气，弥漫一时。幸而此等瘴气仅涉及少数无事做好寻开心的“学者”，于大多数生产民众无甚关系。虽然，其影响所及却足以阻碍经济的建设与社会的进步。经济生活为人类的基本生活我们曾经提过。在此，我们还须解释一下。任何民族的文化无不随其经济生活而转移。经济生活是活动的、进步的，所以民族的文化也不是一成不变的或甚至是倒退的。在上古渔猎时代有渔猎民族的文化，在游牧时代有游牧民族的文化，在农业手工业时代有农业手工业民族的文化，在现今机器实业时代乃有现代个人资本主义或社会资本主义等文化。有各种不同的经济生活，乃有各种不同的文化，或说不同的生活方式。在同阶段的经济生活之下，各民族之间的文化虽略有不同，但都是表面的而非基本的。譬如将各游牧民族之间的文化互相对较，则必见其相似之处多，而相异之处少。倘将游牧民族文化与农业民族文化或与机器实业民族文化相对较，则必见其大相悬殊，不可同日而语了。现在中国尚滞留于农本手工业的经济时期而未达产业机器化的境地，所以生活方式与西洋资本制度民族的方式大有不同。如果中国全盘采取现代资本式的生产方法，则中国固有的农本手工业文化，亦将变为现代机器实业的文化了。

举例来说吧，“男女授受不亲，礼也”。在手工业时代，女人在家内纺织，门以外的男人，自然可以“不入中门”，因而得以保守其授受不亲的礼教，而婚姻制度亦可由“父母之命，媒妁之言”而实施。如果采行现代的大机器生产制度，女人除非做了大官太太可以不做工则已，倘欲做工便非到大工厂去做不可，即不到工厂，亦须到其他公司或商店里去服务。北平市长能够禁止男女同学校，但他也能够禁止男女同工厂，男女同电车，男女同马路，男女同公园吗？他能禁止女店员不售货给男人吗？男车夫不服务女人吗？所以农业时代授受不亲的礼教制度，在不做事的大官太太看来也许是可能，但在一般要做事的平民看来，是绝端办不到的。再举一个例说。膜拜祖先及依此而生的宗族思想，是被一部分人视为了不得的中国精神文明特征之一。在农业社会中，安土重迁，聚族而居，与外人少相接触，当然这种宗族思想非常发达，且时时演成聚族械斗等惨剧。因此，他们只知有宗族而不知有社会与国家。如果采行现代大实业经济，则五方杂处于大实业都市中，如上海、天津等地，则宗族思想自然也消灭了。又如在手工业时代，企业组织简单，家长式的管理方法，足够运用。在现代大规模的机器工业中，企业资本动须千百万元，否则不能成立，即成立亦不易维持，则偌大资本，非采用现代的股份公司组织便无法募集。公司组织乃有公司的管理方法，于是选举投票等民主制度跟着发生了。由此类推，人类生活的方式，综合言之称为文化，无不随着经济制度的变更而变更。文化各方面的变更也许有缓有速，可是经济制度变更以后，人类生活的方式不跟着变更，那是必无的事实。

这样看来，精神的文化统制至多能做到因势利导的功夫。这就是说，经济的趋势到了什么地步，文化的事业也只能达到那个地步。“先知先觉者”只能利导之，整齐之，使在经济的转型期中减少过渡时期所必有的某种弊害的程度，而却不能违反之，逆转之。要使现代机器实业的生活方式返还中古手工业的生活方式，非独是办不到，即使是办得到也是自杀之道。大刀不能抵抗飞机，筋肉也不能抵抗机器。饱食的人可以使他不抢饭，饥饿的人叫他不抢，就是要他的命。给他饭吃，给他工做，才是办法。文化统制的真义不过如此。我们要有什么文化应从经济建设方面做起，否则都是废话。

据谐谈说，有甲、乙两个爱尔兰朋友同路赶市。甲问乙要买什么，乙说要买牛。乙问甲要买什么，乙说要买驴。甲、乙二人且谈且走，情意颇相投合，及至一独木小桥，两人忽扭成一团，大打起来。路人上前排解，问何以故。甲说乙牵驴要争先过桥，不让他的牛先走。乙说甲的牛走得太慢，应该让他的驴先走。问他们的牛和驴在那里，甲乙同声说还要等到市上去买来。和事佬说，且等牛、驴买来之后，谁先到谁先过桥岂不好吗？两人恍然大悟，和好如初。牛、驴好比中国将要建设的经济制度吧。新经济制度还未成立，何必先行扭成一团呢？在文化名词上互扭的“先知先觉者”，宁不知舍经济而谈文化的无效吗？然则何以互相揪扭呢？这是他们“先知先觉者”的高明处，非我们凡人百姓所能测度了。

照我们嗤嗤者氓看来，中国目前迫切的大问题，即《大公报》记者所论的救国大计，不是空洞的文化或礼教问题，乃是四万万嗷嗷待哺大众人口的经济问题。多数民众的衣食问题不得解决，任何焚书坑儒统制文化的政策，不能防止揭竿而起的陈胜，任何周公孔子的礼教，不能制阻眉画赤色的樊崇。他如黄巾缠头的张角，流血洗城的黄巢，吃福禄酒的李闯等等，何尝非经济问题不能解决所造出来的渠首呢？任何统治者如果忽略大多数民众的经济利益未有不自寻死路的。中国目前旧经济制度已崩溃，新经济制度未能建立，内忧外患，交相煎迫，“野无寸草，室如悬磬”，已为普遍的事实。然而一班聪明睿智者竟闲情逸致似地竞凑其礼教文化等名曲，而又有一般知机观变者随声附和，终日惶惶，惟恐不足，一若尧舜禹汤文武之治，或涅槃三世之福，可立随其尊孔尊佛之举或中化西化之谈而至者，何也？这不是证明了驾倒车就熟道易而筚路蓝缕建设一个新国家难吗？然而一个革命的党负建国之责可以畏难而不为吗？苏联、土耳其，以至意大利、德意志等国十数年前的景况未必远胜于中国，如今已各一跃而为世界强国了。有决心就有计划，有计划就有建设。一切建设又应以经济建设为重心，七分经济，三分文化之说不过指其轻重而已，而文化的基础固在经济建设啊。苏联倘无五年计划的经济建设，则共产党政权不知早已发置何所了，即其国土也许早已为列强所瓜分了。吾中国独不能取法其建国精神吗？

（《大公报·经济周刊》第 126 期，1935 年 08 月 14 日）

中日经济提携

丁洪范

中日经济提携的呼声，嚣尘已久，此事的前因后果及其进行的现状如何，当为一般读者所欲知。所谓中日经济提携一举完全为日方所倡议、所主动、所推促，华方始终处于被动的地位，这是我们所应首先明了的。此事在日方是志在必行，在华方则有不得不听其安排之势。所谓华北问题者不过是她的一个序幕；其他正本当然还尚在开演中。

日方何以必须进行中日经济提携呢？理由很简单，即迎合现代世界政治经济的大势以准备第二次国际大屠杀。现代的政治问题和经济问题已打成一片不可再分了，所谓政治问题者无一非经济问题，所谓经济问题者亦无一非政治问题。接着十八九世纪产业革命之后，世界殖民地市场骤然推广，原料几乎取之不尽，制造品几乎求不暇供，所以自由经济及自由政治之说有其一时之盛。现在世界的殖民地市场非独分配完了并且也几乎开发完了。各国欲维持其人口与物料的均衡不得不实行锁国政策，而人口过剩，生活程度低下，欲改善其环境并扩张其国力者，则不得不向外发展以谋救济。于是有现代的经济集团及新民族帝国主义的出现。在经济理论方面，有统制经济及新重商主义等学说的猖狂。在政治方面则有民主自由主义的衰落及法西斯或类似法西斯制度的抬头。大国之已有经济地位者概努力维持其集团势力，尽量封锁以自保，如美系经济集团、英系经济集团、法系经济集团、苏联经济集团等是了。其集团地位之未形成或其势力尚未巩固者，则乘此机会，厉兵秣马，企图达到目的，如日本、意大利及德意志等国是了。至于适应环境的能力薄弱、组织散漫、生产技术落后等民族如中国及亚比西尼亚等则惟有俯首贴耳听人宰割而已。

在现代的经济集团互相封锁的现状之下，无论从经济上或军事上视察，日本非将中国置诸其集团范围之内，不能有所作为。日本踏入工业国的领域不久，她的工业基础完全是轻工业或较确定地说是棉纺织业。她要真正做个工业国，重工业势须跟着发展起来。在现代的军事上说，重工业更不可忽视。可是日本发展重工业的条件很不充备。铁是她最所缺少，煤也不充裕，石油尤其所无。至于轻工业所需的原料棉花几全非日本之所产，其目前所用的原棉大半来自美国与印度，少量得诸中国（参见本报八月十八日的星期论文）。在这样的情形之下，平时的产业发展势必受其他经济集团的锁国政策所掣肘。倘一旦战事发生，她的轻工业基础必立即崩溃，而重工业更不必说了。

日本的政治家和军事家不是没有见地。他们处心积虑，务必攫取我东北，视我东北为其生命线。自九·一八大变之后，东北已入其掌握，本来也可暂时踌躇满志了。可是这三四年来所谓"日满经济集团"的效果，实在使其大失所望。东北不是产棉之地，其气候土性均不甚适合棉花的种植。非独东北的棉花不能供给日本的需要，即其他农产亦逐年衰退。以民国二十年的指数为一〇〇计算，则二十三年的大豆产额降至六九，高粱降至八〇，小麦降至四一，其他杂粮亦降至七〇左右。日本要在战时倚赖东北的棉花及其他粮食的供给势有所不能。至于铁、煤、石油及其他重工业用及军用的矿产物亦不能惟东北的出产是赖。于是想到华北及整个中国的经济提携方案来了。

兹以煤为例而论中日经济提携的重要性。统计本年日本须由东北炭矿输入煤炭三百六十四万吨，此外还须由华北之开平及法领之鸿基输入百数十万吨。即此一端，华北的煤与日本工业已大显其意义。然而日本与东北俱缺乏石油。日本虽在东北统制石油，可是仅仅统制石油不能生产石油。石油除从矿坑抽取而外，还可从煤炭液化而得。中国是富有煤炭的，而且全中国的埋藏量二千四百八十万万吨中有百分之八十五是在华北。山西一省即占全国之一半。开滦一区的埋藏量亦有四万万吨，除已开采七千万吨外，其余以每年开采三百万吨计算，尚可开采百余年。如果中日经济提携的雄图成功，以东北及华北的煤炭供给日本的工业及液化之用，岂不是煤和石油问题两都解决了吗？况且中国陕甘等区的石油藏量也不在少，以日本的技术或可想出廉价的方法开采，这使中日经济提携，岂不更有意义？再如中国的棉花对于日本的意义尤大，本报八月十八日已有何廉教授的论文，在此不再赘述了。

日本对华经济提携的主旨非独在攫取其必需的原料及军需品，并且还在霸占中国的商品市场。中国的人工低廉可是生产技术不高明。欧美的生产技术高明可是人工不低廉。日本的生产技术既高明而人工又低廉，所以日本的生产品在世界的市场中就成本而言可谓到处无敌。然而正因这个缘故日本的生产品在世界各处受各经济集团的特别歧视与封锁。他与中国密迩，运送便利，只要中国在关税上稍稍与以优惠的条件，并且在事实上无担货的组织，中国的广大市场便可为她所独占了。

这样，中日经济提携的基本理论就是以中国为日本经济集团的一分子，使中国完全地殖民地化以供给其工业及军事所需的材料并且推销其工业的生产品，而其驾驭中国的关键则在握住水陆空交通，使中国无论在军事上或经济上都动弹不得。本此见地，我们不难揣测中日经济提携方案的内容了。据八月十日本《时事新报》登载广田外相已拟就中日经济提携的基础案，其要项如下：

甲、农业提携

（A）棉花。改良中国棉花，使中国成为日本之原料供给国，华北现发起棉花救国运动，日本应积极策动。

（B）小麦。中国为世界第二之小麦生产国，日本则年须输入七千万元之小麦，此点应力谋中日之提携。

（C）羊毛。日本所需羊毛，年额一百八十万元，而中国输出美国之羊毛，年约二十五万担，此点亦有提携之余地。

乙、矿业提携

（A）湖北省大冶，象鼻山，安徽省桃冲，山东省金岭镇与日本原有特殊关系，应更努力开发。

（B）开发察哈尔、河南、福建之矿山。

（C）湖南省、广西之新产物，应扩大其用途。

（D）开发山西、陕西、河南之煤炭。

丙、交通提携

延长山东省铁道及沧石铁道。

丁、纺织及工业提携

指导中国方面粗纱之纺织，工业中之洋火业则与日本提携。

戊、中日贸易协会

设立中日贸易协会，疏通民间实业家意思。

己、改政关税

恢复协定税率，用策中日关税上之互惠特惠。

此项基础方案一说日外相已提交蒋作宾大使携国与负责当局商谈，一说待蒋大使回任即具体地开始谈判。蒋大使已于本月二十五日赴日返任，据他二十四日在申谈，此案尚未闻有新发展。同日日大使有吉于会见蒋大使后亦谈“蒋大使携中日经济提携之具体案赴日等说，在本日会见中迄未提及”。

无论此事在中枢的交涉程度如何，在实际上已经开始进行了。其进行步骤就地域言以华北为先，就程序言以调查为先，就事业言以农业、交通为先，就经营的主体言似以满铁为基础而组织一开发华北的公司以统制一切。初步的调查工作及与华北各地方当局的接洽早已由军部主持在积极推行中。且关于开发华北的调查的一部分闻已完竣，并闻于九月初再派大连商议所书记长长永偕书记二名再行复查，以便与华北五省当局实地交涉。新任满铁总裁松冈洋右现已离日赴任，到任后必更有具体的表现。

中国是日本鸡窠前的虫，迟早必为所啄食。可是在啄食之后使中国道地的殖民地化，日本的私人资本势必无可遏阻地移植到中国来，那时这块殖民地的工业必然地会与宗主国相竞争，使日本的工业处于不利的地位。日本的政治家在经济提携的计划中似已见到这一步，所以自始就竭力设法避免（譬如使在华的纱厂专纺粗纱）。不过这是后来的事情，目前不能顾到这许多。在理论上说，国际经济合作是互惠互利的正道，一切人为的限制与封锁方法于人于己两都不利。从种族和文化上看来，中日两国更应相互提携，共存共荣。可是一只手拿枪炮，一只手拿资本和技术，以不平等的精神来强迫人家接受，恐怕最后的结果于人于己均无所利吧。中国人民当然欢迎国际的平等合作，况且借重外资和外人技术是国民党的既定国策哩。

（再者本刊发稿时亦有中日双方拟于十月中旬在上海、南京、天津、北平等处开工业会议的消息，届时经济提携问题必具体地谈及。）

（《大公报·经济周刊》第128期，1935年08月28日）

中国通货管理几个重要问题之商榷

何 廉

一

本月三日财长孔祥熙氏发表宣言，同时财部颁发布告：自十一月四日起定中央、中国、交通三行钞票为法币，集中发行。是项法币，以后即为各项债务清偿标准。法币准备金之保管及其发行收换事宜，设发行准备委员会办理。持有本位币及其他金类者，应自四日起以之兑换法币。并由中、中、交三行无限制购售外汇，以谋稳定对外汇价。中央银行将改组为中央准备银行，二年后享有发行专权。孔氏并郑重声明，政府决意避免通货膨胀，其发行准备管理委员会亦于同日成立，任宋子文等为委员。自此讯传出，沪、港等处人心一时略现惊惶，数日来虽物价微趋上涨，而外汇异常平定，经过情形，堪称良好；国内舆论既明示拥护，金融各业亦显能合作。外侨方面，津、沪外国银行多已遵行，足证皆能了解我政府之用意，尤以英国朝野，同情弥深，日本经我方解释后，似已释然。实则我国币制之改革，足使币值趋于稳定，国民经济能力因之加增，不特国人蒙益，而对外购买力之增强，尤与友邦各国有利。日本与我国经济关系更为密切，其有利程度，自当更甚，故亦必乐于助成之也。

今后我国币制，事实上已入通货管理之领域（见五日各报孔财长谈话）。通货管理者，即统制货币之流通额，庶对内能有平定之物价，对外可得稳固之汇价。夫国家经济之所忌，不在物价之过高过低，而在物价之时高时低，变幻莫测。物价不定，则营工商业者，无从定其营业政策，盈亏不能预卜；若有稳定之物价，则成本与预售皆可预计，故通货管理能直接免除工商业不可预测之危险，即间接助长经济之繁荣。

惟通货管理制度采用于长期紧缩之后，则其始必为通货膨胀，反是则必以紧缩开始。我国自一九三一年起，迄今已有四年余之通货紧缩，遂致物价堕落，贸易衰退，工商不景。上海零售物价指数由民二十年之一二八跌至本年七月之九一，华北批发物价指数由民二十年之一二三跌至本年九月之九〇。同时国际贸易亦大形缩减，进口量指数由民二十年之一三〇跌至二十三年之八四，出口量指数亦由民二十年之一三六落至二十三年之一二四。工商各业，停工歇业者踵相接，紧缩程度之深，至斯已极，经济衰落之象，莫此为甚。财部于此时实行通货管理，而为有限制的通货膨胀，实足以刺激工商之向荣，自属弊少利多。按我国受政府直辖之银行所发钞票额估计约为六万万元，现金准备以六成计，可得三万六千万元。近日伦敦大条现货为二九.三一二五便士，折成对英汇兑理论平价为二三.九三便士。同期海关金单位之英币实价约在三三便士左右。以我国所有三万六千万元之现银准备按每盎司二九.三一二五便士之价格售诸国外，再按关金之英币卖价折合，可得二万六千一百万关金单位，准备十足。设此次新令将规定现金准备为四成者，则可有六万五千二百五十万关金单位；五成准备，则将有五万二千二百万关金单位；设仍为六成准备，则将有四万三千五百万关金单位。关金每单位合国币二.二五元，就现有现银在不同成数之现金准备下，可发行钞票数量如下：

四成现金准备	五成现金准备	六成现金准备
一，四六八，一二五，〇〇〇元	一，一七四，五〇〇，〇〇〇元	九七八，七五〇，〇〇〇元

故最低限度，可就原有现银准备额发行法币九万七千八百余万元，即在现有之六万万元外，可增发法币三七八，七五〇，〇〇〇元，如不为过此限度之膨胀，即以增发之法币为繁荣工商业之用，则为绝对的有利，可断言也。

二

通货管理既为稳定币值繁荣工商之要策，所关极巨。政府举措，自应出以审慎。财部三日布告办法六点，规划颇见周详，惟实施时有应注意者，如各省地方银行所办之钞票，应如何收回，内地法币之流通，应如何使其普遍，以及一时物价投机之取缔等等，已先后经人指出。然尚有关系整个通货管理成败之重要问题数项，财长宣言与财部布告既未言及，社会各方亦未加讨论，特为指出，以促政府社会之注意：第一，通货管理之组织，应如何使之健全；第二，外汇管理，应采用何种方式；第三，通货管理之标准，应如何加以规定。凡此数项，如有一不得妥善之处置，则通货管理即难期有良好之效果。

谚有之，工欲善其事，必先利其器，金融组织之于通货管理，犹器之于工也。英国之英兰银行，美国之联邦准备银行，日本之日本银行，皆为各该国通货管理组织之中心，组织均极健全，故实施能收良好之效能。我国银行业本属新兴，基础未固，欲于此时实行通货管理，尤应首谋工具之健全。据财部布告，中央银行将改为中央准备银行，立意甚善。惟于改组之方式及日期均未有明白宣布，中国、交通二银行将来之地位与业务亦未具体规定，不无缺憾！吾人之意：中央银行改组为中央准备银行，刻不容缓，俾早居真正国家中央银行之地位。中央银行依其原有条例之规定，仍使经营国际汇兑，促进对外贸易。交通银行亦依其原有条例之规定为全国实业银行，致力于国内企业之发展。如是则政府三银行，一司发行钞票，管理通货，一司国际汇兑，一司发展实业。各有专司，条理井然。至其他商业银行，则使专营商业银行业务而以调剂工商短期金融为职责。如是分业合作，厘清职责，系统确立，组织方能臻于健全。中央银行既改组为中央准备银行，其资本应使由现有额扩充一倍，新增之股全由各商业银行认购，庶使官股、商股之势力得以抗衡，而如财部所云：成为超然机关，不为政治势力所左右。将来中央准备银行之业务，对政府则代理税收，经营国库，并收存一切公共基金，使成为“政府之银行”；对银行则保管各银行之准备金，使之保有全国之现金准备。同时并应经营再贴现业务，而使成为“银行之银行”。中央准备银行享有发行钞票之绝对特权，此在财部布告中已有所提及。惟欲求法币政策之成功，须使中央准备银行执行市场证券买卖业务，及再贴现业务，庶可借以伸缩法币之数额而应市场之需要。除此以外不宜经营其他银行业务，借免引起与其他银行间之竞争。为使法币推行尽利，及中央准备银行为银行之银行得名实相符计，应分全国为五区或五区以上之准备区，每区择一适宜地点设立中央准备银行分行，如东南之上海，华北之天津，华中之汉口，西南之广州，西北之西安。各区内其他银行之交存准备，票据再贴现，领用法币等，皆可向各该区之中央准备银行分行就近接洽。此关于管理组织者一。

其次，管理通货之目的有二：对外为汇价之稳定，对内为物价之稳定。故国外汇兑之如何控制，亦为通货管理中之重要问题。财部布告中谓；中央、中国、交通三银行“无限制”买卖外汇以维持现定外汇价格。惟三银行是否有此资力，殊属疑问。即使有此资力，以我国连年国际清偿逆差之情形，此项有限之资力亦于极短期内即将币尽，彼时设无准备，汇价即难维持。故终非持久之计。以是政府应于外汇加以管理及控制，而将此项管理责任交由中国银行专司之。按管理汇兑之步骤有三，初步为集中对外债权，其法以防止资本逃避禁止汇兑投机为主，我国目今对外汇价之变动已失现金输送点之汇律，故变动起伏，极易受投机者之操纵，因投机之盛行，而汇价之变动亦益烈。故禁止投机实为集中汇兑之要图，禁止之法首应由取缔远期买卖入手。因投机者常借远期外汇之买卖以操纵图利也。惟远期买卖有时为正当国际贸易商避免汇兑风险之一法，是以根据实际国外贸易上需要所生之远期外汇买卖亦须酌予通融，以不妨正当商业之发展为度。第二步为公定汇价，汇价公定后，其他买卖行情一律禁止，此亦禁止投机之一法也。汇兑买卖之自由市场仍可存在，惟一切买卖均须以公定汇价为准。为维持公定汇价在一自由买卖市场之稳定计，政府银行之亲自加入买卖实属必要。按此次规定之中央银行买卖外汇官价即为公定汇价，若汇兑买卖集中中国银行，则我国管理外汇似已达此第二阶段。惟于外汇之投机尚未闻有何种取缔办法耳。第三步为汇兑之分配，中国银行既为专营国外汇兑之银行，则凡汇兑上发生之对外债权，即应集中于中国银行之手，中国银行依公定官汇买进外汇之后，再应入口商及对外支付者为清偿对外债务购买外汇之请求，按公定官价售与之，此即所谓汇兑分配也。惟外汇分配之问题主要在于收买集中之数额是否足以应付入口商及对外支付者购买之请求额。二者设有不符，则只能由贸易上设法，是故外汇管理其结果必然发达到对外贸易之管理，二者相辅而行，不可或缺，此关于外汇管理者二。

通货管理之要点在增减通货之流通额以维持稳定之物价。故必须定有标准以为通货数量增减之标准。惟此次财部布告及财长宣言皆未及此。须知管理标准之于通货管理犹如南针之于航海者。标准不定，则自然不知所从，不至触礁崩溃不止也。按通货管理之标准甚多，如批发物价指数，一般经济状况指数，生活费指数，定量的货币供给，定量的货币与其流通速率之乘积，定量的货币与其流通速率乘积除以贸易数量，全人口平均每人所需货币量，全人口平均每人所需货币数量及其流通速率，固定平均工资水准，以一元为全国收入或平均每人收入之一固定分数等等不胜枚举，实行时亦各有利弊，惟我国以统计资料缺乏，于上述数种标准，除物价指数外，咸不能采用。即已有之物价指数，亦多限于区域，尚无广及全国者，殊不适于据为标准。吾人以为财部应即聘请全国专家组织管理通货标准研究委员会，共同研讨。务期得一适合国情而少弊端之管理标准，借得收通货管理之实效。此关于规定标准者三。

三

上述三端，皆为专门之问题，辄抒管见所及，借为政府实施此项政策之参考。抑尤有进者，政府此项通货管理之紧急法令，实为救亡图存之济时良策，促成之责，应由政府社会共同负之。在政府固不应借管理通货之名，行补救财政之实；在社会尤须顾念时艰，竭诚拥护。报载广东省政府定广东省银行之银毫券、大洋券，及广州市立银行之凭票为法币，似与中央为对峙之势，殆未深究利害，而为此不顾大体之举。际兹非常之时，若犹怀偏安之心，此全国民众，所以引为痛心而疾首者也。至政府最高财政当轴，已再三声明决不利用通货管理为补救财政之工具，此言当为全国人民所共鉴。惟是政府财政困难，达于极点，诚恐计无所出，即滥发纸币，以为限制之通货膨胀，则法币价值，必致论为德国马克之续，而国脉民命，亦必陷于万劫不复之境，我贤明而具远见卓识之政府，决不至出此下计，而人民亦大可不必犹豫怀疑，作种种无稽之揣测者也。要之，政府当处处以人民疾苦为念，思所以体恤之道，则人民自能与政府休戚相关，竭由衷爱戴之诚。今此项通货管理之法令，系国家兴亡于一举，谅我政府人民，必能和衷共济，协力推行。尤望当局诸公，能贯彻始终，有以孚民众之厚望也。

（《大公报·经济周刊》第 139 期，1935 年 11 月 11 日）

通货管理与中国经济前途

方显廷

一

自财政部于本月四日颁布紧急命令，集中白银以钞代现以后，事实上已步入管理通货之途径，各方忧念，舆情纷纭，奸商投机，市面恐慌，一若大难之将临，祸至之无日！究竟管理通货之意义如何，对我国经济前途影响如何，则又言人人殊，莫衷一是也。作者以此事与国民经济之关系固极重要，苟吾人对之有正确认识，则亦不至如谈虎之色变也。故特不揣谫陋，将管理通货之目的与其对于国民经济之影响，一略述之。

管理通货在今日几已遍世皆然，欧西各国早有实施，美国、日本亦相继踵行，我国本久有实行之意，特徘徊瞻顾，迟疑莫决，而忽于此时宣布施行者，固然环境所逼迫，特将此种世界趋势所促成者也。考各国之实行通货管理，目的不外二途，即抵制他国之汇兑倾销与稳定货币之购买能力是也。后者为对内而发，所以克复通货紧缩，制止经济恐慌，前者则系对外，以抵御外货倾销并进而突破他人关税壁垒，以争夺市场。中国采用通货管理政策，目的亦不外此，而以克复货币紧缩并制止经济恐慌为尤要。盖自美国购银以来，银价高涨，我国白银流出，去年一年内报达二万六千万元之巨。虽征银出口税及平衡税，事实上亦不能遏制。货币紧缩，工商衰落，职是故也。然美国白银政策方自未已，且有再接再厉之势。中国欲谋挽救，唯有自力更生。故今之实行通货管理，其主要目的自亦为抑止货币紧缩以制止经济恐慌也。

二

最近之通货管理政策，虽因迫于需要遂遽而施行，然其酝酿，则历有年所，自凯末尔教授之报聘，历沙尔德爵士之考察，以及最近李滂罗斯爵士之来华，殆无不计谈及此，徒以时机未至，准备需时，终未敢行，以迄今日因情势迫切，财政、经济皆濒破产之境，始被迫而出此；同时自年前废两改元，今春中国、交通两行改组之后，金融制度益臻健全，亦有实行可能。虽然，即以现在而论，欲完全管理通货，乃恐困难甚多，一蹴而几，实非可能。关于此点，本刊已有专文论及（见何廉之《中国通货管理需要问题之商榷》），兹不赘述。

吾人所亟欲探讨者，即在通货管理完全实行以前过渡时期内各种经济关系之变动及实行后在经济上所生之影响是也。今日政府实行通货管理之主要目的，既为补救货币紧缩，则一时必增发纸币，纸币增加，物价应有变动，外汇变迁必亦剧烈。外汇行市，自有放弃银行本位之酝酿以来，即已下缩，如以天津行市而论，十月一日之英汇行市每元为一八.六八七五便士，至本年四月正式宣布放弃银本位时，已缩至一四.五六二五便士，美汇趋势亦同，自每百元换美金三八.二五元之汇率，降为二九.八一，计同降低百分之二十二有奇。可见人心已不稳定，四日以后，以三行操纵，不见有何变动，否则必更日趋紧缩。至于物价变动，津沪等地咸颇剧烈，尤以生活必需品为然，此虽未必即由于通货变动而起，特人心不稳、私意高抬、操纵居奇等现象，亦管理通货初期所不免者也。本周上海籼米每石价格较上周剧涨八角，麦粉每袋上涨一二角不等，棉花羊毛每担皆涨三元余，煤油每桶涨一元六角，可见一斑矣。此后趋势，在最近或更上涨，以达一定标准为止。是以通货管理之后，在过渡期间，对于经济现状，必有若干波动，要而言之，约可分为三端，即（一）财富与收入之重行分配；（二）价格之上涨与其对农工商业之刺激；（三）公私财政所受之影响是也，兹进而分述之：

（一）过渡时期内人民财富与收入之增减。初期通货管理，既不免通货膨胀，对于人民财富与收入关系之影响，亦无法避免。第一，债权人与固定收入阶级将受相当损失，盖债务清偿，明令须以法币交割，今法币量多，价值必跌，换言之，物价上涨之后，以同额之货币所能购买之货品必较少。故前此之以银币借出者，今后固将受损，即前此在通货未膨胀前之以钞票借出者，今后亦将蒙害。此外公债持有人，税收机关，公家机关如学校、教会、慈善团体等，自由职业者，以及劳动工人等，凡收入受明文之规定或因习惯相沿，不易临时增加者，一朝货币值跌，而收入数量依旧，自于无形中蒙受重大损失矣。地主收租，如系物租，可不受影响，如系钱租，而租率复因习惯限制与政府干涉不能自由增加者，亦将遭损。反一方面，债务人与固定支出阶级则因此得渔意外之利，如佃户、房客，发行债券之政府与公司，负债之佃户以及工业家等皆能蒙利者也。

然因此种财富与收入分配之变动，社会上将发生不安，亦属意中之事。最重要者为工业工人之骚动，盖工资既一时不能增加，而物价上涨极速，工人收入日少而支出剧增，生活困难，殆意中事。我国工人生活费用本不充裕，近年经济衰落，情形益兹不安，公兹变迁或更将临之于水火中也。虽因清共以来，工会组织多已灭迹，然嗷嗷待哺者流，一经煽动，缓起极易。防范未然，政府理应预谋设法救济也。其次地主收入减少，支出日增，当此农村经济早陷破产之际，意思加高租率，嫁负担于农民而自救，则农民暴动容亦可能。戒备之责，又不可或缓者也。

（二）物价之上涨与其对工商业之影响。通货管理施行之初既须增加通货，物价上涌乃属必然。语其影响，最显著者为所予出口贸易之刺激与入口贸易之阻抑。因本国币值下跌，即系外国币值上升，前之一元美金只值国币二元者，今如值三元，则以同样之货物在国外售价一元美金者，今因通货膨胀之关系，出口商可多获一元国币矣。是以管理通货一时可予出口业以刺激而增加数量，惟因我国工业生产尚属幼稚，当此世界经济萧条未尽恢复，各国竞争市场极烈之际，增加工业产品之出口或未有多大希望。农产物品亦因生产能力一时不易增加，出口增加当亦有限。但无论如何，一时能予今日垂毙之农工业生产，以相当兴奋，当属可能者也。使出口贸易果能增加，如所增加者为工业生产品，则出口贸易商与工业资本家直接受其益，其次生产原料之农民与出售劳力之工人，当亦同沾实惠也。如所增加者为农产品，则农民首蒙其利。其于进口贸易，因汇价下缩，外币价昂，当予以重大阻力。此亦与本国工业界有利，尤以工业品之能替代外货者为然。惟外国货品之不能以国货替代且属生活必需者，当亦不能若何消灭。而此种货品在国内以国币计算，既属货价高昂，亦须增加人民负担。于重工业生产界，情形尤然。且条约特许外人在华设立工厂，设各国因入口见阻，改行输入资本，在华设厂，则情形又当别论矣。

通货管理之初，对于国外贸易之影响如是。因货币数量增加，国内企业活动增剧，与外汇价格低落，外币价值伸长之结果，又可增加外人之投资，投资增加，则企业活动因受刺激而益盛。使此项资本系投于交通设备或本国企业，则我国工商交受其利，设系外人来华设厂，则我国工业将受竞争之害矣。惟于劳动工人，则无论直接投资与间接投资，皆能增加需要，提高工资，前言因工资未增、物价昂贵所生之不安，或能有所消弭也。

（三）对于公私财政之影响。货币管理对于中央财政之影响，自始即属极巨，盖货币膨胀之后，预算亏短，即可弥补，据财政当局估计，自兹以后十八阅月，国家预算，即可收支适合，影响不谓不速。然赖增发纸币，以平衡国家收支，设一不慎，弊害亦甚大。其于金融上之影响，则银币既废，钞票发行归于统一，国内各种汇划手续，无形消灭，各埠各省货币可自由流通，银拆洋厘等等皆将成历史上之名词矣。外汇既由中央、中国、交通三行操纵，汇率预为规定，投机亦不复存在，自此币制之统一可期，金融组织渐臻完密，工商业因此蒙受福利，生产增加，贸易转盛，盖可期者。

三

上述诸项，系管理通货后过渡时期内之影响，多系因通货膨胀而起。然吾人所应注意者，非为此过渡时期内之现象，乃系管理通货实行后最终之影响是也。盖过渡时期为时甚暂，设在欧美各国经济结构完密幅员较狭者，不过数周数月，其在我国，亦不过一二年而已。故在此时内虽由币值之变动，人民有幸不幸，衡以长久，关系终属甚微。逮管理通货既达目的之后，所生悠久影响，始应为吾人所深切注意。

于此，吾人应唤起读者注意者，为管理通货与通货膨胀，意义不同，内容绝异。通货膨胀为不依需要如何，贸然增加市场流通通货之数量；故施行结果，物价必然逐涨不已。管理通货则系依需要而供给通货，使物价涨跌至相当限度后能趋安定，不至继续涨跌。故管理通货之实行，乃视社会商业交易数量为依据，使商业量大时，即设法增加流通通货，反之即行减少，故名为管理通货也。然因此欲行通货之管理必须由中央银行统一金融制度，实施通货管理，而实施之后，物价能安定于一定标准之下，无论繁荣衰落，皆不致有何显著升降，是以前此之因通货膨胀或紧缩而蒙受损失者，今后不致再有同样遭遇矣。同时物价既无若何变动，货币价值永远为一，无论政府、个人皆易于预算收支，政府收支亦得平衡。各国之外汇倾销，昔当为我工商业所忌者，今因对币值有此控制，外汇加以操纵，已不能再有若何影响。白银既已集中，无复外流之虞，即令美国贯彻白银政策，我国亦得不受波动。至于生产事业，因币制统一，币值稳定，亦能稳健进行，外汇倾销之害既除，洋货竞争势力可灭。生产事业既无波折，人民服役机会亦能稳固，经济建设当然顺利进行。如此，农民可望复苏，工商业得期振兴，出口贸易乃有增加之望，益以外汇之统制，输入之缩减，入超虽不能尽除，当亦可逐减。全国国民经济之昭苏，应计年可待矣。

四

综上所述，管理通货设能谨慎施行，当属利多害少，即以过渡时期而言，虽不免通货膨胀，亦足刺激生产，促进繁荣，惟于工人环境、小民生计，应加顾及耳。至管理通货之政策能完全贯彻之后，则无论政府民众，咸当交受其利，盖可预卜。所应注意者，初期膨胀，应有限度，财政亏空弥补之后，物价抬至相当限度，应即停止，如此始可收膨胀之利而不蒙其害。使不加限制，毫无预计，则如吸食鸦片烟毒，初吸时不过为得一时之兴奋，屡吸则耽染而不能自拔，迨毒入膏肓，则悔之已晚，欧战以后德俄往事，殷鉴不远也。是以于实行之初，对于人事之管理，组织之擘划，不可不注意也。

（《大公报·经济周刊》第 139 期，1935 年 11 月 11 日）

从法律上看币制新令

刘朗泉

十一月四日财政部发表集中白银以中央、中国、交通三行钞票为法币之布告，其布告内所定之办法并已即日施行。因此项布告及布告内所定办法之施行，法律上有何效果，想亦为一般读者所欲知，请简述如下：

一、十一月四日以前我国各种货币及银行钞票在法律上之地位

十一月四日以前，我国之通用货币中，得称为法币者，仅银本位币（即通用孙头银元）一种。据银本位币铸造条例（二十二年三月八日公布施行），银本位币有下列之特色：（一）凡公私款项及一切交易，用银本位币授受，其用数每次均无限制（八条）。（二）人民得自由向中央造币厂请求铸造或兑换银本位币（十一、十三、十四各条）。此二项特色皆为其他通用货币所不具，亦即银本位币可认为系无限法偿之理由。

孙头银元以外之一元银币，虽其重量、成色与银本位币不相上下，不能作为银本位币。不过得在一定期限内，与银本位币同样行使耳。其期限则由财政部以命令定之（银本位币铸造条例九条）。故设财政部所定行使期限已经届满，此项银币即不得与银本位币同样行使。

银辅币、铜元、制钱，吾人皆知为辅币之一种，然前二者法律上认作通用货币，而后者则不认有通用之效力。法律上通用效力之有无，虽未必即影响实际上之授受，然有通用效力之货币，即使其实价较法价跌落甚巨，债务人仍得以之清偿原约定用此项货币返还之债，债权人不得请求另以他种通用货币偿还之，亦不得请求补水。而已失通用效力之货币，则返还时，应以他种有通用效力之货币偿还之，且应照借贷时之价值折合补水。试举铜元与制钱为例。铜元之实价至今日虽已较法价相差甚巨，然因法律上仍认为有通用之效力，故昔日以铜元借贷之债，至今清偿时，仍得以原额返还之，无补水之必要。而在制钱，

则因其已失通用之效力，返还时“应按借贷当时，京钱（即制钱）与银元折合时价，折算银元以为给付”（关于以制钱为给付之解释例，参看前大理院八年统字一一二六号，最高法院十七年解字六一号，司法院二十一年院字八三四等号。关于以铜元为给付之解释例，参看最高法院十七年解字一〇六号）。

银行钞票虽常为经济学者认为货币之一种，然就我国法院历年所为判决例而观，银行钞票决非货币，而为货币之代用品。即以中央银行之兑换券而论，依中央银行兑换券章程第四条，虽有“中央银行兑换券得用于缴纳赋税公款，清偿债务，及其他一切交易”之规定，仍未能因此即异于其他银行所发行之钞票，而有法币之效力。按银行钞票，判解例上，或称银行券，或称兑换纸币，从无认作通用纸币或通用货币者。因“通用纸币”法院认为“系指有强制通行力不兑换之纸币而言”，银行券无强制通行力，又非不兑换，自非所谓通用纸币（参看最高法院二十一年上字一六三一号判决例）。

银行钞票非通用货币之又一证明，即以银行钞票为借贷之债务，清偿时，原钞票所代表之金额苟有差跌，即须照缔约时所能代表之金额折补。而在通用货币，则返还时只要未失通用效力，虽实价较法价相差甚巨，仍不补水。最高法院二十二年上字一一五四号判例称：“兑换纸币原为金钱之代用品，故以兑换纸币为消费贷借之标的，而其实际所代表之金额（即币价）较币面所安为低者，则缔约时，借主所受之利益，即为该纸币所代表之额。故于偿还时，亦必照缔约时该纸币所代表之金币给付，或给付与该金额相当之纸币，始合于当事人缔约时之本意，而不致使一方造受不当之损失。”又同年上字二四四一号判例亦称：“兑换纸币原为金钱之代用品，但既不能维持票面之价额，则关于存款之支付，除当事人有特约外，应依存款时收入之纸币时值，定其应支付之数，无令债权人无故受损之理。”读之可窥一斑。

二、十一月四日的变动

以上所述我国各种货币及银行钞票在法律上之地位，系就十一月四日以前之情形而言。十一月四日之后，因财政部布告中所定六项办法已经施行，情形殊有变动。惟因财政部布告所引起之变动，初不以一二种货币本身在法律上之地位为限，其因此而发生其他之变动或影响，亦足论述。兹列举如次：

因财政部布告而引起第一个重要的变动，即我国之法币，已由银本位币改为中央、中国、交通三行之钞票。以前之银本位币已根本失其为通货之资格，而收归国有。银本位币以外之银币，亦同样受此项布告之影响，不能仍作为货币而流通。但中央、中国、交通三行之钞票，则因此项布告之效力，由货币代用品一变而为法币。惟此三行以外他银行之钞票，则仍为货币之代用品，而非货币，且将逐渐地换以法币。惟所谓“仍为货币之代用品”者，其涵意亦与前不同，以前银行钞票为银本位币（即国币）之代用品，今则为三国家银行钞票（即今法币）之代用品耳。

今所谓“法币”与前银本位币（按银本位币在十一月四日以前应亦系法币），在行用上，有一点不同：即今后“所有完粮纳税及一切公私款项之收付，概以法币为限”（见财部布告所定第一项办法）。而从前银本位币则苟无特约不过不得拒绝收受而已，并非必须强人使用也。其所以有此不同规定之故，当系因今后我国货币中之主币，将仅存“法币”一种。私家银行之钞票，现在流通者，虽“准其照常行使”，今后既须“由财部酌定期限，逐渐以中央钞票换回”，其必有全数换回之一日，自在意中。

从前所订以银本位币为给付之契约，今后履行时，“应各照原定数额，概以法币结算收付之，”此固毫无问题。然从前所订以某私家银行之钞票为给付之契约，今后履行时，却非当然“应照原定数额，概以法币结算收付之。”该种钞票如因其发行银行之信用不佳，今后之价值苟有差跌，仍须补水。何则？以其仍为货币之代用品也。

因财部布告内曾规定：凡银钱行号商店及其他公私机关或个人，持有银本位币，或其他银币、生银等金类者，应自十一月四日起，交由发行准备管理委员会，或其他指定银行，兑提法币，而不得再行使现金，或均存隐匿，意图偷漏。现银各银币已成法律上之禁制物，不复为吾人私权之客体。惟禁制物中又可分为二类：一为不禁止持有，只禁止融通者，如猥亵书画是（新刑法二三五条）。一为不但禁止融通，且禁止持有者，如鸦片烟具是（新刑法二六五条）。现银及银币今后不但不得行使，且禁止隐匿，当系属于后者。违者应准照危害民国紧急治罪法惩治。

现银及银币今后既成为禁制物，其不得复以之运送出口，自属当然。则去年十月十四日起所加征之银出口税及平衡税，定不复存在，其不待言。

三、今后“金条款”或“银条款”之效力问题

美国联邦政府于一九三三年五月，因宣布一切货币皆为完全法偿，曾引起所谓“金条款”（Gold Clause）之诉讼，延至一九三五年二月，始有第一次之确定判决。期间经过情形及其判决意义，国人虽未必注意及之，但因此次我国财部布告集中现银，以中央、中国、交通三行钞票为法币，致联想及此者，当大有人在。按我国向来民间债务及政府所发债券，有无金条款或银条款之约定为

一事，法律是否承认此项约定之效力又为一事。假设果有此项约定，则在法律上是否有效？又此项法律是否因财部布告而有变更？皆为吾人不能不研究之问题。兹请先述美国金条款诉讼案之大概，再依次解决以上之问题。

美国货币种类颇多，计有九种。然可称为完全法偿货币者，不过金币、金币证券、一八九〇年财部纸币、联邦绿背纸币四种而已。后二种虽亦系法偿货币，然易受金本位动摇之影响，故债权人为借贷时，或购买债券时，皆愿将来清偿时，能以金币或金币证券为偿付，此所以其借约上或债券上有金条款之由来也。

金条款有金币条款（Gold Coin Clause）、金价值条款（Gold Value Clause）、金币及金价值混合条款（Gold Coin And Gold Value Clause）三者之分。金币条款即于借约或债券发行条例中，插入“应以一定成色及一定重量之金币偿还此项债务”之条款，盖为限制债务人不得以其他法偿货币为偿付而设者。金价值条款则与此略异，所插入之条款为“应以与一定成色及一定分量之黄金价值相等之纸币或通货偿还债务”金币及金价值混合条款则兼此二者而有之，如约定“应以金币或与订约时标准重量及成色等值之通货偿还债务”是。

金条款之列入，虽云予人民以选择法偿货币之自由，然美国历届政府皆认为合法，且屡以法令保障其效力。但自一九三三年五月宣布一切货币为法偿货币之后，此项金条款乃成问题。缘金条款之所以能存在，必政府先承认其国民有以己意选择其所愿接受之货币之自由。今欲以不能代表与票面黄金同值之证券，强迫依票面之值而行使，则非废止金条款之效力，将无以收所冀之效果。故同年六月五日，美国上下两院遂有宣告金条款无效之共同决议。

自此项共同决议宣布之后，债权人皆大起恐慌。于是争以此项纠纷诉之法院，希望上诉至最高法院时，得最高法院对此项共同决议为“违宪”之判决，仍使金条款之效力得以维持。

联邦最高法院于一九三五年二月十八日所公布之判决，不过许多同类案件中一个案件之判决。但因其有拘束嗣后同类案件判决之效力，故颇为人所重视。而判决经过之郑重及迟缓亦为历来所仅见。

判决大意谓最高法院对于私的债务方面，认政府废弃金条款之决议为有效。故私的债务契约上，即有金条款之订定，债务人可以现行任何法币偿付之，不受金条款之拘束。但最高法院对于政府所发行之债券上有金条款者，认为政府无废弃之权。

联邦最高法院此项判决显然违反契约自由之神圣的观念，及既得权益不受剥夺之绝对的原则，而毅然见之于英美法系之国家，诚可称许。然亦可见世界经济情势之推移，即最顽固之法律家遇之，亦不能不低头也。

就十一月四日以前之我国法律而言，金条款或银条款之各种约定中，仅银币条款或金币条款可以有效。例如约定将来清偿时应以一定成色及一定重量之银币偿付债务，查与民法四八〇条第三款之规定，并无不合。该款云："金钱借贷，约定以特种货币为计算者，应以该特种货币，或按返还时返还地之市价，以通用货币偿还之"。又民法二〇二条规定："以外国通用货币定给付额者，债务人得按给付时给付地（即返还时返还地）之市价，以中华民国通用货币给付之。但订明应以外国通用货币为给付者不在此限。"

金价值或银价值条款，则因有民法四八一条之规定，似难有效。该条规定："以货物折算金钱而为借贷者，纵有反对之约定，仍应以该货物按照交付时交付地（即借贷时借贷地）之市价应有之价值，为其借贷金额。"据此则借贷金额于借贷当时即已算定，即与普通之金钱借贷无异，自与约定金价值或银价值条款之原意不符。因约定金价值或银价值条款之原意，在将来偿还债务时，应以一定成色及一定分量之黄金或白银为标准，拆合彼时之货币以为偿还。今此项黄金或白银之价值既于借贷时以货币算定，将来偿还时即依算定之货币数额支付，自与约定原意在防止币价之上落不符。

银两在未实行废两改元令以前，可认为系特种货币。约定应以银两为偿付之债务，可认为有银币条款之约定。但自二十二年四月五日实行废两改元令以来，所有"是日以后，新立契约票据，与一切交易，及公私款项之收付，而仍用银两者，在法律上为无效"（见原令）。则约定应以银两为偿付之条款，自亦不生效力。

以上所述金币或银币条款可以有效，金价值或银价值条款不能有效，系就十一月四日以前之法律而言。自十一月四日财部布告发生效力之后，因现行主币将仅存"法币"一种，而"法币"之价值又永远等于以前之银本位币，而无变动之可能，故本国银币条款之订定，已无其必要及可能。但借贷契约订定须以外国银币或外国金币为返还者，其订定应仍可有效。不过返还时，外国银币因同样不能在中国境内相授受，须按返还时返还地之市价，以我国"法币"返还之耳。

（《大公报·经济周刊》第 139 期，1935 年 11 月 11 日）

中国战时的经济问题

丁洪范

因经济能力对于现代战争的重要，经济准备已成为现代军事准备的一主要部分了。现代国家的平时经济组织在各种不同程度之下无不含有国防的意义。欧战前德国的铁路建筑、产业分配，甚至教育制度等，无不以军事为目标。现在著名的苏联五年及第二个五年经济计划亦公认为置重国防的计划。其他各国的军事经济准备之例举不胜举。这是关于政府方面的准备。至于人民对于战时的经济问题亦应有相当的认识与准备，庶几不临事仓慌，或不了解政府实施战时经济政策的意旨而竟出于反对，或其他阻碍以致减损作战的效率。故在战争将来而未来时，现代各国除政府应有缜密的经济计划外，在人民方面亦必聚精会神讨论战时的经济问题而作相当的准备。例如美国在将参加上次欧战时，各报纸杂志、学校、商会、银行公会等等团体机关，对于战时经济问题的探讨极感兴奋。现在假如翻开当时的报纸杂志一看，则关于战时经济的论文实美不胜收，盖战时的经济措施非独对于军事的成败有密切的关系，而对于个人的利害亦有切身的影响。所以此项问题的探讨是一般公民所不能轻易放过的，此种讨论与宣传，对于政府方面自有相当的贡献，而对于民众方面亦有相当的心理准备，在将来实施上必能减去许多的阻力。当时参战各国，非独个人团体有战时经济的讨论，在各大学中且设有战争经济之学程。现在战云弥漫世界，我国政府的经济准备如何且勿过问，而民间的经济探讨实嫌忽略。坊间除逐译东文的一二本不三不四为他人宣传的小册子如《战争与经济》及《日本国防经济》等外，论中国战时的经济文献，概付阙如。这十足表现国人思想的落后。在最近民族觉醒的青年运动中才有人稍稍注意到这个重要问题。作者在此拟把中国战时的重要经济问题，就一时感想之所及略提一提，借以引起一般的注意。

普通所谓战争经济者实包含四大部分：（一）战争的经济原因，（二）战争的经济影响，（三）战争的经济动员，（四）战争的经济复员。在战争的经济原因方面所讨论的有人口问题，国家为经济的单位问题，经济的帝国主义问题，及战争的企业价值问题等等。战争的经济影响则有战前的影响，战时的影响及战后的影响。战争的经济动员所包罗的范围很广，内有作战资源的研究，产业的统制，生产的推进，消费的节约，举凡工业、商业、交通、劳工等等统制问题都包含在内，而尤重要者厥为战时的理财问题。至于战争的经济复员则为战后的产业调整使恢复平时状态及战后的经济复兴等。

战时的经济问题通常是指战争的经济动员问题而言。这个问题与作战的效率最有关系，故最为人所注意。在讨论战时的经济问题时，第一要先祛除一个普通的误解。一般人鉴于现代战费的浩大，以为战争需要巨额的金钱，没有巨额的金钱就不能作战。因此有人说，中国现在的中央税收有百分之五十以上是靠关税，百分之二十五以上靠盐税，百分之十五以上靠统税，中央的重要税收既坐在沿海，如果对外作战时沿海为敌人所封锁或占领，政府得不到金钱就无法作战了。这个见解是错误的。作战所需要的决不是金钱，而却是人力和物力。问题是在这里：第一，中国有没有充裕的人力和物力可供作战；第二，如何支配这种可供作战的人力和物力。

历史上曾给我们不少的实例足以证明没有金钱可以作战，而没有人力和物力，或有而无法支配的则不能作战。法国大革命以后财政破烂不堪，拿破仑继之仍能对外作战。巴二轩各国金钱最缺但能接二连三地作战。无钱的南非洲婆耳人也能给与英帝国三长年的战争创痛。德国在大战之前，用尽九牛二虎之力搜集了一万万六千万马克的金货，以为此数足供战争的准备了。且看德国最后一年的战费平均每日要用四千零四十万金元，照平时的汇价合算一万万六千万马克的金钱不到两日就要耗费完了。而德国最后的失败亦不是因金钱缺乏而失败，而却因人力、物力的耗竭而失败。中国有数万万元的现银，有人说集中起来可以作为战事的准备。诚然，二三万万或者至五六万万的现银，如果全数运往外国也可买到一大批军火，但假如国内的人力、物力不继，在大规模战争中实算不得什么。如果不运往外国，现银集中于战事亦一无所补。人力之外，战争所需要者是枪炮、子弹、飞机、军械、汽车、铁路、粮食、衣服以及制造这些东西的原材料与设备等等合称为物力。如果一个有作战技能的民族有这些物力再加上作战的决心，那就够了，用不着金钱。金钱不过是征取这些物力的中介，政府有现代的印刷机在手，自会想出方法在国内获得这种军需品。从前有人说：作战有三要件，第一金钱，第二更多的金钱，第三还要多的金钱。这句话已失去了时代性。现在应该说：作战有三要件，人力之外，第一物力，第二更多的物力，第三，还要多的物力。

物力如此其重要，然则我们所需要的物力从哪里来呢？可供作战的物力不外乎：（一）已往所储蓄的物力，与（二）现在所剩余的物力。已往所储蓄的物力，除现存的军需品外，概可称为资本。现在所剩余的物力就是现在国民的剩余收益。已往所储蓄的物力，如铁路、轮船、工厂设备、林矿耕地等等其数量已定，我们无法改变。此种资本物在作战时，除非万不得已，只可拿来利用，而不可拿来消耗，盖消耗的结果就是减少将来的物力。在可能的时候，我们决不可将工厂机器熔铸大炮，路轨改造子弹。我们作战的物力应该取诸国民的剩余收益。剩余收益就是国民某时期内的总收益减去其必需的生活费后所余留的部分。譬如某年全国国民的总收益为二百万万元，而该年的必需生活费为一百五十万万元，则该年可有五十万万元价值的物力可移供战争之用。此项剩余收益在平时可储为新资本，在战时则不得不有一部，或全部消耗了。假如一国的总收益正等于其国民的生活费，则该国无物力可供战争；假如小于生活费，则在平时已坐吃山空，更无余力可供战争。故一国国民的剩余收益愈多，他事均等，其战斗力亦愈大。

可是剩余收益的多少，他事均等，与各该国的资本额，或称国富，或称资源（收益是流）的大小有正比的关系，即资本愈大，他事均等，剩余收益亦愈多。我国已往的产业不发达，资本设备不丰，故收益额甚少。中国的国富及国民收益总额因无确实统计可考，不知其祥。但据一般推测其数字实小得可怜。据民国十八年日本内阁统计局的估计，中国国富为三百八十二万万八千九百万日元，按四万万五千万人口平均计算，每人只得八十五日元。据其他各家估计其数字亦离此不远。这就是说美国国民平均富于中国国民七十余倍，日本国民二十余倍。至于收益平均每家概在二百元以下，大多数正好维持其极低的生活费，毫无剩余收益之可言，更难与产业先进国同日而语了。资源的薄弱与剩余收益的微少实为中国战时经济最大问题之一。

因资本对于将来物力之重要，参战国非迫不得已决不肯消耗它来作战。这样，要增加战时的物力有什么方法呢？有两个方法：（一）增加生产，（二）减少消费。他事均等，生产增加，剩余收益势必增加。他事均等，消费减少，剩余收益亦必增加。（关于增加剩余收益的理论与积储资本的理论相同，读者请参看本刊的一三七期拙著。）剩余收益的增加就是提高了作战的物力。参战国增加生产的方法很多，其显著者有：统制产业使合理化而免去一切的浪费，增加工场机器的开工时间使尽量生产，延长劳工时间，使以往不做工的妇人孺子也到工场或农场去做工，强制仲裁劳工问题，退休告老者也请出来服务，凡此等等都足以增加生产。至于减少消费的方法则有：限制进口与出口，限制与战事无关的生产，限制国内贸易，消费的空额分配，物价统制，凡此等等都使消费者不得不节约，俾能多出剩余物力以供战用。现在我们要问问我们的政府与国民是否有此种战时经济的计划与准备？

战时经济的另一大问题，也许比人力、物力问题还重要的就是怎样征取一国的人力与物力。普通的办法就是政府用货币向人民自由购买，或向人民强制征取而给以相当的货币代价。货币在此占了很重要的地位，所以使人深信金钱为战事的要件。可是实在的问题还不在货币而在战费的负担如何分配。如果说有货币万事就可解决的话，则政府印刷机在手尽可印行无数不兑换法币或军用券就够事了。可是问题并不这样简单。有两个资本和收益两都相等的工厂在此，一个可改造军火，一个不可，政府就征取可改造军火的工厂，而其损失不使另一工厂也负担吗？其他资本不同和收益不同的工厂应如何分配其负担呢？政府平时费用的支出几完全取给于赋税，故政府经常费用负担的分配以赋税负担的分配表现之。国家的非常战费负担的分配是否也照平时赋税的负担分配呢？这是一个很重要的问题了。

对外战争，尤其是防御战争，是民族争生存的非常事件，故战费的负担应另眼看待，不可用经常的方法来分配。因此有人把征兵原则应用到战费负担方面来。他们说，民族为生存而战，人民有服兵役与供军饷的义务。如果国家要人民牺牲生命，生命也必得牺牲，当兵者连生命也牺牲了，有财产者难道可吝惜财产而不尽量供给国家呢？这就是说，国家要用到时，有财产的人民要尽所有而供献不得有所保留，好像当兵者牺牲生命一样。这个原则，说来好听，其实是不公允，故不足为训。生命的牺牲和财产的牺牲，完全不同。生命不可分割，财产可以分割；生命不能补偿，财产可以补偿。为国家牺牲生命者，牺牲了就完了，不能保留几分之几，国家不能赔偿他的生命；国家所能做的只有表扬他的忠烈，和抚恤他的遗族。财产则可以取几分之几，如果完全取来，尽可用其他代价补偿。国家为全民族而战争，其损失应由全民族均等牺牲，毫无疑问。可是生命的牺牲只有牺牲机会的均等而无牺牲的均等。两个兵士共同作战，一个战死，一个存活，他们牺牲的机会均等，而牺牲则不等。在机会均等的原则之下，死者亦应无怨。两财主的财产，一个完全被征，一个留着，被征者必大抱不平，因为两人的牺牲不均等呀！

所谓牺牲均等者不是均分负担，也不是比例负担。甲每月进款十元，购买衣食尚嫌不给；乙每月进款千元，奢华享用之外，尚有大数储蓄。如果均分负担，使甲负一元，乙也负一元，显然两者所受的牺牲不均等。如果比例负担，使甲拿出十分之一，乙也拿出十分之一，则甲只可享用九元，乙可享用九百元，两者所受的牺牲仍不均等。必使甲生活必需外的进款完全拿出来，乙生活必需外的进款也完全拿出（生活程度应酌量顾及），这才是牺牲均等。换言之，战费负担的分配比平时赋税负担分配的累进程度还应加强，使贫者富者的剩余收益能均等地移供国用。

本此原则，我们要问我国的战费负担是怎样分配的？谁负担现在的国防费和得将来的战费呢？照现在的赋税制度岂不是贫者出钱保全富者的生命财产吗？（参看本刊一四五期拙著《中国的现行税制》）如果战事发生贫者除负担战费之外，岂不还要拿出生命来保护富者吗？如果发行公债呢？则贫者还要加倍的负担来帮助富者发财。如果膨胀通货呢？也是劳工阶级吃亏。如果发行公债与膨胀通货同时进行呢，那是加二倍加三倍的剥削贫民而帮助富者发财了。此种问题过于专门，非在此短狭篇幅中所能详论。如果政府要在将来作战时得到多数民众同情的话，至少要即速修正现在赋税制度，使富者累进负担以便作为将来分配战费的基础。作战时关税及其他沿海税源的有无倒是次要问题哩。

综上所言，中国目前究竟有多少人力物力可供战用？这些力量应怎样集中统制与利用？怎样能提高作战的人力与物力？作战的费用应该要谁负担？怎样筹获？这些都是中国战时经济的重要问题，盼望国人注意的。

（《大公报·经济周刊》第 148 期，1936 年 01 月 13 日）

中国新工业之回顾与前瞻

谷源田

一、中国工业发展之过程

人类之经济进化时期有五：顺序言之，为渔猎时期、游牧时期、农业时期、手艺工业时期、工业时期。我国史册，对于渔猎及游牧二时期，阙略难稽，于农业及手艺工业两时期，则记载较详。自神农氏教民稼穑以来，历代皆以农为立国之本，故农业在我国之经济史程上占据长之时期。农业经济社会确立之后，手艺工业亦必逐渐发展。我国之手艺工业，殷周之世，已肇其端，迨春秋战国，发展斯盛。惟自秦汉以降，历代皆厉行重农政策，重稼穑而轻工商，甚则颁禁令重租税以困辱之，是以工商企业，惨遭打击。期间如织染陶瓷等业，虽能焕发于一时，然多随帝王之好恶而兴衰，其焕发一时者，悉系皇室之工业耳。皇室工业，以美好为依归，重艺术不重生产，其在国家之经济地位上，无何重要之可言。社会风尚，亦以工商为贱业，四民以士为首，农次之，工商末焉。工艺发明，目为“雕虫小技”，为士林所不齿，是以数千年来，工业上之重要发明除东汉蔡伦之纸，北宋毕昇之活字版，唐朝之提花机外，其他无足道也。瓷业丝织，仅求艺术上之改进，并无大量生产之涵意，且良方多因秘密而失传。至矿山之开发则以贵金属之获得为主，并无工业之含意。煤之开发有限，仅补民间燃料之不足。铁则除为制造农具外，多用为制造军械之需，且铁政森严，悬为例禁。今之以煤铁为工业之基础者，彼时反以为无足轻重。职是之故，中国之工业被摧残至喘息不前，中国之经济乃得长期滞留于自足自给之农业经济领域。

自鸦片战争失败，订立《江宁条约》以还，清廷之闭关政策，于焉击破。外国工业品如潮涌来，外国资本主义渐次输入，影响所及，中国之手艺工业乃发生变化，中国被迫而走上工业化之途，工业革命开端，新工业于焉肇始。考中国新工业发展之时期，约略言之，可分为六。自一八六二年起迄一八八一年止为第一时期，可名为“企业官办时期”。当时政府官吏深知洋枪洋炮之精良，轮船汽船之便利，乃起而聘用外籍技师，设厂制造船舶军械之属。企业官办，与民无争，且规模狭小，未足以言生产也。自一八八二年起至一八九四年止为第二时期，可名为“官督商办时期”。官办企业，以经营不良，资本缺乏，乃不得不吸收民间资本，官民合资，官督商办。商品企业，亦渐兴起。自一八九五迄一九〇二为第三时期，可名为“外资侵入与民业萌芽时期”。甲午之役，清军败北，订立《马关条约》，允外人在华自由设厂制造。外资侵入，外厂林立，为中国工业预伏下一大恶因。自一九〇三起至一九一三止为第四时期，可名为“收回权利与保护民众时期”。盖自鸦片战争以来，中国已为一被征服之国家，不平等条约，层层束缚，列强侵略方策为之一变，由武力侵略进而至经济侵略。中国朝野上下鉴于经济侵略之可惧，乃起而谋抗衡之策。设立农商部，开办工业学校，办理公司注册，颁布商法及奖励工商业等法规，对于工商企业，极力提携。自一九四一年起至一九二二年止为第五时期，可名为“战时华资与日资工业焕发时期”。欧战爆发，欧西各国咸忙于战争，对于远东商业市场之角逐，暂无暇顾及，外资之输入是以大减。舶来品之输入虽减，而国内市场之需求仍旧，国内华资及外资所办之各种工业乃风起云涌，焕发一时。外资之中，以日资工业为最盛。此为中国新工业之黄金时代，惜昙花一现，过此复入于凄苦之境矣。自一九二三年以迄今日，可名为“华资工业衰落时期”。欧战停后，各国在华市场之角逐，又复旧观。华资工业，内以经营不良，外以经济萧条之袭击，乃陷入不拔之境。此我国工业发展之概略也。

二、中国新工业之现状

中国之新工业自萌芽迄今，已有十余年之历史，然滞濡不前，仍逗留于幼稚之领域。新式工厂，在全国工业中，所占之地位有限，且多系设于通商大邑，而其中又以外资工厂为重要。是以手艺工业，在国民经济之上，仍占重要地位。手艺工业，产量有限，含有中古式之色彩，不足以与近代工业相颉颃。新式工业，大别之可分于重工业与轻工业二大类。重工业为一切工业发展之基础，故亦可谓为基本工业。轻工业系指产生消费品之工业而言。中国之重工业，极其有限。其可列于重工业之林者，仅有煤、铁、石油、机器、造船及电气而已。以言煤矿业，据地质调查所之估计，中国之全国煤矿储量共约计二四八，二八七兆吨，以其地理之分布言之，十之九系位于长江以北，其中以山西省为最多，占全国总蕴量十分之五，陕西省次之，占全国总蕴量十分之三弱。除土法开采之小矿，散布全国不计外，新式煤矿，类多位于辽、吉、黑、热、冀、鲁、豫、鄂、赣、浙等省。以规模论，年产百万吨以上之大矿有四，在十万吨以上者约三十余。其中资本最雄厚，规模最巨大者，当推日人经营之抚顺及英人经营之开滦。煤矿产量，自民元以还，与年俱增，惟近年来销路不畅，产量因以减退。大体言之，三千万吨左右之总产额中外资关系各大矿产额约占百分之五十六，纯粹华资之各大矿产额约占百分之十八，余者为土法小矿之出产。外煤与外矿之倾销不已，是以年来国内煤矿亦处于衰落之境。

中国之钢铁工业，自创始迄今，已有四十余年之历史，而今日国内钢铁之所需，仍须仰给于外人。日本之八幡铁厂与我国之汉阳铁厂系同时设立，今日八幡铁厂在东亚跃居首位，而汉阳铁厂，早已变为鼠雀之乐土，言之曷胜浩叹。考我国之铁砂储量，本极有限，在全世界铁砂总储量中仅占千分之六。全国约计十万万吨。自其地理上之分布按省顺序言之，辽占百分之七十五，察占百分之九，鄂占百分之五，冀占百分之三。全国之钢铁厂合计不下十余处，国人自办者除山西之保晋，上海之和兴，汉口之扬子尚间时开炉作微量之制炼外，其产量日增，营业最盛者则为日人经营之本溪湖及昭和耳。我国钢铁工业之衰微可见一斑矣。

我国之石油储量，据地质调查所之估计为三.二七四兆桶（每桶四十二加仑），尚不及美国之半。然在世界各国中居第七位，比较言之，数目尚在甚低。但石油工业，几无足道。规模宏大者为南满铁路附设之抚顺炼油厂。考抚顺之油页岩储量甚丰，惜大好宝藏，已非我有矣。此外除鞍山、本溪湖及井陉自煤焦副产品中提炼煤油外，国内唯一之新法炼油厂，为陕西延长之官矿。惜经营不当，成立多年，无大成绩之可言。致使货弃于地，坐视石油大量进口。良可叹也。

造船与机器工业，亦无足道。中国造船业之兴起，远在七十年前。当时政府迷于武力梦想，除设厂制造军械外，尚注重于船舶之制造，是以于上海、大沽、马尾、厦门等地，纷设造船厂，或船政局。然至今日除江南造船厂外，华资经营之造船工业，殊甚有限。反之如外资经营之各厂，机器工业，亦无成绩之可言，其规模较大者，仅能仿作简单之机器，或翻砂铸造零件。大多数含有修理装配之性质，集中于沿海各通商巨埠。

以言电气事业，全国约有电厂七二四所，按其性质分：民营五二三厂，官营一七厂，各工厂自备一四九厂，外人经营三五厂。发电容量，全国共达八三五.三六六基罗瓦特。关于电气事业之特点有：（一）自其发电量观之，民营电厂多为小厂。（二）外资经营之电厂，以厂数论仅占百分之六，而发电容量占百分之五十二，是外人在中国经营电气事业已居统制地位。（三）据统计全国各电厂每年所发电气为二十万万度（工厂自备者在内），以人口比，平均每人仅得四度半，以视挪威之每人平均三千五百度，真难同日而语。且中国电之用于消费方面者较用之于生产方面者为量远过之。电气事业，亦在幼稚时代，可断言也。

轻工业所包括之范围綦广，棉纺织业、饮食品工业、化学工业等均属之。中国之新式工业中，规模最大者当推棉纺织工业。中国之棉纺织工厂，全国合计约一百三十六厂，其中华资计九十二厂，日资计四十一厂，英资计三厂。华资厂规模远在外资厂之下，试以其所有纱锭数目较之，即可了然。全国中外纱厂共约有锭子四百八十万余支，华商九十二厂，仅有百分之五十八，日商四十一厂，则有百分之三十八。以地理之分布言之，率多集中于沿海各省。全国一三六厂，而集中于沿海之冀鲁江浙四省者达一〇八厂之多，锭子占十之八。年来国内纱业日趋衰落，日资厂以经营得当，尚保留其固有之地位，而华资厂则经营失当，大有每况愈下之势。

丝之发明及应用，始于我国。丝业生产，昔曾专利一时，今则日、义、法等国皆为产丝之邦。我国缫丝及丝织业，以不求改良，又加人造丝之崛起，年来输出不畅，丝价惨落，苏浙粤蜀各省之缫丝厂，大受打击。虽经政府发行丝业公债救济，但亦于其衰落之势无补。去年下半季，丝价上涨，生丝业稍见起色，丝织业仍不见转佳之兆。

水泥、火柴、造纸等工业皆为化学工业。中国之水泥工业，发展尚见平稳。华资水泥厂，全国共九厂，省营者四，民营者五。外资厂五，日占其三，英占其二，英资厂闻久已停工，日资厂除一厂位于鲁省，余均在东北各省。华资厂年来颇见进展，虽外货输入含有倾销之意义，但仍有平稳之发展，设厂数与产量再增，或可达到水泥自给之一日。

中国火柴工业之分布颇广，全国约计百余厂。外资厂以日资厂最占优势，华资厂类多规模狭小。年来以外商之压迫，捐税之繁重，工业日就衰微；国内火柴同业乃有产销合作企业集中化之企图，希望有所挽救。

中国之造纸工业，可分为手工与机器二大类。纸之发明，始于后汉蔡伦，是以中国之手工造纸业遍及全国，而以长江流域一带为最盛。新式纸厂，全国合计，大小仅三十余家，除日资厂外，多规模狭小，产量亦微，是以每年进口之洋纸，为数颇巨。机器造纸原料，多须仰给于国外，致使值昂价高，销路不畅，且复因人才缺乏，出品不精，国内之新式造纸工业亦陷于不景气之状态中。

饮食品工业中略具规模者首为面粉业。欧战期中，以外粉之输入大减，国内粉业遂得乘机勃兴，焕发一时。战后外粉输入又复旧观，粉价低落，全国粉业乃大受打击。自去冬政府实施新货币政策后，粉价逐渐上涨，粉业因之渐见起色。卷烟业，华资厂除南洋，华成等公司外，率皆规模狭小，资本有限。是以全国卷烟工业大部为英美烟公司改组之□中烟草公司所控制。豆油工业多位于东北四省，地之不存，工业已非我有矣。

综上以观，吾人得一概念，即目前中国民族资本之工业，率皆处于萎弱不振之境地。欲求民富国强，须自工业化着手，欲求工业化勇猛迈进，则须解除阻止工业发展之障碍。是则对中国工业发展上之症结，不可不细察焉。

三、中国工业发展上之问题

中国民族资本工业，目前实已至困难之境，在其发展之过程上实有不少之问题。兹择其较大者略申论之。

（甲）原料问题：发展工业重要条件之一为求原料供给之充足。素以“地大物博”自豪之中国，自工业原料之供给上观之，实不能称为“博”。以重工业之基本原料铁砂论之，全国储量仅占全世界总储量千分之六。此些微储量中，四分之三系集中于辽宁一省，今非我有矣，即其余之四分之一，亦多直接或间接为日人所操纵。钢铁工业衰微，因而在国际上有“无钢之国”之徽号。国内钢铁所需，率多仰给于国外。据关册统计，历年钢铁入口价值，恒达八千万至一万万元之巨，原料之供给缺乏，宜乎国内重工业之不克发展也。论及轻工业所需之原料，姑以棉花、羊毛、小麦、烟叶、纸粕及化学工业上应用之各种原料为例，以示一般。以自然环境言之，中国为一适于植棉之国家。中国之棉纺织工业为中国轻工业中规模最大者，每年消棉之数量，极为可观。中国每年所产棉花，为量亦不少（二十三年产量约一千一百万余担）；第以绒短，不适于纺织细纱，是以历年须自国外输入大量外棉，以资应用。民国二十三年棉花之输入占入口货之第一位，值达九千万元之多。年来政府对于国内植棉事业，育种，分级，检验，取棉等工作，广为推进，成效已略有改观。设再继续努力，使国产棉之品质改进，产量增加，或可达到棉花自给之一日。中国之毛纺织工业，尚未发达，是以羊毛之需量有限，故在出口商品中仍有相当地位。国产之羊毛，率多毛粗绒短，是以纺织较细之出品，仍须仰给于舶来之原料也。小麦为面粉工业之唯一原料。国内小麦，每年产额亦不为少，终以人口众多，消费量巨，且因运输不便，成本过昂，加之品质多不如外麦，是以历年均有不少之外麦输入。民国二十二年小麦之输入总值约八千八百万元，占该年入口货之第三位。烟叶为卷烟工业之主要原料，国内所产之烟叶，其适于制造卷烟者仅山东之潍县、青县及坊子，河南之许州、襄城及郏县，安徽之凤阳及蚌埠，广东之南雄，湖北之均州等地，全国年产不但在量之一方面，不足所需，即在质的方面，亦远不达美国与埃及所产者，故国内制造上等卷烟之原料，率多取给于舶来品。是以历年舶来烟叶之输入，为数亦颇可观。民国二十年输入之烟叶计七千五百万元，占该年入口货之第八位。是国产烟叶在质、量二方均亟待改进者明矣。以论造纸工业，我国自产之造纸原料，有竹浆、树皮、棉麻、芦苇、稻草之属，惟以林木缺乏，造纸之重要原料——木粕，则不具备，纸厂所需悉须仰给于国外。且木粕尤为制造印书类上等纸之原料，舶来品价昂贵，非可恃为久远之策。化学工业所需之原料，十之八九须仰给于外人，例如火柴工业所用之药品，及其他化学工业所用之酸碱等，除采用数量有限之国产品外，余者尽须仰给于外人。

综上以观，吾人可知原料量之不足，与质之不良，实为我国工业发展上一大问题。

（乙）动力问题，除原料外，动力亦为发展工业之一主要因子。考工业上应用之动力，最重要者当推煤，石油及水利三项。电气之应用，较前三者为佳，然其渊源，仍不外借煤、石油、水利等，推动原动机，发生电力，以间接传动。兹将中国之动力渊源，分别述之：我国煤藏尚稍丰富，上已言及，是则中国工业所需之动力，自煤一方面言之，一时可无乏缺之虞。惟我国煤藏，多偏集于华北一带，且深居内地，距海口遥远，陆运运费太贵，结果远道运销，运费竟当成本五六倍之多。我国工业目前多集中于沿海一带，无论自国民经济之观点上言，或自国防之观点上言，此种发展实属畸形。虽然煤之供给可保无虞，然煤之运输则为中国工业动力上一大问题。以言石油，我国之石油储量，极其有限，前已言及。石油为内燃机之必需燃料，年来消耗之数量与日俱增，长此以往，世界亦有告罄之虞，是以各国纷纷寻求石油之代替品。我国之储量本极有限，虽自工业动力上论之，石油无煤之重要，第以飞机、汽车、内燃机之必需燃料，有关交通运输及国防者至巨，宜如何开发之，惜用之，亦为我国之一大问题。

水利为天然动力，一名“白煤”，盖其为用不下于煤炭也。我国之天然水利，蕴藏不小，北部至黄河，中部之长江，南部之西江，水势流动，均甚猛烈，而黄河之龙门，长江流域之三峡，西江流域之苍梧附近及抚河一带，其水力尤可利用。其他各省如蜀、浙、鄂等，亦有流动湍急之水力，可资利用，据估计中国可利用之总水力约二万万匹马力，与加拿大等，同居世界第四位。然而已开发之量，殊无足道。加拿大已开发之水力当其总水力百分之一三.八，中国则不及百分之一。此庞大之水力，实为中国工业之潜在动力，问题在如何开发之，如何利用之耳。

电气之应用为间接传动，较诸石油、蒸汽、煤炭等之直接传动，设备简单，管理容易，而效率增高，且可远道输送，尤称便利。故自工业上引用电力兴起后，欧美工业发展之趋势，已由向之集中化而变为分散化矣。我国之煤炭及水力之蕴藏颇丰，上已言及，若以之动机发电，远道传输，则有助于中国工业之发展者至巨。

总上言之，吾人可知除石油外，中国工业所需之动力，实有深厚之蕴储，则工业发展之前途，自动力方面言之，可无缺乏之虞矣。

（丙）资金问题：发展工业，资金亦为必须条件之一。资金不足为我国目前工业之普遍困难。姑以纱厂业论，流动资金不足为促其衰落之一大原因。固定资金不裕，不能购置充足之设备，流动资金不足，则须以高利借款周转，利高而息重，息重而成本增，成本增自难与外厂及外货相抗衡。故资本实为重要条件之一。

我国国民之积蓄有限，是以民族资本不丰，故若仅以民族资本，兴办企业，必感不足。此问题之一也。民族资本固甚有限，而社会游资，多贪图厚利，以之作标金公债等投机，不肯投之于工商企业。民族资本，本极有限，而即此有限之民族资本，亦不能悉数用之于发展企业，此问题之二也。照各国先例工业落后之国家，欲其国内工业之发展，最便捷最有利之方法为借用低廉之外资。然此项外资之借入，宜自行利用，不假外人之乎，藉免引狼入室，自作陷阱，失却国家之主权。换言之，外资之投入宜为间接投资，而非直接投资。此问题之三也。

就以上所论，吾人对于我国工业之资金问题，拙见以为：（一）政府宜在消极方面设法减少公债等之投机性，在积极方面奖励并补助民族工业之发展，导社会之游资及民间窖藏之资本于创办企业之正轨。（二）设法使外资输入，利用低廉之外资开发民族工业，以便积蓄民族资本。但此种外资之利用，须为间接的，而非直接的。

（丁）外厂问题：光绪二十一年（一八九五）中日《马关条约》新第六条第四项谓：

> 日本臣民得在中国通商口岸城邑，任便从事各项工艺制造。又得将各项机器顺便装运进口，只交所定进口税。

自此条约签订后，各国依“最惠国条例”，纷纷援例要求设立，是以中国境内外厂林立。关税本为保护本国工业之武器，但若允许外人在华有设厂权，则外商为避免关税之损失计，可将工厂迁移来华，从事制造。故近年来国内外厂之增多与关税之增高几成正比例。外资工厂，以其完密之组织，高大之效率，雄厚之资本，与方在萌芽之中国工业竞争，本已绰有余裕，而复以租借地租界领事裁判权为其保障，沿海及内河航行权便其运输，低廉之中国劳工为其利用，避免保护关税条例之束缚，其必焕发者，可断言也。中国本为一自给自足之农业国家，民族工业尚在萌芽幼稚时代，与外厂相竞争，实非其敌。外厂之焕发，即华厂之衰落。故《马关条约》："日本臣民在中国通商口岸城邑，任便从事各项工艺制造"一语，实开各国在华经济侵略直接行动之源，亦即中国民族工业屈服于资本主义的出发点。引狼入室，作茧自缚，陷民族工业于万分困难之境，此条款实为之阶也！

不平等之束缚，已足为民族之致命打击，而年来政府在无意中亦多为外厂作特别之呵护，试举例以明之：外商纱厂多纺细纱，华商纱厂则多纺粗纱。据十九年之调查，华商纱厂与日商纱厂之出品，按支数计，其形式如下：

支数	华厂百分比	日厂百分比
十九支以下	五五.八	一四.一
二十支以下	二六.九	四八.一
二十一支以上	一七.三	三七.八

由此可知日厂多纺细纱，华厂多纺粗纱。现行棉纱统税税率之规定，二十三支以下，每包征税八元五角八分；二十三支以上每包征税十一元六角三分。然棉纱价格之高低，与支数之多寡成正比例。征税不以价格为依归，结果造成税负不平之情形：

支数	价格（二十四年平均）	应缴统税	税当价格之百分比
十	一六一.九三八元	八.五八元	五.三〇
十六	一七五.九一七元	八.五八元	四.八八
二十	一八三.八一三元	八.五八元	四.六七
三十二	二三五.七〇八元	一一.六三元	四.九三
四十二	二八九.八三三元	一一.六三元	四.〇一

（根据上海物价月报二十五年一月份）

卷烟之统税税率亦为二级制：每五万支烟价在三百元以上征税一百六十元，

在三百元以下征税八十元。外厂多制上等卷烟，华厂多造下等卷烟。上等卷烟之税率虽高，然以价值高，税负与价格之比例甚小，下等卷烟之税率虽低，然以其价格太低，税负之比率太高。例如大炮台、茄利克等烟，五万支之售价约在千元以上，缴百六十元，仅等值百抽十，其他如大联珠、金鼠牌等五万支价格不过在一百五十元至二百元之间，而缴税八十元，则等于值百抽六十至四十矣。税负之不平，于兹可见。

（戊）管理与人才问题：促成中国工业衰落之内在原因为经营不当，管理无力，与技术人员与组织能力之缺乏。官办企业与官商合办之企业固无论矣，即纯为商人自办之企业，每多经营不当，公司或工厂，形同衙门，董事经理，俨然官吏，对业务不求改进，遇事则因循敷衍，重要位置，多委于亲信，既乏专门技术，又无办事能力，舞弊迭出，虚耗丛生。工作之效率既低，而虚耗之处又多，遂使出品非但不精，且成本甚重，其难与物美价廉之外厂出品相竞争，而日趋衰落者，非无因也。兹举专家之报告，以例证之：二年前棉统会邀请曾服务于英国纺织机器制造厂三十年之彭考夫（H.Bancroft）来华视察我国之棉纺织厂，彭氏之报告书内谓："总括以上报告，余觉各厂雇佣职员过多，与其用平庸者三人，不如用一干练者为愈。又整理过旧之厂，徒耗资金，因厂房本身不佳，即使改造，仍属不稳。且老厂光线，急待改善，车间中央部分，多黑暗无光，夜间灯光亦不充足，工人工作于此，能力安能充分发挥。又厂中雇用机工之多，更令人惊异，听其偷懒，不加取缔。各部管理员，急应负责稽察，督促工作，并指示详细修理之法，庶事无不举，效率可增，否则职员过多，责任不专，互相推诿，终至遗误也。……总之各厂宜筹设一健全之管理方法，俾全体工作人员，效率可达标准以上。"是无异我国大多数工厂内部之一幅写照。

专门技术人员之缺乏，亦为我国工业发展上之一大困难。据专家之估计，全国纱厂八十二厂应需之专门技术人员约四千名，然雇员中系由国内外纺织专校毕业者，仅为五百名，当应需额数八分之一。不特此也，即专门人才，亦多学非致用，遇有高官厚禄之机会，即脱去技师之短衫，走马上任矣。事实俱在，读者当不以予言为谬也。

综上言之，中国工业之内部，工厂方面须在管理上大加整顿，使之科学化，以提高生产能力，在经营方面，宜裁汰冗员，节省虚耗，出品非达到物美价廉之程度，势难与外厂及外货相抗衡。至对于专门技术人才之培植，检查工丁，颁布条例，以便促进工厂内部之改进等，皆政府之职责也。

（己）工业网建设问题：五十余年来中国工业之发展，仅限于沿海一带之大都市。盖沿海一带之通商巨埠，开辟较早，具有其适于发展工业之条件在。例如：都市有电厂，工业上动力之购求易，一也；沿海沿江运输便利，原料及燃料等之获得易，二也；都市人烟稠密，出品即有就近之市场，工人之募集亦易，三也；都市有现代金融机关，资金之周转易，四也；自民国鼎革以来，干戈扰攘，内乱频仍，通商口岸有租界或租借地，可以避免政治上之扰乱，五也。综此五因，是以中国之新工业，率集中于沿海一带之大都市。

工业偏处一地，实系畸形发展。盖（一）中国幅员辽阔，以运输不便，运货奇昂，内地生产之原料外运，及沿海生产之工业品内销，于运销上，捐税上，蒙两重损失，若将工厂移入内地，利用当地所产之原料，并将出品销于邻近各地，则运费与捐税之负担，均可避免。（二）发展工业，谋全国工业化，足以提高国民之生活水平。设中国之新工业能有网形之发展，则中国国民之生活水平，必可因之而普遍增高。（三）工业集中一地，在国际间发生战争时，易为敌人轰炸目标。中国工业多集中沿海一带，设中外有战事发生，沿海各地，先遭轰毁，工业势必将被摧残无余。“一·二八”上海之役，可为殷鉴。工业有关国防者至巨，盖工业于平时制造商品，战时则可改制军器及军需。综上以论，中国工业集中沿海一带，实为畸形之发展，易受敌人之威胁而有深刻之危险。是则工业网之建设，为中国工业发展上至高之原则。然欲求工业网之实现，即先决条件为安全之确保，苛捐杂税及其他政治上干扰之除免也。

四、尾言

综上以观，民族工业内受环境战乱之摧残，外遭国际资本主义之压迫，已陷入衰落之境地。夫今日经济为世界经济，国与国间有相互之经济关系，中古时代之自给自足，锁国局面，决难恢复，且一国经济非与世界经济相联系不可。中国年来，经济衰落，民生困苦，已达极点，复兴之策，就吾人拙见所及，当从开发工业，繁荣经济始。盖中国为一农业国家，人民之收入有限，而人口过剩，丰收之年，尚足自给，荒歉之岁，则饥馑立见。考解决人口过剩之方法颇多，一为节制生育，非关本文，故不论及；二为天灾人祸之自然摧残，此非为人道所能容；三为移民；四为工业化。后二者属于经济之范畴，试略为论之。中国之移民地，一为东北，一为西北。东北沦亡，移入被拒，西北以气候、水利、资本等关系，实无多大希望。是移民于边陲仍不能解决中国之人口过剩问题。故唯一方法为发展工业，借以吸收过剩之人口。以言发展工业，则首宜对工业上之种种问题，深加注意，谋求解决。诚然，民族工业，受内外两重之压迫，其处境之困难，殆难比拟，然处境愈困难，愈应竭力奋斗。如何改革自身之组织、经营、生产、效力等，责在工业经营者之本身；如何谋工业之保护、奖励、发展等，责在政府。优胜劣败，适者生存。处今日竞争日烈之世界，非富强不足以图存，而图强之道，振兴工业其一也。事在人为，愿国人三复斯言。

（《大公报·经济周刊》第 159 期，1936 年 04 月 01 日）

生产救国？消费救国？

丁洪范

当此外患逐步加紧，经济急趋崩溃，报纸上几乎不断地登载着饥民争食死尸的时候，自觉地或不自觉地，暗隐地或明显地，在一部分国人心中似乎发生了一种消费救国的热狂。在他们看来，似乎糟丘酒池，规模未免过小，肉山脯林，豪华犹恐未足。夏癸牛饮三千，又须加上赵胜沉醉十日。石崇珊瑚树不足以穷海外之珍，和坤四脚虽未必能穷闾内之奇。然而朱公纵欲，原具哲理，杨子行乐，亦非无因。何也？小则繁荣地方市面，大则复兴整个中国，近则纾救目前国难，远则奠立百年国基，自有其正正堂堂之目的存焉。两年前矗动东南的宁波楼阁，和最近矗动全国的天津皇会便是提倡消费救国之实例，夫楼阁、皇会等地方举动其本身之是非得失原不值国人注意，且事成过去，亦无庸我们论量。我们所顾虑的是：这种消费救国的大众心理是否健全？如果这种消费心理蔓延全国其影响如何？这和我们仅存一息的国命有莫大关系，凡我国民都不得不慎重考虑的。作者个人很相信提倡或实行这种纵欲消费者确属真心诚意以繁荣市面复兴中国为目的，其公私道德毫无疑问。可是像这种导社会至于穷奢极侈之途，是繁华地方或复兴中国的合理和有效的方法吗？假如是合理并且是有效的，我们应该在全国各处多来几个皇会或和皇会性质相似的公私各方面的大规模消费方法，不应让从前的山北和现在的平津人士专美于前。否则，我们应祛除这种加速度的消费念头，而应咬牙切齿，节衣缩食，并且加勤工作努力生产。换句话说，在中国的现状之下，我们应认定生产救国呢？还是消费救国呢？本文就约略地把这个攸关国命的问题来和读者谈谈。

消费主义不是中国时人所独倡。上古杨朱、杨恽等纵欲行乐思想便是倡导消费的。可是二杨的消费主张是关于个人行为，并不以匡时济世相号召。其以改善社会，繁荣国家自负，有意倡导消费，限制生产者，最早在法国十九世纪初叶有经济学家西施蒙第氏。西氏以为生产超过消费为经济恐慌之原因。经济恐慌之结果使工商业倒闭，工人失业，驯至社会不安，国家纷乱。救济之道端在努力消费，不使生产过剩。其意盖谓消费超过生产是社会之福，生产超过消费实乃社会之祸。因技术发明与机器制造等为产业革命后增加生产之因素，西氏乃主张阻遏发明，甚至捣毁机器，以返还旧时代的手工业生产方法。此种手段，和我国老庄一派绝圣弃智，剖斗折衡等思想酷似。西氏的消费救国主义在当时颇引起一部分人士之同情，但因其见解错误，在理论上经人批驳，故站不住地位，而在实施上亦不能有效，终堵不住产业革命的潮流。西氏过后不及百年，在现代的美国，消费救国之说又盛极一时。美国提倡消费救国最著名者为考夫林神父。考氏客观倡导救济经济恐慌，希图复兴美国，与前路易西那州长惠郎齐名。考氏立论大意由政府尽量津贴一部分人民，如年老残废者，使不必生产专事消费，消费愈多，则社会愈繁荣了。

二氏之说，在学理上我们不必详加论列。约言之，生产过剩不是经济恐慌的惟一原因，即属惟一原因而所以成为恐慌者亦不是因为全社会的生产过剩，乃是因生产分配不均，一部分人无购买力以致消费不足，而使另一部分人的生产无法推销，终则积为部分的过剩。故就社会全体言之，生产决不会过剩。多生产则全社会的人可多享受，谁曰不宜？今有一部分人无力购买，无法享受，救济之道是在使这一部分人有购买力，不在挫抑发明，捣毁机器。西施蒙第除鼓励消费之外，还要咒骂机器，考夫林较比高明，主张由政府津贴一部分无购买力者使有购买力，但其理论亦非根本正确。要知在现代的分工合作各专一业的经济制度之下，各人以自己的生产品，交换他人的生产品，自己生产多少，便可交换多少，自己不能生产，便不能与他人交换。故繁荣社会的合理办法是鼓励生产。由政府津贴一部分人消费，虽含有均富之意，但显非根本办法。虽然，生产固应鼓励，假如个人生产的结果为强有力者剥夺而去，亦无法使购买力均衡而发生交换作用。交换作用阻滞，一部分人的生产品便不得不过剩了。

西、考二氏之言论虽偏颇，但倡于资本主义下生产过剩的社会中，如现今的美国情形，犹有可说。美国的牛乳倾河，果实投海，棉麦当薪，玉米、甘薯弃掷迤逶，无人过问。彼时彼地，倡导消费，实逼处此，情有可原，理亦能通。中国何地？今日何时？而亦鼓励消费，其理安在？米、麦、棉布等衣食所需，每年缺少数万万元，其他日用消费品之进口，亦无可计量。中国虽也有经济恐慌，但中国恐慌之因，是生产不足，不是生产过剩。中国社会之生产不足，穷极无赖，谁也不能否认？纵有少数可有多余消费超贫穷线的生涯者，亦应力事撙节，一物一钱勿使浪费，一刻一时勿使虚耗，庶几储为资本，建立工场，购买机器以从事生产之增加。奈何“十日之饮，又加千里之游”，倾里巷锱铢以消费乎？故从经济状况而言，中国的生产并不过剩，消费无庸提倡。市上有过剩者恐外货耳。连日报载，外货如潮涌至。如果为推销外货，维持邦交而提倡消费，那是另一问题，不在本文讨论范围之内了。

当然，上文的话尚不足以使消费救国论者折服。他们会说，鼓励消费，就是促进生产。工场出品假如无人消费，继续生产必不可能。许多绸厂布厂不是因无人购买而倒闭了吗？况且，恣情消费还有一个大功用。譬如从前军阀时代的贪官污吏所搜刮来的孽钱，假如不拿来花费，听其积累以遗子孙，岂不是社会少一部分流通，官吏多一层孽障吗？现在拿来消费，非独一班差夫走卒可分肥而食，而衣被文绣食前方丈之供意，亦足以助成此等产业之繁荣。由此观之，消费何害？这里，我们要说，在经济理论上并无孽钱与非孽钱之分。只要有钱（假定它是价值的储蓄），不管它是劳苦挣来或是凭势力刮来，都可用来买机器办工厂雇工人，以从事生产。储蓄者即使自己不直接生产，在现代的经济机构之下，亦不会死守现金，势必存储到银行去。有剩余的消费者，如果把剩余的钱花在山珍海鳍，画栋雕梁，以及斗鸡走狗等娱乐，则用了废了。他们这样做实在不是破坏自己的钱财和精力，乃是破坏他人可用在生产的设备和服务。如果他们把剩余的钱不这样浪费，银行必定会把它投资在工商、实业里以增加生产。读者不要害怕，工厂造出货物会没人买。银行的储金充足，它的投资是多方面的。他会借给工厂买棉花买机器，也会借给铁路公司买钢轨买枕木，会借给商人租店铺进货物，也会借给农夫买耕牛买肥料。这些借款的人都是生产者，生产者资本愈丰则生产量愈大，生产量愈大则货物与服务的交易愈盛。所以繁荣市面，复兴中国的合理而亦有效的办法是在提倡储蓄，鼓励生产。储蓄的主要条件是节俭，不是浪费。试问消费救国论者，中国经济建设的最大障碍不是资本的缺乏吗？为何要再鼓励消费呢？鼓励消费只会促进市面萧条，不会繁荣。其理至显。或者说，节衣缩食，努力生产，是苏俄的思想；纵欲挥霍，鼓励消费是英美的思想。当此举国上下联合防共之时，理应排除苏俄思想，而拥护消费救国主义。假如这话是真，那又是另一问题，不在本文范国之内了。

总之，繁荣社会，无论在英美，或在中俄，在百年之前或在今日鼓励消费断不是合理的办法。西施蒙第和考夫林的主张最后的分析实不是鼓励消费乃是改善分配，使一部分无购买力者有购买的能力而已。所以在产业发达部分的生产过剩国家，如现在的英美，应注重分配的公允，使社会中各阶级分子，各获取其生产价值的适当的酬劳，以交换他人的产品。在产业落后，生产不足的国家，如前几年的苏俄和现在的中国，应注重资本的积储以努力生产。积储资本的要件是加勤生产的工作，节约不必需的消费。国民少一文钱的浪费，民族便多一文钱的资本；国民少一小时的无益娱乐，或阔人少雇一点钟冶游的使役，工场中便可多一小时的生产劳动。既不能加勤生产，而又促进消费，“蜡烛两头燃”，眼看民族生命不久就会化为灰烬。假如我们甘愿化为灰烬也罢。不然，生产救国呢？消费救国呢？

（《大公报·经济周刊》第 161 期，1936 年 04 月 15 日）

中国国民经济建设的出路①

吴 知

（一）中国的民生问题

去年蒋院长发表文字说："国民经济建设运动者，以建设国民经济即解决民生问题为目的。"又说"国民经济建设运动之本位，则为国民也，其对象则为民生也。"所以要确立国民经济建设的路线，应先认识现阶段的中国民生问题。

国民经济建设既以国民为本位，民生为对象，请看今日中国大多数国民——农民——的生计是什么情形。据翁文灏先生说：中国因地理的限制，大多数地方不适合人类生活或不能容纳多人口，中国人民，不得不集中在很少数几个地方：（一）中原区（白河、黄河及淮河平原），（二）扬子江中下流平原，（三）以上平原附近的丘陵地，（四）浙闽粤东南沿海区，（五）四川盆地。以上五个区域总算起来面积七十万方哩，占全国百分之十七弱，而人口则有三万五千万，占全国百分之八十三强，密度总平均每方哩多至五百八，远在日本、德国以上，与荷兰相近，而其中的中原区与扬子区人口之多，且远在世界各国中人口密度最高的英国和比国之上。若照以上人口密度及一方哩约四千亩计算，那末每人可以分到的土地面积，中原区每人得六亩，扬子区每人得四亩七分，丘陵区及东南沿海区每人得十一亩，四川盆地每人得六亩半，总平均每人得六亩半（至于每人分得亩数较多的区域，并不是那边的人民较富而是因为那边的土地不好）。而且事实上每人分得的土地，还不尽是可以耕种的，因为上列地亩内还包

①自从去年蒋院长发起国民经济建设运动以来，全国风从，纷纷研究。最近公布《国民经济建设运动会总章》，成立国民经济运动委员会总会，在蒋院长领导之下，积极进行，这真是民族经济复兴一大机运。时贤讨论国民经济建设问题的很多，然愚以为国民经济建设，经纬万端，若没有一个确定的中心思想或目标，来指导今后进行的方向，就好像一个团体没有一个领袖，决难收精力集中、动作和谐迅赴事功之效。著者不敏，愿借此机会，提出这个中心的问题，与国人一商讨之。著者附识。

括不少的山峦、江湖、第宅、道路等面积，若专从耕地计算，每人分得的田产，大约只得三亩田地（《独立评论》第三期）。

又据主计处的统计，中国农民平均每户所有耕地，只二十一亩，若以每户五口计算，则每人只分得四亩。

若照翁先生的估计和主计处的统计，大多数人民，每人只分得三四亩的田地，而一切衣食生活，都要取给于是，任你谈“计口授田，平分田产”，地亩是不会多长些出来。任你谈如何改良农业，以一亩地能出产二亩地的东西，即一亩地能变为二亩地，每人分得的也不过是七八亩地，终久是不够维持生活的。据专家的说法，一个农民要维持他适当的生活，大约要六英亩或四十华亩的耕地，依此为准，则中国耕地面积所能维持的人口数，早已远超过了饱和点了。

振兴农业之外，有些人鉴于中国本部各省，大都已感到人满之患，人民生计困难，所以又主张移民垦殖边荒区域，以解决人口的压迫。从前东三省是华北人口过剩的尾闾，但自九一八后，东北失陷，中国移民已受极严厉的限制。近人虽群说开发西北，须知西北地面虽大，然因气候雨量地质等关系，用力多而成功小，不堪维持很多的人口，据翁文灏先生估计，至多只能加二千万人，仍旧不能根本解决中国的人口问题。

总之中国是地少人多，大多数人又从事农业，农场过小，劳力有余而田不足，故效率低而收益少，焉得而不“穷”？若遇水旱之灾意外之变，更是民不聊生，树皮草根，尽是果腹资料，世界上真找不出比中国更穷的国民，这种“穷”的现象及其原因，是一切谈中国国民经济建设的人所最不应忽略的。

（二）中国需要工业化的理由

蒋院长说“国民经济建设运动为民生的，生产的”。他又提出国民经济建设运动的目标是“增加生产总量，解决生活需要”，要解决民生问题，必先增加生产，这无可疑义的。但我相信中国要增加生产，并且要急剧地增加生产，只有走“工业化”这一条路，我这里所谓“工业化”的意思，就是以工业上最新巧的组织方法和技术来生产财富。又“工业化”不单指重工业基本化学工业等大规模工厂制的生产而说，对于若干日用品轻工业，在合作的原则下，毋宁在工业区以分散式的小规模制造为更有利。以下请述中国需要工业化的几个重要的理由。

世界上若干国家，因讲求工业化的结果，人民的生产力和财富，增加极速，生活程度也跟着提高了。以英国为例，一六八八年英国国富据 G.King 的估计为四千三百五十万镑，人口四百七十五万人（其中农民约占百分之九十），平均每人富力约九镑。一七六九年 A.Young 的估计英国国富是一万一千九百五十万镑，人口约八百六十万人（其中农民约占百分之四十二），平均每人富力为十四镑。一八一二年英国国富据 Colguhoun 估计是四万三千万镑，人口约一千万人（其中农民约占百分之三十五），平均每人富力约为四十三镑。一九二五年英国国富据 Ginc 的估计是二百四十二万万镑，人口约四千五百万人（其中农民还不到百分之十），平均每人富力约五百三十八镑。十七世纪以后的英国，因人口过密，其经济基础已经有从农业本位而移到工业本位的趋势。自一六八八到一七六九年共八十一年的时间，英国国富约增二.八倍，平均每人富力约增百分之五十五，这时期英国工业渐渐抬头，农民百分比逐渐减少，不过那时还是手工业时代，所以财富增加不多。一七七〇年到一八一二年只四十二年的时间，英国国富又增加了三.六倍，每人富力约增三倍，这时期英国纺织机器发明，工业增加发达，富力自然也猛增。总计从一六八八到一八一二共一百二十三年之间，英国国富增加了约十倍，但自一八一三到一九二五年共一百十二年之间，因纺织业以外的其他工业，先后都已完成工厂制度，生产事业都工业化了，英国国富竟增加了五十六倍强之多，平均每五年国富增加一倍，即平均每人富力，亦约增十二.五倍，这最值得我们注意的。再看今日世界上最富的国民，也就是工业化极盛的国家。例如美国平均每人富力约六千六百元，一年收入得一千三百元，比国每人富力约三千元，荷兰每人富力约二千六百元，法国每人富力约二千五百元，一年收入约五百五十元，德国每人富力约一千二百元，一年收入约四百元，意国每人富力约一千一百元，一年收入约二百六十元，日本每人富力约一千七百元，一年收入约二百二十元，这就是一个很好的证明。中国人民每人的富力，据一九二二年英国每周经济杂志 Moody 氏的估计，约为一百元，或约八镑，和一六八八年的英国相仿，其农民占全人口的百分比也相仿，中国要增加财富，自非追随外国工业化的路不可。

立国于今日的世界，除草莽初开等殖民地外，殆无纯粹的“以农立国”者。而且农业之经济的特性，受自然的影响特别大，例如：农业为扩散性的事业，其对于一定面积的土地，所能使用取给的程度甚属有限，上不能利用天空，下不能利用地底，仅表面一二尺土，故农业的推广，惟有借地面上的扩张；农业的生产量不能如工业品之依市场需要变迁而自由控制，因农业上控制生产者主为天然势力，如雨水是否充足均匀，风雹、霜雪、病虫之害如何，这些因子，在在足以左右农产的收量；农时生产限于一定季节，制造业可以不分季节不分昼夜随业出货，农业则不能如此，各种农产因受气候的影响，其栽种及收获时期，均有一定，人力不能将其提前或移后，在冬季数月，农民常无所事事，劳力过剩，器具闲置，甚不经济；农业受土地面积及其生产力的限制甚显，一定面积之土地，只能出产一定量之收获，过此无论如何增加资本与劳力，不能使收量为相当的增加，也就是收益渐减的现象特别显著，所以农业经营，过于精细，倒反不利。农业因为有以上种种之经济的特性，故维持发展，辄受障碍，农业人民的生计，最易受天时地利的影响，至今日世界愈机械化，产业愈组织化，农业的缺点，也就愈加显著，与工商业相形之下，地位甚是脆弱，各国除为维持国内食粮与原料的自给等政治原因给农业以特殊的奖助外，恐没有以纯经济的原因而主张“以农立国”的。

农业是具有自给性的，我们相当承认。农业的生产物可以供食用，可以作衣料，故业农者可以自生产之，自消费之，纵不与他人交易，也能生活。这在从前是可以的，但今世交通发达，势不能再闭门自守，且人类生活欲望只有日趋繁复，决不能由繁复而回到简单，因此交易不能没有，且必日益繁多。中国内地农民，非不羡慕繁华的都市生活，农民家中和身上，我们可以寻出许多近代的工业品。从前农民们以农业品换农业品，还觉公平，但以农业品换工业品，其交换条件就非常不利。工业先进的外国，能以少量的工业品换取我们多量的农业品，所以人富而我贫，这是最浅显的例子。中国天然物资甚富，假使因工业发达而若干重要工业品不必再仰给于外国，那末单是布匹一项，一年就可以塞二三万万元的漏卮，若合其他重要工业而言，就不难变入超为出超。

中国农业由自给自足而渐被卷入国际市场，世界经济情形的变化，其影响辄深入于我国的农村。谈救济农村者固日日在呼吁改良农业增加生产，岂知农业的不能改良，生产的不能增加，亦有其经济的原因而非尽由于农民的无知识，科学的不进步。比如中国的农场与西洋各国的农场比较，大小相差甚远。中国最普通的农场面积仅约二十亩上下，美国最普通的农场约一千亩，两者相较，约差五十倍。又中国的耕地太碎散，一家所有的耕地，常常分成好几块，有时还散开得远。农场的太小和太碎散，都是阻碍利用机械和科学方法耗费时间和劳力的最大原因。所以谈改良农业者，常不期然而推论到农场的扩大和农地的整理。换句话说，中国最紧要的农业问题，非仅为耕者“有”其田，而为如何使耕者“多”其田，若只求土地所有权的平均，则农家每户所得，不过二十余亩，同为不便耕种不经济的过小农场，有何利益可言？又农场过小，即土地重划也难于实行。但如何才能扩大农场呢？前面说过，移民垦殖的希望不大，所以唯一的出路就是发达工业，以消纳过剩的农业人口，农业户口既少，平均每户得的土地自然增多了。

发展工业能使有限的土地容纳过密的人口，这也是事实所证明的。世界上人口最密的地方，常常是工业化最盛的地方，而且工业发展，还常常是一国人口增加的主因。比利时人口密度每方英里为六九九人，荷兰为六一一人，英国（英格兰、苏格兰、威尔斯、北爱尔兰）为五〇五人，日本（本部）为四三三人，德国为三六一人，这些地方都是工业化很盛的地方。日本本国的面积不过十四万八千方英里（或约三十八万方公里），其中耕地面积只占百分之十五，在明治维新以来，日本人口已达饱和状态，经长时期没有增加。明治维新以后六十年，日本人口忽增加一倍，即自一八七一至一九三二年的六十年间，人口从三四.八一〇.〇〇〇增至六六.三〇〇.〇〇〇人，其间又可以分做两个时期，即一八七一至十九世纪末三十年间，日本人口增加不过九百万人，但从一九〇〇至一九三〇年第二个三十年期间，则增二千万人。这时期日本因工商业发达财富增加的结果，实际上人民生活倒比从前富裕，易言之，财富增加超过人口增加的比率。所以考察人口增加原因之后，洪思齐先生的结论是“农业的进步均非日本人口增加的最重要原素。……日本人口增加的最重要条件乃工业劳动力需要的增加”（见《独立评论》第一七九号）。今日中国所受人口问题的压迫，是无可讳言的，本部各省的人口密度，不亚于比英日德等国，移民垦荒和农业改良，固然可以解决一部分压迫，但究竟不是最有效而根本的解决办法，所以我以为真正的解决，非步英日德比等国的后尘而实行工业化不可，这是根据前述的理由和事实而应得的结论。至于以工业区域的集中生产可以控制全国经济，促进统一应，付战时生产等政治军事的理由，以不在经济范围，兹不俱论。

（三）农业之工业化的需要

上面说中国国民经济建设的大道，非步欧美的后尘趋向工业化不可。再进一步言，非特制造业要尽量工业化，就是农业也要尽量工业化。农业乃食粮及工业原料品生产事业的一种，近来已由自给自足而变为企业化。故中国为维持发展农业及求得丰富而价廉的食粮和原料品起见，农业也非依工业的组织和方法充分利用科学和机器的力量而工业化不可。要知道现在的主要农产品和食粮，其市场和价格已经世界化了。中国面粉厂所用的小麦，大部分要采自几千万里以外的澳洲、加拿大、美国、南美、苏俄等国，这是什么原故呢？因为那些国家的小麦生产，是利用科学机器的力量而工业化了，他们一个人利用机器的力量，可以抵我们几百几十人用手的力量，产量多而费用少，出品优良而标准化，所以能供购买者凭样本随时大宗地采办，能从几千万里以外运来而价格还比中国的麦子便宜，这就值得我国产麦者猛省了！美国以十分之一的人口从事农业，自给之外，每年还可以输出多量的棉麦，中国以半数以上的人口从事农业还不能自给，就在农业的工业化与否。中国的农民还能凭过去几千年的生产方法而永久立足于今日国际的竞争场中吗？

或有人问农业而工业化，以机力代替人力，中国农民的失业不是更加重了么？我的答案是：我们不应为谋维持大多数人民过饥饿线以下的生活而不接受近代科学和机器赐给我们的恩惠。达尔文在他的《物种起源》一书内曾说：人类具有伟大的能力以应付新的生活条件，发明武器、器具及获得食物与保护自己的工具，至于低等动物，遇到生活条件有剧烈变更时，则必改变自身的构造，才得生存。机器的发明，是近代人类技术发展的最高点，人类借科学机器而增加了千百倍的生产力，作了人类原先所不能作的事情，除非是自甘于“低等动物”之流，我们不能不承认科学和机器是人类社会进化的表征，是人类征服自然最良最伟大的力量。至于今日有少数资本家操纵机器以为他们榨取多数劳动者血汗的利器，这是社会进化的病态，和机器能够增加人类的生产力这句话是两件事，不可混为一谈（如何防止资本家剥削劳动者，不在本文讨论范围）。那末农业工业化后，是不是任大多数的农民失业呢？不，他们的出路就是工业及其他辅助生产的事业。工业发达后，中国正需用大量的人才呢，日本就是一个例子。

又有人问，在各国厉行输入限制的今日，中国工业品的销路，必然大部限于国内，但中国人民的四分之三是从事农业的，不先培植农民的购买力，工业化从何建立起来？我以为工农是有密切关系的，发展工业，正所以复兴农业。因为即使农业生产迅速发展了，苟没有发达的工业相辅而行，那末农产虽多，而它的边际效用很低，价格必定也很低。美国因棉麦过多，无法销售，竟不惜加以销毁，以抬高价格增加农民的收入，我国也有“谷贱伤农”“丰收成灾”的老话，所以农民的购买力，能否单因农村复兴而有所增进，还是疑问。倘使工业同时发展，那末农产品的需要和用途多，其边际效用高，价值必涨。譬如米专供煮饭，效用就有限，若把它酿酒制饼或作为其他工业品的原料，米的用途变化多，需要增加，米价也就增涨。又如麦茎而只作原料，它的效用就很小，但如能把它编作草帽辫，麦茎的效用增加，价值也就大大的增高了。价值增加，也就是财富增加，因为财富不外价值，而价值又决定于边际效用。农产物用途的变化，多属于工业范围，所以要增加农产品的需要以增加农民的购买力，非同时发展工业不可。中国工业化的结果，正不必虑农民购买力的不能增加。

（四）中国工业化的条件

我们既认清国民经济建设的目的是解决民生问题，解决民生问题必需促进国民生产，增加生产必需讲求工业化，敌人现正想尽方法不欲我工产化，则国人应如何方才能“自力更生”而达到工业化的目的？所以现在要研究工业化的条件。

达到工业化的条件，可分主体的与客体的两方面：主体的条件是迅速培植生产建设所需要的资本和技术人才，讲究科学管理及生产统制；客体的条件是造成与生产发展有益的各种环境，和排除与生产发展有害的一切障碍，下面分开来说。

生产的要素不外乎土地，资本，劳力和管理。土地资源是天赋的，中国现在也不怕劳力缺乏而患过剩，所以土地和劳力这两项暂不置论。“资本”是发展生产的重要原素。资本是生产超过消费的剩余物资而投之于再生产的意思，所以资本是一点一滴地辛苦积下的，既不能从天上掉下，也不必妄想依赖外国（即今日中国的国际地位，也不容依赖外国），唯一储积资本的办法，只有就自己生产力范围以内，撙节消费，不必需的消费，能节省一文是一文（特别是洋货），把剩余的物资，投之于再生产，自然愈来愈富。若自己不能经营生产事业，也应该把它存放可靠的银行，代你投资，切不可窖藏晦盗或放到外国银行去。我们为民族国家着想，强迫储蓄统制消费，或为事实所不许，但征收浪费捐，对浪费物质的民族罪人，加以一种捐税或惩罚，我们是应该提倡的。又资本不单指金钱，金钱不过是测量资本的代表，凡供生产劳力所需的生活资料及机器、房屋、车辆、船舶、道路、码头等生产工具，都是资本，缺一不可，不过机器是现在我们最需要的资本罢了（其需要的程度，当然依其能增加生产力的大小而定）。实业部长吴鼎昌先生说：“穿得少、吃得少、住得少，拿多的材料去换外国的生产机器；吃得坏、穿得坏、住得坏，拿好的材料去换外国的生产机器，这是苏俄在国难中复兴的妙诀，这就是苏俄两个五年计划成功的秘方。”吴先生又教我们两个简便的办法：“生产工具欢迎外国货，消费物品专用国产”，我想同胞都应当服膺的。

单有生产的资本而无生产的人才和技术，还是不行，所以我们除储积资本外，还要积极普遍推行生产的教育与训练，培植工业化所需要的各种人才，救济失业的有用青年。如果说“新生活运动”是大众的人格教育，那末“新经济运动”应该是大众的“生产教育”。当初张之洞等创办新实业，只知请二三路角色的外国技师，不懂自己培植人才以树百年大计的切要，派几个留学生，还以为回国后可以做官为鼓励，以往的覆辙，决不可再蹈。但今日大学毕业生失业的比比皆是，又是什么原故呢？考选制度没有确立，处处借人情的汲引，志高者没由上进，固然是极大的原因，然而学校功课的不切实际，“学优则仕”的做官心理未能铲除，许多学生出校后，游戏、装饰、开会、演讲、写写文章，都优为之，但除此以外，既不能耕，又不能作，一切都要别人生产现成的东西来供养他，甚至连供给他衣食所需的劳苦大众也瞧不起，这种教育，除承认失败外无别话可说。为祛除士大夫阶级的懒病和轻视劳动的习性，学生们自小就应该练习做工，养成生产劳动的习惯。蒋院长提倡的征工制度，及对成人实施生产劳动的教育，用意极好，不过我以为对于士大夫阶级，尤其应当严厉执行才好。

我们有了资本和人才，还要讲求科学管理和生产统制。科学管理是就一个企业说的，生产统制是就整个产业说的，两者密切的关系。科学管理之首先产生于资本主义的美国，乃偶然之事，许多人误会科学管理是资本家加紧剥削劳工的方法，这是绝大的错误。科学管理的最大目的是增进工作兴趣与效能，以增加劳资的报酬或利益，所以工业管理的应该科学化，乃是不易之理，资本主义的国家是如此，社会主义的苏俄，又何尝不是如此。所谓生产统制，也就是“产业的合理化”。最重要的：第一，我们要建设一个工业化系统的中心，就是迅速完成钢、铁、机器制造、煤、煤油等重工业，水力、电气等动力工业，以及三酸、酒精等基本化学工业，以奠定我国工业化的基础。这些工业，需要国家通盘筹划以整个力量来担当，非私人能力所及，关于这点，苏俄的榜样是值得注意的。第二，为“使各种人力与生产要素为全盘适当的配置，使为有效之发挥”，非统制产业不可，欧战后德国首先行之有效，是值得我们注意的。因为在缺乏统制的状态下，各种产业常常不能健全发展，其畸形发达者又常发生不正当的竞争而造自相残杀的局面，这是多么不幸的事。为使我们有限宝贵的资本和人才为最健全适当的配置，互相合作，发挥最大的效能起见，只有通盘打算，实行生产统制。

所谓客体的条件，又可分为两类。第一，造成与生产发展有益的各种环境，重要的如：维护国家统一，保障和平秩序；改良农业开发矿产，谋原料的自给；健全货币金融制度，促进全国交通运输，以利货物的交易流通；指导奖励私人企业，保障投资与储蓄安全，协调劳资双方利益；提倡推行国货，节约消费外货及发展国外贸易等等。第二，排除与生产发展有害的各种障碍，重要的如：清除盗匪，彻底废除一切病民税制，调解劳资纠纷，及解除一切与生产发展有害之心理的物质的因素，因篇幅关系，不能详论。

（五）结论

总上所言，今日中国因地理的限制，人口过于稠密，农业发展，也受了很大的阻碍，劳力多而受益少，民生穷苦，已岌岌不可终日。蒋院长发起的国民经济建设运动，就是增加国民财富生产、解决民生问题的运动。然我以为中国苟欲建设新的国民经济，增加生产，应以工业化这条路为鹄的，集中精力，向此迈进，才有成功的希望。因为国民经济建设，经纬万端，必定有一个中心思想或目标，指导进行，正如团体运动，必定有一个领袖，否则舍本逐末！缓其所急，工作既失其重心，力量自不免分散，怎能迅速达到成功的目的呢？我们从理论上、事实上推论，只有工业化才是中国国民经济建设成功的一条大道，以其能急剧增加财富的生产，解决人多地少的问题。非特制造业要尽量工业化，就是农业也要尽量工业化，方能维持及发展。国民经济建设中心目标既经确立，则此外一切设施，都有了一个头脑和归宿，然后分别其先后缓急之序，主客本末之位，庶几动作协和，力量集中，完成国民经济建设以解决民生问题的目的，不难迅速达到。这个进行路线的确立，是一种运动开始时所应有的，国民经济建设运动负责诸公幸三致意焉。

（《大公报·经济周刊》第 174 期，1936 年 07 月 15 日）

利用外资问题之过去与将来

杨学通

（一）引言

利用外资问题，非始于今日，清末曾借外债以采矿筑路，民国以来，借用外债更司空见惯。孙中山先生之实业计划，曾以利用欧洲资本，投置生产事业，利用国外技术为复兴中国经济之要图。国民政府成立后，第二百二十二次中央政治会议，依据国民党第四届中央执行委员会第一次全体会议议决利用外资原则，亦决定利用外资之方式及范围。一九三〇年国联技术经济合作以来，利用外资之呼声，尤觉尘上。去年三月间中日经济提携声浪发生，传有日本贷华二万万元日金之拟议。同时，英美二国发起国际对华贷款。上海投资家沙逊爵士发表以英镑借款为根据在上海发行镑券。五六月间美国组织“远东经济考察团”，由福勃斯率领，来华及日本调查经济情状，返国后编制报告书，力主“美国对华须积极合作并充分投资”。九月间英国财政部首席经济顾问李兹罗斯爵士来华考察经济财政，中途曾访问日本，最大任务无非整理旧债，接洽新债，闻已具端倪，如最近我国币制之改革，广东钢铁厂之投资，可资例证。最近陈光甫先生将由美归国，风闻美政府根据福勃斯之建议，亦有借款与中国之拟议。故利用外资一问题，在目前中国弥觉其重要也。

（二）外资入华之阶段

外资输入中国之过程，粗分之可为五阶段，第一期自一八四二年《中英南京条约》起至一九一〇年止。此期中各国在华设立银行，并划定势力范围以为垄断，一八九三年中日战争我国失败，弱点暴露无余，各国在华抢夺，亦益显著。故自一八九三至一九〇〇庚子之变七年中，中国负外债凡十二万万两。条件极为苛刻，多以关税及厘金为担保。外国并强制管理税收并获得矿山开采经营权及铁路敷设管理权。当时俄国势力最大，有南下中原打破均势之概，各国嫉之，遂促成英日同盟，并引起日俄战争。

日俄战后，日本为战胜国，因继承俄国在华之势力。各国对华经济侵略中，日本遂占重要地位。

第二期自一九一一年辛亥革命起至一九一三年欧洲大战止。此期中国鉴于日本以蕞尔小邦战胜帝俄，受有相当刺激而有收回利权运动。故各国放弃势力范围之政策，而结成联合战线，改用协调之投资政策。最初为英法两国之借款，其后加入德国，成为三国借款团，一九一一加入美国，成为四国银行团，如川粤汉铁路，以及币制实业借款的一万万元，皆由四国银团承办。一九一二年四国银行团复附条件加入日俄二国，改为六国银行团。独占对华借款之交涉。一九一三年美国政府更迭，新总统威尔逊以六国银行团所提条件，有损中国独立，遂退出，而为五国银行团（一九一三年三月）。四月即与北京政府成立善后大借款总额二万五千万元，以盐税为担保，并允许外人设盐务稽核所，整理中国盐税，同时各国要求中国设外债部，以二外人为顾问监理外债用途。至欧战为止，袁世凯复与英法日德俄五国单独成立铁路借款八万三千余万元，失去海兰、同成、浦信、广、汉、钦渝、吉、津、四洮、长洮、洮热等路之敷设权。

第三期自一九一四起至一九一八年止，此时欧战正烈，各国无暇东顾，遂为日本独占时期，一九一六年段政府之西原借款一万四千万元，至今成为争辩之点。加其他对日借款，共达四万六千万元，致复引起列强嫉妒。

第四期自欧战停止起至一九二八年止，各国复改独占为国际协调。初由美国倡议，请英法日等参加，而组四国银行团。该团成立后，适值段政府下台，人民亦嫌其条件过苛，始终不承认新银团之组织，亦未借过任何借款，一九二四年遂宣布解体，此后一九二五年订立中法美金及中意美金借款六千余万美金元，以庚款为担保。又订立无担保之杂借款二十余种，铁道借款五六种。

国民政府成立以后，一改借用外债而以发行内债为弥补财政不足之办法。故截至今日止，除一九二八年中比美金借款五百万美金（庚款担保），一九三三年中美棉麦借款五千万美金，后改为二千万美金以统税作担保。及一九三四年六厘英金庚款公债一百五十万镑，以作粤汉接铁路之用。此外并无其他外债可举。唯至民国二十四年底止，有担保之外债凡三十七种，其中财政部经营十五种：以关税为担保者五种，盐税五种，其他五种，庚子赔款一种；铁道部经管者十五种；交通部经管者七种，连其他无担保外债计之，共约二十五万万元至三十万万元。

综观上述，可知外资在华之活动已有七十年之历史，初为散兵线，后为联合线及散兵线错综互用。目的在经济之侵略，而非助我国民经济之发展。

一九三〇年国联技术合作之声复炽以来，国联对华贷款又在激烈酝酿之中。条件尚较平允，成功与否，当视列强之诚意而定，吾人则须反躬自问，有否借用外资之必要。

（三）利用外资之必要

我国号称以农立国，农民占全国人口百分之七十五以上，农业生产占全国总生产百分之九十以上，不待赘述。然检阅国际贸易情形，诚使吾人惊愕。今以民国廿四年为例，米谷进口一千一二百万公担，合国币八千九百六十余万元；小麦进口五百余万公担，合国币三千四百九十万元；麦粉五十余万公担，约国币六百余万元，糖品约三百万公担，合国币二千七百万元；棉花五十余万公担，合国币四千万元；只以米、麦、麦粉、棉花、糖品五种而论，进口总量达二万〇六百六十余万元，占总入口量百分之二二.三；占全年入超额三万四千三百万元中百分之六三.一二。至我国土地方面，据民国二十一年之统计，全国共有农地一，三三二兆亩，农民六〇兆户。平均每人不过二.四亩，与美国每人平均三.六英亩相比，仅当其九分之一，殊不足维持其生活。然据倍克氏之估计，全国可耕地凡七百兆英亩，已耕者不过百八十兆英亩，仅合百分之二六。故为全国之足衣足食，及解除农民痛苦起见，当以开垦未利用荒地为第一要务。设每户予以四十亩（每人合四.五亩），则尚须地一一七兆亩，设每亩开垦费五元，共需五，八四〇，〇〇〇，〇〇〇元，此为经济建设之基本工作，非此不足以语国家经济最低限度之自给自足也。

振兴原始产业之余，尚须使各种企业工业化现代化，始能与各国国民在同一之水准。故生产力之增加，亦为最切之需要，依最近之调查，全国人口凡四万二千三百余万，设每百人予以马力五匹，须马力二一一，五〇〇，〇〇〇匹，每匹马力以三百五十元计之，共需七，四〇二，五〇〇，〇〇〇元。美国平均每百人有马力十九匹，法国平均每百人十一匹，美法二国皆农工并重国家，因马力充足，故生产力强大，而我国每百人须有马力五匹，似不可再少。

交通不便，亦为我国经济发展之最大障碍。譬之湖南产米每担不过三元，运至上海则须十元以上；虽铁路之粮食运费已减低，但米区距铁路站甚远，仍须借牲畜之力运输。故使地尽其利货畅其流，非多筑铁路不可。今日我国公私铁路合计，不过九，六一二公里。孙中山先生《建国方略》物质建设一项，对交通方面特别注意，计划筑铁路十万英里，尚须增筑九倍，但就目前需要，每省最少须纵横各一干线及四五支线，即最少须就现在里数，增筑四倍，合三八，四四八公里。我国标准铁路如北宁、津浦、平汉等建筑费连机车、车辆、机场在内，每公里约须十万元。准此以计，须银三，八四四，八〇〇，〇〇〇元。与上述开垦费、动力费合计须一七，〇八七，四〇〇，〇〇〇元。此数虽系从低估计，亦为我国财力所不逮。据最近发表财政部之民国二十五年全国收支概算，并实业、交通、建设国有营业资本合计为一五九，〇二三，八三一元，当全国总支出百分之十五.六六。但此数目多为行政机关之维持费用，实际用于建设者甚少，即全用之于建设，亦不足上述需要百分之一。故此种建设经费，非赖举债不可。内债取之于人民储蓄，为财政学上最合理之原则，唯自国民政府成立以来，发行有确实担保之内债已十八种，现负达十八万万元，今日人民似再无消化能力。且废除苛杂以后，各省每发行省公债，以求收支适合，此亦足减少人民吸收公债之能力。求国民经济之复兴而仅本身之储积，距成功实过渺远，故不妨效法美俄两国之前例，在平等互制不损主权之条件下，借用外资，将来以经营盈利，再分批偿还为经济也。

（四）利用外资之方式

利用外资之方式，依其性质可分下述三种：

甲、借款或发行公债。外人只居债权人之地位，其资金则由我国自由运用，战前之美国及战后之德国、土耳其，皆曾采用此方式。德国战前本为债权国家，国外投资凡六十万万美元。大战以后，生产工具半被摧毁，而赔款急如星火，必须偿付，故德人于万分痛苦中，自英美等国借入资本，重建货币金融制度，偿付赔款，并振兴工业，提高生产效率，以输出代赔款之一部，总计自一九二四至一九三一数年中，德国借入短期债务一，二〇〇百万美元，长期债务一，九〇〇百万美元，而付出赔款二，四〇〇百万美元。英美两国嫉法国在欧陆势力之极度膨胀，遂于经济方面，尽力援助德国，德国因得复苏，而使今日希特勒有叱咤风云之气概。土耳其在凯末尔将军领导下之铁路建设，大半由财部向外国铁路公司发行债券，由该公司投标承造，而由土耳其国家监理，用偿债基金方法，每年政府由公共建筑费用项内提出一部，逐渐收回。

乙、中外合资经营。即外人供给相当资本，可居股东地位。此种合资经营，我国殊多先例，如过去之中日汉冶萍公司，中俄之中东铁路，今日之中英开滦煤矿，中美之航空公司等均是。唯此种合资实权皆操诸外人，中国每不能过问耳。

丙、为特许或租赁。外人在我国法律范围内，得完全使用其资本与技术经营事业，规定年限，期内负训练中国人才责任，期满则将产权无偿地交还中国。

苏俄实行新经济政策后，曾采用此方式以利用外资并国外技术，颇著效果。即外人得以租赁名义，向俄国政府请求经营某种企业，以若干年为期，期中向苏俄政府交纳租金，期满无代价由苏俄政府收回。普通制造业之特许期限为十年至十五年之间，矿业最长者达五十年。于一定租金之外，如经营发达，尚有超利得（Excess Profit Tax）之征收。各种特许企业之技术，设备，及经营等，苏俄政府有完全之监督权。

上述三种方式中，第二种之合资，依过去经验，其管理完全为外人操纵，华董事只贪图微利，或则尸位素餐，经营之方针鲜能过问。政府对此管理亦多困难。且营业发展，则外人恋而不舍，期满，抗不交还，如开滦煤矿；成绩不好，外人又视如敝屣，强欲退股，如中德合办之山东临城煤矿，亏蚀后德人以转售日本为要挟，政府不得不令人民集资，忍痛收回。故此种方式每为外人所利用，对我国经济之建设，未见得收若何之效也。

第三种方式以企业租诸外人，定期年限，期满无条件收回，既可利用先进国之资本与技术，开发本国实业，复于满期之时，将外人经营之企业无偿收回，坐收经济建设之利；且可斟酌情形，损益其租金，寓取缔与奖励于无形之中，学习其现代化之生产技术，以为推广之张本，似乎法良意美。唯特许企业，多为公用事业或半公用事业，如电力、电灯、自来水等，设此种事业为外国租赁，以外国之丰厚资本及精密技术，在我国极易成垄断局面，而成尾大不掉之势。于我国经济前途，危险极大，再若特许国与被特许国强弱悬殊，则政治侵略将从特许以俱来，埃及、波斯、土耳其、墨西哥，皆其先例。凡此诸端，吾人皆须考虑者也。

至借款方式，虽向国外借款，实属自己经营，最大可予外人相当之检察权，利权无损失之虞；而于每年营业余利中，分批偿还，最后一年不致有负担过重之弊。故利用外资三种方式中，当以此为最佳形态。合资及特许，皆有被外资利用之危险，引用时不可不慎者也。

（五）利用外资之原则

利用外资之最大原则，为孙中山先生实业计划中所规定之平等与互惠；即在不妨碍中国主权及行政范围内，可尽量利用外国资本与技术，俾双方各得其利。请详言之：

甲、不损国家主权。我国自借外债以来，主权迭有损失：如矿山之采掘权、经营权，铁路之敷设权、管理权，租税之自主权（如关税、盐税等因作外债担保而由外人管理），财政之支配权（如关于外债之用途，须请外人为顾问），训至独立国家之尊严，亦被破坏，如善后大借款，债权国强制我国今后无论何种借款，其条件不能优于该借款，或与该借款为同一之条件。且因势力范围之圈定，我国实质上无异瓜分。故吾人为惩前毖后，此后举借外债，除给相当之检察权，及在某种限度内购买债权国之产品外，主权绝对不可略有损失。一切国家及地方之租税，不能作外债之担保品，一切国家之行政及事业之经营及管理，不能因举借外债而稍受束缚，至国家之富源，更不可以为举借外债之交换条件。他如举借外债中国必须居主动之地位，不可被动。中国之技术及材料，亦须有优先之使用权。

乙、用于生产事业。借入之外债，将来偿还时须加付利息，必较原额为大。故其使用应以生产事业为限，而以获得之正当利益，偿付本息，不可徒作消费之用，庶债信可以维持。此种资金，亦不得因临时财政之危难而挪用，如清末之币制实业借款一万万元，袁世凯政府之铁路借款八万万余元，殊少供整理币制振兴实业及建筑铁路之用；即民国二十二年之棉麦借款美金二千万元，虽事先有政府决定其用途，后由全国经济委员会司其事，然除投诸西北水利者数百万，放于合作社二百余万，其余东分西散，不知所终，凡此皆应引为殷鉴者也。

丙、预有全盘计划。曩者我国举债，全无通盘计划，皆款项借到后，方决定用途。故距今日修一条铁路，明日开一矿山，后日办一工厂，支离片段，殊少成效可期。此后应将发展生产事业之整个具体计划，公布于世，然后再举借外债，将来既有所遵循，外人亦必乐于贷放也。

丁、遵守中国法律。外人在华之投资，以领事裁判权等不平等条约为护符，对工人任意苛虐，对工时任意延长，偶有纠纷，华人鲜能得平。故此后利用外资尤以合资及特许二方式为然——必须遵守中国法律，领事裁判权自不能适用，政府且应积极监督。

戊、利用专门人才。资本与技术，在生产上的重要无所轩轾。我国技术人才缺乏，故于利用外资时，须同时利用外国人才以增高生产效率。苏俄五年计划之成功，固由政府人民之努力，但德、法、英、美、荷兰、瑞士、日本诸国七千以上专门人才之功劳，亦未可泯灭。唯我国利用外国技术人才时，有注意之点五：（一）不能使其职权超过其技术范围之外，即不能使之喧宾夺主，在其技术外有所活动；（二）只为聘请关系，不合时得以解聘；（三）得负责训练我国技术人才，俾将来承继其乏；（四）所聘请者须为学识优长经验宏富之真的技术专家，不可冒昧迷信：如民国二十一年一月全国经济委员会曾请求国联代聘高德（伦敦土木工程学会会员）及潘利尔（巴黎道路桥梁总视察员）二君来华协办导淮，研究港务、华北水利诸问题，似非其所长也；（五）技术人才须在华勾留相当之时期，俾认识我国情形，如民二十一年三月国联委经济组及财政组夏龙君来华仅六星期，时间亦嫌过短。

此外在借款之方式下，其管理权必属中国，在相当限度内可予债权人以稽核之权；期限应以长期为主，庶可分批归还。如为合资，则我国须有过半数之股权，董事应占多数，董事长及总经理亦应由国人充任，以免外人之跋扈，必要时则我国得备价收回。在特许之企业，必须无垄断性质，且我国政府有绝对之监督权，特许之年限则可随事业性质而长短，未可过分拘泥也。

利率方面，不妨较其本国通行之利率稍高，以吸引各国资本家投资之兴趣；至我国过去之外债利率最低四厘，最高九厘，负担则觉过重。折扣方面，普通国际间不过九九，九八，最低不过九六；而我国外债普通为八五至九〇，最低为八一，按票面发行者则绝无仅有。此后举借外债，此处亦应注意也。

（六）外人直接投资问题

外人直接投资为外人利用其资本，直接经营，自设工厂，自办公司，对全部资产及工人，有完全支配权之谓，且以领事裁判权为护符，即中国官厅，亦未能过问。其法律根据，则以一八九四年之《中日马关条约》为嚆矢。当日本以战胜余威，强迫我国签订“日本臣民得在中国通商口岸城邑任便从事各种工艺制造，又得将各种机器任便装运进口，只交所定进口税”（第六条第四节）之条文。厥后其他各国，援最惠国之条款，在我国纷纷经营企业，其势力远较国外借款为大，兹根据瑞马教授（Prof. Remer）一九三一年之统计，组为下表：

各国对华投资额（单位：百万美元）								
种别	借 款			直 接 投 资			合计	
国别	数额	百分比		数额	百分比	对投资总额百分比	总额	百分比
英国	225.3	31.8	190	963.4	38.0	81.0	1,189.2	36.7
日本	224.1	31.5	19.7	912.8	36.0	80.3	1,136.9	35.1
俄国	——	——	——	273.2	10.8	100.0	273.2	8.4
美国	41.7	5.9	20.7	155.1	6.1	79.3	196.8	6.1
法国	97.4	13.7	50.6	95.0	3.8	49.4	192.4	5.9
德国	12.0	1.7	13.8	75.0	3.0	86.2	87.0	2.7
比国	48.0	6.8	53.9	41.0	1.6	46.1	89.0	2.7
其他	61.6	8.6	78.5	16.4	0.7	21.5	78.0	2.4
合计	710.6	100	21.9	2，531.9	100	78.1	3,242.50	100

依上表以观，则一九三一年各国对华投资三，二四三百万美元中，直接投资为二，五三二百万美元，占百分之七八；借款额不过七一一百万美元，占百分之二二，或当直接投资额百分之二八，可见外人直接投资之严重性也。其中英美最多，日本次之，俄美法德等国又次之。九一八以后日本势力膨胀，想必已跃居第一位，惟材料缺乏，未能加以分析耳，各国直接投资之用途，依瑞马教授一九三一年之计算，有如下表：

英、日、俄、美四国对华直接投资之分析（单位：百万美元）						
	英国	日本	俄国	美国	合计	百分比
运输事业	134.9	204.3	210.5	10.8	560.5	24.8
公用事业	48.2	15.4		35.2	99.0	4.4
矿业	19.3	87.5	2.1	0.1	109.0	4.8
制造业	173.4	165.6	12.8	20.5	372.3	16.5
金融业	115.6	73.8		25.3	214.7	9.5
地产业	202.3	73.0	32.5	8.5	316.3	14.0
进出口贸易	240.8	183.0	12.2	47.7	483.7	21.4
其他	28.9	71.3	3.1	2.1	105.4	4.6
合计	963.4	874.1	273.2	150.2	2,260.9	100.0

上表虽仅为英日美俄四国，但此数额已占外人直接投资总额十分之九，故其结果应极可靠。据表中所显示，外人投于运输业者最多，占百分之二四.八，其次为进出口贸易占百分之二一.四，再次为制造业占百分之一六.五，地产业占百分之一四，金融业占百分之九.五，矿业占百分之四.八，公用事业占百分之四.四，其他占百分之四.六。

外人直接投资对我国产业有最大之威胁：盖外人资力雄厚，管理得法，技术亦较高明，利用我贱价劳工及原料，且倚领事裁判权等不平等条约，尽力剥削我国劳工，劳工法无法干涉，故我国相同企业，殊不能与之竞争。请以棉纺织业为例：民国二十二年，中国厂数八九，日本厂数四一；锤数华厂占国内百分之五七.二，日厂占百分之三八.八；织机华厂占百分之四八.二，日厂占百分之四四.四；生产额之比率则棉纱华厂占百分之七一.四，日厂占百分之二四。七；棉布华厂占百分之四七.四，日厂占百分之四三.四。迨民国二十三年，华厂已增至九二，日厂未变；纺锤及织机华商皆有增加，然生产之比率棉纱华商为七一.二，较二十一年减百分之〇.二，日厂占百分之三五.三，较上年增百分之一〇.六；棉布华厂占百分之三八.五，较上年减百分之八〇.九，日厂占百分之五三.六，较上年增百分之一.二。其他面粉火柴等业，莫不如此。迩日人已有在四川设纱厂之计划，长此以往，我国工业将永无抬头之日，殊令人恨当时外交人员之昏也.

此外运输命脉——尤其水运——完全在外人手中，中国轮船公司船只吨数总计仅外商之四分之一，他如矿业金融业等，洋商亦占绝大势力。吾人非对此设法限制，遑论利用外资绝不可能而为外资所占利用，中国经济前途，亦无昭苏之望也。

（七）结论

综上所述，利用外资似为中国必然之命运。吾人必须根据上述原则妥为运用，以冀国民经济复兴。至前此因利用外资而丧权辱国，全为人谋之不臧，利用外资本身殊不能负其责任。埃及以利用外资而亡国，俄国以利用外资而完成其建设，利用外资本身固不能尸其咎承其功也。唯我国利用外资，尚有不少障碍：第一，中国币制现仍在不甚稳定之中，借款以外币计算，则我国负担风险甚大；以国币计算，外人恐不甘冒此风险。第二，我国产业政策，亦在动摇不定，何者国营，何者私有，尚无确切之规定，足以减少外人投资我国之勇气。第三，各国在华有所谓其势力范围，设以甲国资本在乙国势力范围下经营，或有扞格难行之虞。第四，外人在华直接投资，通行无阻，利益极有可观，据瑞马教授之统计，平均在百分之二二.五，故外国资本家，亦愿直接经营，而不欲贷诸我国。此种障碍不除，必予利用外资以相当之困难，故我国于解除障碍方面，亦应努力。总之，利用外资为我国必然之趋向，其本身则无是非美恶之区别，全在利用人之善于利用与否。故望我政府妥为措置，清廉自守，借入外资必有其正当之用途，不作为个人恩怨之消费，则国家经济前途，庶有豸乎。

（《大公报·经济周刊》第 176 期，1936 年 07 月 29 日）

中国合作事业推进机关之鸟瞰

黄肇兴

一、引言

合作事业推进机关，年来纷纷成立，至为广遍；良以中国合作运动之发展，系由上而下，各地合作事业能有今日，几无非各公私推进机关艰苦缔造之结果。职是之由，吾人欲知中国合作运动之现状为何如，则于主办各地合作事业之推进机关，似有先加以认识之必要。各地合作事业推进机关，以其功能分类，可分为合作行政机关、指导机关、训练机关及金融机关四类。唯各推进机关往往总揽此四类功能而兼有之，即不然，亦多兼具两种以上，是以按功能分类，恐界划不清，不易判析。今试按各机关之属性分类，分为政府机关及私人机关两大类，前者之下分中央机关与地方机关，后者之下分各类团体与商业银行。其有一机关而兼具二种属性者，则视其工作重心所在以为类归。兹试分述于后：

二、政府机关

甲、中央机关

中央机关按其所执行之功能分，有行政、指导、训练、金融及其他五类，兹分述之如下：

1. 行政。中央合作行政最高机关为实业部合作司。该司于民国二十四年十一月正式成立。司长一职借用中国华洋义赈救灾总会章元善先生兼任，其下设两科：第一科职掌总务登记等乏弹性之事项，第二科职掌计划促进等富弹性之事项。该司经费有限，人员无几，工作进行遂不得不视其缓急而为先后，目前唯一工作为全国合作社重行登记。当该司成立之初，行营主办剿匪区内各省合作事业，尚仍由行营管辖，迨今年四月已奉令移归该司办理，计有豫、鄂、皖、赣、闽、甘六省。虽实际犹待处理，究于行政统局之调整，不无裨益。现该司政令已能遍达各省矣。

2. 指导。全国经济委员会合作事业委员会，有中央合作指导机关之目的。该会于民国二十四年十月成立，至今年七月撤销。过去之组织，常务委员下设秘书处及技术、金融两股。合作基金三百万元，用以协助各省农贷及合作事业。此外于合作技术之协助及人才之训练，复为该会重要之任务，唯多与各方协力进行，甚少单独举办。于陕西、华北及湘、鄂、皖、赣四省皆有其事业，并与美国罗氏基金商定，于各省津贴合作研究员，以培育人才。讵该会忽于今年七月奉令撤销，所有合作事业移归实业部合作司办理，合作基金亦另由实业部组织农业合作基金保管委员会保管。合作事业委员会撤销，中央遂不复有合作指导机关之存在。

3. 训练。中央训练合作人才之机关有二：

（1）中央合作指导人员训练所。中央合作指导人员训练所，于民国二十四年，由中央党部组织委员会于活动费项下拨款设立，专以训练各级党部工作人员及党员之合作知识为目的。于同年五月开课。学员分研究班与训练班二级：前者由中央党部工作人员组成，共四十余人；后者由各省市县各级党部委员参加，共二千四百余人，普遍三十省市。研究班经过三月讲授于七月底结束。训练班因道途远阻采用函授办法，原定六个月之课程乃中途惜因政局关系，经费中断，遂未能完满结束。现该所已不复存在。

（2）合作学院。中央政治学校于民国二十四年七月设立合作学院，其目的在以造就合作事业高级指导人才以备推行中央合作之政策。今年一月开始第一届招生，由各省市保送经复试录取者二十三名，经直接考试录取者十九名，二月正式开课，修业年限定为三学期，每学期为四个月，外加实习二个月。课程关于合作者十二门，其他十五门。教授一人，余皆为兼任讲师。学生之待遇及训练与中央政治学校其他各学院同。

4. 金融。纯属合作金融体系之中央机关，迄今尚未之见。然国家银行，中国、交通及中国农民银行等，对于合作社之投资，为数甚巨。中国银行在总处有农村放款委员会之组织，在重要分支行处有合作视察员或指导员之设置，类皆罗聘合作专门人才以充其任。故该行于各地合作事业，除资金协助外，犹具有指导督促之功。交通银行殆亦等是。至于中国农民银行，则以其设立使命及历史之关系，对于合作放款尤为积极。盖放款于农民组织之合作社及合作社联合社为该行固定营业范围之一也。该行总行调查处负合作技术之设计，各分支行处均设有合作指导员，以专责成。行营主管之各省农村合作委员会，该行为其委员之一，故于各该省份放款特多。该行不但放款合作社，且随剿匪军士之进展，于收复区内，办理农赈，组织合作预备社，作将来成立正式合作社之基础。三行而外，实业部不久又将有农本局之设，农村合作放款亦为其组织章程中营业范围之一种。然则中央将多一合作放款机关矣。虽然，此等机关谓之为中央合作放款机关则可，谓之为合作金融体系中之中央机关，犹未逮也。

5. 其他。中央机关除上述行政、指导、训练、及金融各方面外，其他与推进合作事业关系密切者，犹复不少。中央国民经济计划委员会有合作组；行政院前有农村复兴委员会，现有国民经济设计委员会，对于合作事业有所设计；立法院今年四月由孙院长指定梁寒操等七立委负责农村合作之研究。全国经济委员会棉业统制委员会、蚕丝改良委员会，及祁门茶业改良委员会等，其任务虽非推进合作，然恒利用合作组织以达其统制或改良之目的，合作事业遂亦附骥而行，影响至大。此外中央统计处及中央农业实验所，先后于全国合作事业作普遍之调查，殆亦为当务之举也。

乙、地方机关

地方合作事业推进机关，以其管辖范围及其组织上之隶属，分为省际、省、市、县四类，述之如下：

1. 省际

华北农业合作事业委员会，管辖范围为冀、察两省。民国二十二年冀、察经长城战役，疮痍遍地，国府乃成立华北战区救济委员会，内设农赈组贷放农赈；翌年乃改组为合作事业委员会，即以农赈与急赈三百万元作合作底款。该会初隶属行政院驻平政务整理委员会，嗣后政整会撤销，乃改为隶全国经济委员会合作事业委员会管辖。该会一切合作技术方面，完全采取中国华洋义赈救灾总会之成规；所组织之合作社亦几全部为信用业务，分布区域为战区及察东一带。今年四月因所处环境特殊，该会乃由冀察政务委员会接收办理。最近冀东伪组织亦设置冀东合作事业管理局，与该会发生管辖之争，以后战区工作恐将无法进行，至可叹也。

2. 省

（1）隶属省政府者：

隶属省政府下之省合作事业推进机关，有赣、豫、鄂、皖、闽、甘、川各省农村合作委员会；陕西农业合作事业委员会；广东合作事业委员会；绥远省农村合作事业指导委员会等。

各省农村合作委员会，概由行营所主办，其组织及工作大致相同。江西省农村合作委员会成立最早，请即以之为例。当民国二十年围剿“共匪”之时，有三分军事七分政治之口号，推行合作即为七分政治工作中之一种。行营设党政委员会，其下设地方赈济处，其下设第四科专办合作及农民银行筹备事宜。赈济处处长为文群先生。是时当局提倡合作，以合作为手段而谋达其改善农民生活状况、消除乱源之目的。旋地方赈济处撤销，但行营领导合作事业如故。民国二十一年三月江西省农村合作委员会成立。委员人选有省党部、省政府、中国农民银行之代表及行营委派人员。委员会下设总干事、总视察各一人，由委员兼任，负实际行政事务。该会隶属省政府，每年由省政府拨支经常费十七万元，不足时由贷款利息项下补充，并有各种救济专款作为固定合作底金在百万元以上，中国农民银行且随时可为资助。规模宏大，资力雄厚，为以前任何合作推进机关所莫及。该会因使命及历史特殊，故推进合作事业之方针，颇有独异之处，概括言之，约有三点：一、以合作为政策，推行合作不择时地，本省之内，无远弗届；二、指导合作社采用集权方法，此于银行放款合作社须经该会核准，可见一斑；三、合作社组织采广义之兼营制，每一经济单位区域中，只设立合作社一所。江西省农村合作委员会成立之后，豫、鄂、皖三省剿匪总司令部先后颁布《剿匪区内各省农村合作社条例》，暨同条例《施行细则》，《四种合作社模范章程》及《农村合作委员会组织规程》，于是各省依行营规章成立省农村合作委员会者有豫、鄂、皖、闽、甘、川各省。

陕西农业合作事业委员会为全国经济委员会与陕西省政府合力组成，于民国二十三年成立，有合作底款七十万元（经委会四十万元，陕西省政府三十万元）。委员会下设事务局为执行机关。其推进合作之方针及技术与中国华洋义赈救灾总会相同。广东省合作事业推进机关之嚆矢，为民国二十二年之广东合作总社筹备处。旋因事业扩充乃改组为合作事业委员会，直隶于省政府。绥远省因民国十九年兵旱灾荒，乃亦有农村信用合作总社之设，二十年冬扩大为省农村合作事业指导委员会，直隶于省政府。

（2）隶属建设厅者

隶属建设厅下之省合作事业推进机关，有江苏及湖南建设厅之合作课；浙江建设厅之合作事业室；山东建设厅之合作事业指导处等。其中成立最早者为江浙两省。该两省经合作学者之鼓吹，党政当局之赞助，全省有合作事业推进机关之设，远在民国十七年。虽其组织累经变更，然推进工作曾未中止，历史悠久，允推独步。现江苏建设厅于农业管理委员会下设合作课，课之下设指导、登记两股；金融方面则完全付托省农民银行办理。浙江建设厅合作事业室，则为单独之组织，其下设合作事业及合作金融两股，后者管理各县地方农民银行，使合作指导与金融得有联络。山东设置省合作事业推进机关，亦远在民国十八年，唯至二十二年方扩大组织，今年复改组为指导处。湖南建设厅于民国二十一年设立合作设计委员会，二十二年乃设置合作课。

（3）特种机关

省合作事业推进机关除隶属省政府及建设厅之正规机关外，尚有其他特种机关，其范围有及于全省者，有仅及数县者。

其一为党部之合作事业推进机关：民国十七年国民党规定合作运动为七项党员下层工作之一；二十三年十月中央民众运动指导委员会曾分函各级党部会同各该地政府及农业金融机关合组农村合作事业推行委员会，有以党部作推行合作中枢之企图。唯党部工作至为繁复，对于合作推行，势不能集中全力办理，故其工作方针，乃偏于督促领导之途径，如，各地合作社成立，须呈请党部派员莅临指导，合作社成绩优良者，并可呈请党部为“特约”合作社，俾随时可得党部之协助。此等工作对于社会上表现，一时尚未能显著，但于农民心理上，可祛除一部分无谓之疑惧，且足以堵塞劣绅诬合作为共产之口实。虽然，党部人员，时有变动，因个人之进退而工作为之驰张者，不乏其例也。

其二为湘、鄂、皖、赣四省之救灾机关：民国二十年扬子江泛滥成灾，国府设立水灾救济委员会，委托中国华洋义赈救灾总会代办湘、鄂、皖、赣四省之农赈。义赈会遂于四省成立驻省农赈办事处，组织互助社，贷放农赈；一年之后，互助社改组为合作社，于是由农赈而转为合作，昔日之农赈办事处，亦改为驻省事务所，进而为合作之推进机关。各省当局鉴于该会已往之成绩，乃划分若干县（皖二十五县，鄂四县，湘二十二县，赣十五县）由该所专责办理。各该所推进合作之方针，一仍总会之旧，唯合作法规则遵从各该省办法。贷款基金除以农赈款项作底款外，并向全国经济委员会及各银行洽商透支。今年四月该四省合作事业，原定由经委会合作事业委员会接办，奈后者于七月中撤销，现改归实业部接收。

其三为全国经济委员会特种委员会有自办合作事业之机关：棉业统制委员会于苏、陕、晋、豫各省之棉产改进所及与华北农产研究改进社合组之华北棉产改进会等机关，依据棉统会颁布之棉花产销合作社模范章程，于各省组织棉花产销合作社。又祁门茶叶改良委员会于祁门亦组织茶叶合作社。至若蚕丝改良委员会于江、浙一带虽未直接组织合作社，但与蚕丝合作社具有相当之关系。此等机关皆有其特种目的而推进合作者也。

（4）金融机关

省合作金融机关，政府银行除中国交通及中国农民银行各省分支行外，有各省银行及类似省银行之机关，如浙江地方银行、江苏省农民银行、山东民生银行、江西裕民银行及绥远平市官钱局等，唯此等机关，虽有合作放款，究非合作金融体系之机关，其理甚显。

3. 市

年来各特别市及普通市对于合作事业，亦颇注意；类于社会局或市政府中设置合作主管人员，有专职者，有兼职者，除负责合作行政外，亦往往与各方合力推行合作事业，如，南京市社会局与中国农民银行及江苏省立南京民众教育馆密切之合作，可资一例。唯都市推行合作之方针与农村有别，而都市民众自动之能力亦远在农人之上，故组织独立而规模宏大之推进合作事业机关，于市颇为罕见。

4. 县

县合作事业推进机关约可分为三类：

（1）分属机关。分属机关指省合作事业推进机关之分机关而言，此类机关又可分为两类：其一采取指导员制者，如江、浙、鲁等省；于县政府相当科或建设局中设置合作指导员一人至三人，主办全县合作行政及指导事宜；其位置相当于一科员或高级科员，月俸而外，例有旅费津贴；其任命由建设厅委派或由县长呈厅圈定录用。平时工作受县长及主管长官指挥监督。一县中设有合作实验区或示范区者，其指导员由县指导员兼任或增设人员，另立机关，殊不一致。其二采取办事处制者，如，行营主管之各省及陕、粤、冀、察等省；办事处又有高级与低级之别，前者为视察员或督察员驻节之所，后者为指导员办公之地；唯非每县皆有办事处，重要地点方始投置。办事处为独立组织，与县政府无统属上之关系。办事处设置人员，多寡不一，须视地方需要而定。其名称有称事务所，或指导所，或办公处者，实为同一之机关。

（2）独立机关。一县之中有独立组织之合作推进机关普通县殊属罕见，实验县则恒有之，盖实验人才资力两皆雄厚，且往往得外来团体之协助，此非普通县所可同日而语者也。实验县无不注意乡村工作，是以推行合作亦不遗余力，且有定合作为中心工作之一者，是可想见。实验县之合作事业推进机关，如，邹平合作指导委员会，定县平教会之生计部，兰溪合作事业室等，胥可为例。

（3）协助机关。一县之中协助推进合作之机关，大别之，可分两类：一为社教机关，一为农业推广机关。江苏建、教两厅曾规定全省各农业推广机关与社教机关，一方联络进行农业推广，一方会同合作指导员组织合作社。浙江亦复等是。此为最著者，其他各省，虽未能尽同，要亦相仿，有以县农会为协助推进合作之中心者，今不复多见。至若有如图书馆等之机关（广西），协助推行合作，则多由个人热忱所致，非可概论，且其例极少。

三、私人机关

中国最早之合作推行机关，非为政府而为私人机关。私人机关力量薄弱，所办事业自不能若政府机关之广遍，但其影响则至重大，尤为合作运动之初期为然。兹分四类述之：

1. 合作学者团体。合作学者团体首创者为薛仙舟先生民国九年组织之合作同志社。该社规模甚简，事业未宏，然涓涓泉源，所给予日后之影响则极大。民国十七年中国合作学社成立于上海，创办人多系薛仙舟先生之门徒及好友。当时因值革命成功之后，该社又得党政界重要人物领导于前，故深为各方赞助，使学术与实施有以联系，影响甚宏；现该社社员已普遍全国各界，社务由执委九人负责。所办事业有仙舟图书馆（南京）、中国合作批发部（上海）、光福合作实验区（苏州），及其他出版《合作月刊》、编辑《合作年鉴》等事项，俨然为国中合作学者之中央团体。此外各省亦有类似之团体，如山东合作学会、湖南合作协会、浙江全省合作事业促进会等，不一而足。其宗旨要不出于二端：一为联络合作工作同仁之感情，一为研究、提倡及促进合作事业。

2. 社会团体

（1）中国华洋义赈救灾总会。社会团体倡办合作最早，成效最著者，当推中国华洋义赈救灾总会。该会基于救灾不如防灾之信念，推行合作十有余年，未尝中断。其事业之进展每随救灾而前，近十余年之中国，几于无日无灾，该会事业遂亦殆遍各省。该会非仅自办合作，而于合作技术之传播，至具热忱；此种协助他人，与人为善之精神，影响所及，其功绩实不在自办合作事业之下也。

（2）乡村建设运动之团体。年来乡村建设运动，高唱入云，合作事业亦随以俱往。或谓合作运动本身即为乡村建设运动，其关系之不可分，于焉可见。良以乡村建设运动，无论其出发点为政治、为社会、为教育、或为农业，似皆不可忽略乡村经济建设途径，而合作事业实为乡村经济建设之良媲。职是之由，乡村建设运动团体，如，中国平民教育促进会，邹平乡村建设研究院，中华职业教育社及其他团体，类皆有合作事业之推进；即谓凡属乡村建设运动之团体，无不推进合作，亦不为届也。

（3）耶稣教会。耶稣教会对于合作事业之协助，至可宝贵，一则因教会事业普遍全国，穷乡僻壤，无远弗届；一则因宗教团体，笃于信心，助力切实。合作指导员初次下乡每得教会人士之指引而获有莫大之便利，此为人所共知，然尤为片段之协助；他如民国二十二年中华基督教促进会提供基金委托金陵大学于沿江教区推行合作，更属具体事实。江西基督教农村服务联合会于黎川设立实验区，合作事业亦为其工作之一种。最近剿匪军事进于西陲，收复匪区，如陕北、黔西、甘肃、川西等边远之乡，政府贷放农赈，组织合作预备社，即规定请各地耶稣教会协助。是则耶稣教会对中国合作事业之协助，来日方长也。

3. 教育机关。中等农业学校及乡村师范，近来因社会需要之故，对于合作无不注意。而合作指导员复为此等学校学生出路之一种。各大学农学院及师范大学，亦因推广农业及造就合作师资关系，多设有合作课程，并往往有实际工作。至于对合作有特殊兴趣者，如北平燕京大学社会学系，南京金陵大学农系经济系，国立浙江大学农村社会系，对于中外合作专家之罗聘，合作人才之训练，及实际工作之试验，皆卓著成效。天津南开大学经济研究所，亦有合作人才之训练。

4. 商业银行。商业银行对于合作事业投资之踊跃，说者每引为中国合作运动过程中之特征。其于合作运动，为利为弊，姑勿置论，然年来农村金融因商业银行投资方向之转变而得有长足之进展，则为不可掩饰之事实。银行投资农村，未必尽以复兴农村为素志，商业银行，在商言商，尤为理之必然。或谓商业银行投资农村因都市资金过剩之故，此理甚显，而年来内地政治之渐趋安定及民国二十三年储备银行法之颁布，亦至关重要。储备银行法规定农业放款不得少于存款总额五分之一。凡收储蓄存款之银行遂不得不作农业之投资。农业放款包括部门甚广，合作仅其一种，且占百分比甚少。唯对合作社作大量投资之商业银行亦大有人在，如上海银行，金城银行等，辉映于南北，对合作社投资甚巨。此外，中华农业贷款银团于各地合作社之贷款，为数亦巨，且有逐年增加之势。

四、结论

年来合作事业，澎湃一时，推进机关之成立，有如雨后春笋。其成立年份，虽有远在七八年乃至十年以前，但大多数则成立于九一八事变以后。各机关成立之动因，各有其源，约而归之，大致不出五类：（一）由合作学者之鼓吹，经党政当局之赞助而成立者；（二）由救灾而成立者；（三）由剿匪而成立者；（四）由党务活动而成立者；及（五）由特种机关附带推行合作而成立者。各机关成立动因既有所不同，故其组织与方针遂难以一致。外界不察，动以合作界纷扰见议，实则此种现象为过渡时期所不免。所可憾者：一机关往往无固定之组织，旋立旋废，时而改组，时而伸缩，甚至因一人之进退而全局变更，无固定组织则不能有久远之策划，此其一也。各机关采取方针因信念不同，而各异其趣，此为理之所许；唯他山之石，可以攻错，各方允宜尽情商讨，俾早日达一共同步调，以增进中国合作事业之效能，若徒以人事亲疏，囿于一隅之见，斯则何能！此其二也。

（《大公报·经济周刊》第178期，1936年08月12日）

近年我国之土地改革与土地整理①

刘君煌

近年我国对于土地方面之措施，其最著者要推土地改革与土地整理两项，以下分别言之。

一、土地改革

今日我国之土地制度以私有为原则，土地分配殊不均平。按土地有市地与乡地或农地之分，我国为农业国家，都市不曾普遍发达，农地比较市地尤形重要，试观农地之分配状态，一般不事耕作之人动辄田连阡陌，而耕农反叹向隅，计全国租地耕种者平均约占全体农户百分之三二，自耕兼佃耕者约占百分之二三，此外雇农亦多，至一般已领有田地之人其所领数额亦多寡悬殊。我国土地问题严重，故近十余年土地改革运动勃兴。

近年我国之土地改革运动计有两派，一为国民党所领导，一为共产党所领导，兹分述之。

甲、国民党之土地改革运动。此派土地改革以国民党总理孙中山先生之学说为根据，中山先生主张以平均地权及耕者有其田之方法解决土地问题。平均地权办法即首先由地主申报地价，再行依照地价按年征收百分之一的地价税，以后如有涨价，其增涨额概归公有，人民报价如不实在，则由政府照价收买，加以限制。此项办法之意义不在平分土地，而在使土地增价之利益为公众享有，同时借征收地价税之方法杜免购地投机，荒闲不用之弊。至耕者有其田则只提出此一目标，至如何实现此目标尚未详言。

国民党之土地政策具体办法见于民十九年国民政府颁布之《土地法》，该法

①此次考察国内土地事项，凡历晋、豫、鲁、皖、苏、粤、桂、浙、赣等九省暨平、津、京、沪、青等五市，本篇根据考察所得，提出最为国人重视之土地改革与土地整理两项说明其梗概——作者。

根据中山土地学说订立，惟因顾及实行便利方面，容有变通之处。其内容亦包括平均地权与耕者有其田两项，关于平均地权方面，该法规定对于土地征收地价税及土地增值税。在地价税规定由政府先行估定地价，再按估定地价征税，其税率因土地种类不同而有高下，市改良地为千分之十至二十，市未改良地千分之十五至三十，市荒地千分之三十至一百，乡改良地为千分之十，乡未改良地千分之十二至十五，乡荒地千分之十五至一百（第二九一—二九六条）。至土地增值税则照土地增值数额计算，于土地所有权移转或于十五年届满土地无移转时征收之（二八六条）。至土地增值数额如何计算，则系先由业主申报地价一次，其以后土地增值数额概按下列标准计算：一、申报地价后未经过移转之土地于卖绝移转时计算其增值额，概以现卖价超过申报地价之数额为标准，二、申报地价后未经过转移之土地于继承或赠与转移时以移转之估定地价超过申报地价之数额为标准，三、申报地价后未经过移转之土地于十五年届满时以估定地价超过申报地价之数额为标准，四、申报地价后曾经过移转之土地与下次移转或于十五年届满无移转时，以现实价或估定地价超过前次转移时之卖价或估定地价为标准（三〇五条），增值税率规定凡市地增值额在原价百分之十五以内，乡地增值额在百分之二十以内者概予免征，其超过者则就其超过之数额征税（三〇八条），税率累进，凡增值百分之五十或五十以内者征百分之二十，增值超过百分之五十者，其未超过部分仍征百分之二十，超过部分征百分之四十，增值超过百分之百者除照上述税率分别征收外，其已超过一百之部分征百分之六十，增值超过百分之二百者，除照以上规定分别征收外，就其已超过百分之二百部分征百分之八十，增值超过百分之三百者，除照以上规定分别征收外，就其已超过百分之三百部分完全征收（三〇九条）。

复次，关于耕者有其田方面，《土地法》为达到此目的，订有下列三项重要办法：一、政府对于私有土地得斟酌地方需要，土地种类，土地性质分别限制个人或团体所有土地面积之最高额（十四条）。二、限制地租不得超过耕地正产物收获总额千分之三百七十五（一七七条），按我国佃租普通约占正产收获百分之五十上下，此项办法当能减轻佃租，减租之作用一面可提高佃农之经济能力，同时足以压低地价，结果庶使佃户易于购地成为自耕农。三、对于不在地主采用征收重税与强制征收之方法促令其让出土地，关于前者如规定不在地主之地价税得按其应纳之税率逐年增高之，惟以不超过该土地应纳税率之一倍为度（三三一条）。复次，不在地主之土地增值税亦得按其应纳税额加倍征收之，惟以不超过其增值之实数额为限（三三二条）。至强制征收方法则规定不在地主之耕地经同一承租人继续耕作十年以上者，承租人得依法请求征收之（一七五条）。上述三项均为促进耕者有其田之办法，惟因实现此种目标一时或难达到，故又订有保护佃农办法，除前述减租规定，一面为创定自耕农之手段，而同时复有增加佃农收入之作用不计外，举凡关于保障佃权，实行耕地改良赔偿以及禁止转租、预租及押租金制度等均莫不有明文规定。

以上所述为国民党土地政策之内容，至该党关于土地改革之实际设施目前尚不甚多，其较重要者有下列两项。一为征收地价税及土地增值税。先就地价税方面言，国内征收此税者以青岛为最早，该市前曾租与德国，在德国管理时代即已兴办此税。其后则为广东省、上海市、浙江杭州市、江西南昌市等地。广东广州市实行较早，自十七年开征，至该省其他各地则自最近举办土地整理以后始将旧有田赋改征此税。上海、杭州同于二十二年开征，南昌二十四年开征。各地地价税名目不一，青岛、杭州、南昌三地均称地价税，上海称暂行地价税，广东则称临时地价税。此外，各地尚有正在筹备开征地价税者，例如南京市与江苏之镇江、上海等县及江西之南昌、安义等县均是。

至征收地价税之详细办法，就广东、青岛、上海、杭州等地情形而言，地价税地价普通均以政府估定之价格为准，惟广东之广州情形较为特殊，其市内地价系以政府估定者为准，至郊区则根据人民所申报者。复次，广州税率系将土地分为宅地、农地、矿地三种，规定宅地征收千分之十，农地千分之五，矿地千分之二，其余青、沪、杭三市及广东省除广州市而外所属谷地则均不分别土地种类，税率一律，计青岛为百分之二，广东各县为百分之一，杭州为千分之八，上海千分之六。

其次，土地增值税，国内举办者仅广州一处，该市自十五年开办，其办法规定按照土地增值税额于土地移转时征收，如十年无转移则于届满十年时行之。至土地增值数额如何计算，大抵系于此税开征之前，先由业主申报地价一次，复次，土地每届十年如无移转，亦须再申报地价一次。其计算增价数额采用下列两种标准：一、凡于土地移转时征增估税，其增值数额，现时市价与最后移转时市价，或最后申报地价，或最后估计地价相差增加之数额为标准。二、凡于土地届满十年无移转时征税者，其增值额以再申报地价与最后移转时市价或最后申报地价或最后估计地价相差增加之数额为标准。土地增值税之税率为凡增值未及原价之一半者应收五分之一，凡超过一半而未及一倍者，其一半仍收五分之一，其超过一半之部分应收四分之一，凡增值一倍以上者，其最初一半收五分之一，第二个一半收四分之一，其超过一倍之部分收三分之一。广州之增值税分为在土地移转时征收与在土地无移转而届满十年时征收之两种办法，惟事实上向只按照前项办法办理，至后者因自开征以来，今年方满十年，故现尚未执行。

国民党土地改革之第二要政为二五减租。所谓二五减租盖即假定佃农租额为收获量百分之五十，而减去其百分之二十五之谓。自民十五年国民党中央委员，各省，各特别市，各特别区党部，海外总支部代表联席会议议决减轻佃农田租百分之二十五以后，湘、鄂、浙、苏等省均相继颁布减租法令，惟多仅具条例而未实际执行，就中推行较广，成效较著者厥为浙江，兹特说明该省减租之情形。

浙省自民十六年起举办减租，至今仍继续进行，历时约近十年。历年减租办法凡经数次变更，此可于历次颁布之法规见之。该省最初于十六年颁布，《本年（十六年）佃农缴租实施条例》，规定租额以“按正产金收百分之五十再减百分之二十五缴纳”为原则，其有低于此规定或适合此规定者均依旧例，至高于此规定者则当照减。复次，对于业佃纠纷规定由党政机关会同组织省、县、乡村等三级佃业纠纷仲裁委员会判定之。十七年再颁布《十七年佃农缴租章程》，其内容关于减租原则方面大体与十六年办法无殊，惟对于仲裁机关之组织略有改变，规定由党部、政府及农民协会同组织佃业理事局，该项理事局分为省、县两级，分别直辖于省、县政府，惟县佃业理事局得在各区设区办事区，以县局之名义处理事务。十八年复改订《佃农二五减租暂行办法》。十六、十七两年减租条例，其有效均只限于各该年份，至本年所定则如未加修改当继续有效。其办法订明业佃双方应以常年正产收获量百分之三七.五为继租额自行协订新租约，但租额向在此原则以下者仍照旧额订约。按百分之三七.五标准，即系按正产收获百分之五十再减百分之二十五所得的结果。至佃业纠纷之处理，规定第一步由乡村自治机关之村里委员会调解，调解不协，再由党部，政府法院会同组织之佃业仲裁委员会仲裁，仲裁会分为省县两级。至二十一年复将十八年办法修正，制度改变甚多，其要点：一、自本办法公布后新成立租约应以常年正产收获百分之三七.五为标准缴租，但在本办法公布前已存在之佃租关系，其缴租额暂照民十六年以前正产旧租额减百分之二十五为缴租标准，其已依十八年减租办法订定新租约者照新租约缴租。二、佃业争议应依区乡镇坊《调解委员会权限规程》及《民事调解法》先行调解，如调解不协，依法声请司法机关办理。该年办法通用至今年未改。

二五减租之推行系由党部与政府会同办理，而以党部督率尤力。浙省减租进行情形，自十六年至今约可分为四个时期，十六年为发轫时期，十七年为极盛时期，十八年至二十年为衰退时期，二十一年以后为没落时期。缘十六年条例新颁，农民对于减租多未明了，主持减租机关亦未普遍设立，全省只有一部分县份实行减租。十七年则推行普遍，而佃业纠纷亦多，自十八年至二十年，因十八年省府以减租纠纷繁多，田赋收入因减租而减少，曾有停止减租之决议，后虽经党部反对仍继续进行，但自此业主洞悉政府不愿减租之意旨，于是乘机活动，多方阻挠减租，事实上减租之推行乃日就衰落。迄二十一年以后，更因该年法规取消特设之仲裁机关，改将佃业纠纷归法院处理，法院设在县城，且诉讼手续复杂，农民诉讼至感不便，故自该年以来，佃业争议案件表面上大形减少，实则减租已不能切实执行。

浙江减租之结果，佃农收入可以较前增加，同时地价亦较减租以前跌落三成四成不等，惟地价跌落之原因不止一端，除减租外，如田赋增加，农产价格低落等亦均足以影响之。佃农收入增加，地价跌落，购地自耕似较容易，惟以历年农付经济不振，农业金融周转不易，故佃农成为自耕农者尚少。

乙、共产党之土地改革运动。共产党之土地改革其推行区域以伪苏维埃政府所统辖之地方为限。自民十六年国共分裂后，共党曾先后占据赣闽湘鄂豫皖川陕甘宁等省，其土地改革亦即在此数省实行，惟各已经实行改革之地方如一经中央军收复，其土地制度当仍恢复原状。共党之土地改革偏重农地方面，其办法大抵以马克思之学说为根据，而以苏俄之土地改革为参考。马氏对于农地主采用阶级斗争之方法，一律无偿没收为国有，再行组织国营农场，举行大规模的机械生产。至苏俄农地改革之办法则系首先将土地没收为国有，而后分给农民耕种。农民对于土地只具有使用权而无所有权。土地分配以后，政府乃力谋促进农田举行集团机械生产，其方法为一面组织国营农场，一面提倡设置集合农场，国营农场系由国家雇工经营，在集合农场则为多数农民所组成，其耕作概由组成分子共同担任，而生产结果亦归彼等共同分配。我国共党之农地改革政策最初原规定土地立即收归国有，嗣后因感目前该党势力尚未能伸张及于全国，亟需博得农民群众之拥护，故复改变计划，只以国有为最终目的，土地现仍暂归私有，惟将其由地主手中收回分给耕农耳。以下叙述其改革之办法。

在说明赤区土地改革之前，请先言其划分社会阶级之情形。共党对于与农地关系较切之人分为地主、富农、中农、贫农、雇农等五种阶级。所谓地主盖即自己不劳动而有田出租之人，富农为每年收入除供本家消费外尚有剩余者，中农则指收入适足自给者而言，贫农为收入不够吃之人，雇农为农业雇佣劳动者。共党对于雇农因其为无产阶级故认作土地革命之领导者，贫农则认作苏维埃之基石，凡百设施均以此二阶级之利益为依归。至中农则主张加以拉权，富农主张加以消弱，地主主张彻底消灭。

土地改革之第一步工作当为没收土地，其办法凡属土豪劣绅、地主、反革命者、富农、祠堂、庙宇、教堂之土地与公地、官荒及无主地等，无论田地山荡一律予以没收。土地没收以后，其次当为举行分配。分配土地普通以乡为单位，即以一乡之土地分给本乡之人民，由乡农民代表会议处理分田事务。所有一乡之土地大抵全部提出分给人民耕种，惟在田多人稀之乡，照例保留四五个人的份地为公田，拨与外籍红军，此等田地均择其上好者，每年由全村人代为耕种，收获由政府转交红军。此外，少数山坡亦多不分，留为公有。乡中参与分田之人计有雇农、贫农、中农、富农四种，此外，现役红军及革命工作人员亦得分配田地，并由全村人民帮助其家属耕种。分田普通系以人口为标准，即无论男女、老幼及健康状态与生产能力如何，每口人均可分得一份田地，全乡分田即系以全乡应行分之土地平均分配与应分得土地之人，惟对于富农独只许其分得坏田。至在分配时，究竟何人应分得此块田地，何人应得彼块，如何决定，则规定分田应以原耕田地为基础，再行抽多补少，抽肥补瘦。各地分田并未废毁经界。

在分田后，一般雇农、贫农容或感生产工具之缺乏，赤区乃按下列两种方法加以救济。一、于举行分田之际，同时对于地主全部之耕牛农具及富农多余之耕牛农具予以没收。其没收得来之耕牛均交特设之耕牛站管理。再行借给缺牛之家使用，普通数家共用一牛。至农具则直接分给各家。其次为组织信用合作社，农民多加入此种合作社为社员，遇缺乏耕作资本时得合作社请求通融。

赤区实行分田，因系以乡为单位，而乡有地广人稀者，亦有地狭人稠者，因此，每人所得田地之面积，各地多寡不一。兹就为共党占据较久之江西而论，在县城附近地方，因人多地少，每人分田较少，约只四担（江西田面积按担计算，每四担约合一亩），至在辽远之乡村则人少地多，每人有分田多至二十余担者，普通每人分田约在八担上下。共党土地改革之结果似已实现耕者有其田。

共党在其占领区域实行土地改革，惟当国民政府收复该区时，对于以往改革仍一律加以否认，而以确认改革以前地主之所有权为原则处理善后。

上述国民党与共产党之土地改革为近年我国两种实际改革运动，此外尚有两种土地改革计划均曾一度为国人所重视，其一为福建人民政府之计口授田计划，其一为山西土地村公有计划。关于前者，盖在民二十二年时，陈铭扬氏等背离国民政府另在福建成立人民政府，在其所宣布之政纲中曾规定实行计口授田，以达到产业共营之目的，一切森林、矿山、河道、荒地概归国府。惟其具体办法究竟如何，因外间鲜有披露，故吾人无由明悉。该人民政府成立不及数月即归消灭，此种改革计划因亦作罢。其次，土地村公有计划，此系上年阎锡山氏所主倡，欲借此以解决土地问题，预防共党之土地革命者。其办法规定由村公所发行公债收买全村土地为村公有；此项公债，以产业保护税、不劳动税、利息所得税等为担保。在土地收归公有之后即就田地之水旱肥瘠，以一人能耕之量为一份，划为若干份地分给村籍农民耕作，十八岁授田，五十八岁还田。惟如本村田地不敷分配，概由村公所为无田农民另谋工作，至有多余者则由他村移民来此耕作。复次，如经村民大会议决，对于村中田地为合伙耕作者，得定为合伙农场。此外并规定村公所应按人口增加情形，土地改良状况，在适当期间将份地重新划分。此项计划曾拟在山西实行。该省曾特设土地村公有实施办法讨论会负责筹备，历时数月，旋以共党由陕入晋，为免骚扰起见，此议遂亦中止。

上述四种土地改革办法（即一、国民党之土地改革，二、共产党之土地改革，三、福建人民政府之计口授田，四、山西之土地村公有），除人民政府计口授田办法详情不明，姑不计及外，在其他三项中，要以国民党之土地改革性质较为温和，其内容乃系主张在承认土地私有制度原则之下，实行缓进的改革。至共产党之土地改革与山西之土地村有办法则较激烈。此两种土地改革办法均同为先由公家强制收取土地，而后以地方为单位（此项地方单位，共党土地改革普通为乡，土地村有办法规定为村），将一地方内之土地分配与该地方之人民。论其不同之点则有下列三项：一、共党土地改革对于土地无偿加以没收，土地村有计划则由村公所发行公债收买全村土地。二、共党土地改革以实现土地国有，举行集团机械生产为最终目的，惟目前仍将没收得来之土地分给人民而准其私有，至土地村有办法则以收买得来之土地概归村公有，村中农民满十八岁者由村公所授于田地，至五十八岁时仍复收还。三、共党土地改革，其目前所行之分田办法系由乡中人民平分全乡之土地，至每人分得之土地大小如何，是否合于一人能耕之量初非所闻；至土地村有办法则于举行授田时，预先按土地之水旱肥瘠，以一人能耕之量为一份，划分份地，再行授给农民。共党分配土地，因采平分办法，故每人均可分得一份，不至有抱向隅者；但照土地村有办法，其授田每人所得数额均以一人能耕之量为标准，则如在人多地少之村，土地殆将不敷分配，该办法对于一般不能领到田地之人规定由村公所为其代谋职业，惟如此种人为数甚多，则恐难于安插。此点实为实行土地村有制度最大之困难。

二、土地整理

土地整理无论在举行土地改革方面或在征税方面，均为重要之工作。关于此项工作，近年我国各地多已相继进行，兹述其概况如下。

国内整理土地所采办法不止一端，大别之，约有治本及治标之两类。前者系采清丈办法，其结果确实之程度较高，后者则采简易清查，结果确实之程度亦稍逊。治本办法普通计有人工测量与航空测量两种。至治标办法则比较重要者如浙、苏、豫、桂等省举办土地陈报，广东举办调查田亩，江西收复匪区举办清理业权登记田地，以上各项办法名称虽异，而办法实大体相同。

至各省市整理土地之情形调查，兼采治本与治标两类方法者，亦有只采其中之一种者。前者如苏、浙、豫、桂、粤、赣等省皆是。苏、浙两省，情形大致相同，在治本办法方面均兼采人工测量与航空测量，在治标方面则均举办土地陈报。江苏整理土地，一面规定就全省各县分期进行清丈，同时复在各县举办土地陈报。而以在苏北贫瘠县份办土地陈报，苏南富庶县份办土地测量为原则。该省人工测量自十七年开办，现经测竣者计有上海南汇、常熟、松江、吴县、武进、奉贤、嘉定、青浦、镇江等十县，其余各县亦多在进行。其次航测，举办者仅无锡一处，该县原办人工测量，中途始该航测，自二十三年十月开始，现已完成。再次，土地陈报，该省自二十二年江宁自治实验县举办成功以后，即在各县进行，先择镇江、宜兴、溧阳、江阴四县举办，嗣后复再推广至江都、萧县、太仓、扬中、海宁、沭阳、砀山、泰兴、沛县、金坛等县，浙江各县整理土地亦均重复采用治本及治标两类办法。其人工测量自十八年成立省土地局后，先在杭县市试办。嗣以成绩尚好，乃决推行全省，自二十一年年底起先后进行者计有嘉兴、吴兴、平湖、海塊、长兴、萧山、余姚、海宁、崇德、德清、嘉善、上虞、绍兴、鄞县、余杭、镇海、永嘉等十七县。至航测只有平湖一县举办，该县初采人工测量，最近始改用航测，情形与上述之无锡相同。再土地陈报系于十八年五月全省各县同时进行，次年五月完全结束。惟结果因此次采用治标的土地整理办法在国内为创举，加以人事方面未能认真执行，故所报多不确实，编就之地籍册未能应用。

豫、桂两省整理土地均兼采人工测量与土地陈报两项办法，河南人工测量自二十二年开办，其进行区域有开封、郑州、汜水等地，至土地陈报则曾于二十四年九月择定陕县试办，本年初完成，闻以后尚拟推广至他县。广西办理人工测量者只限于邕宁、镇结两县与南宁市及苍梧县之城区等地。按邕宁、镇结两县测量系由该省特设之全省清理田亩总局主持其事，至南宁市及苍梧城区则由广西陆地测量局担任。邕宁、镇结及南宁市测量工作均已先后完成，惟苍梧城区则刻正在进行。除举办测量各地外，其他各地，概拟举办土地陈报，先曾择定绥渌试办，完成以后，随即开始推行全省，现在办完者计达二十三县。广东整理土地，一面办理人工测量，一面办理调查田亩。该省测量除广州市自十五年开办市区测量，二十年完成，为时特早外，其他各市县亦自二十一年起筹备进行，首先举办者计有汕头、南海、番禺、台山、新会、东莞、顺德、清远、高要、开平、茂名、合浦等十二市县。刻汕头业已完成。其调查田亩则各县自二十二年开始进行，约在去年年底全省完成。复次，江西兼办航测及清理业权登记田地。关于航测，该省于二十一年八月先在南昌县试办，嗣因试办成绩尚好，遂决推行全省，特将全省分为五区，预备分期举办。二十三年五月开始进行第一区新建、安义、进贤、丰城、清江、东乡、高安、临川、新淦、全溪等十县航测，本年三月完成，现拟推行第二区。至清理业权登记田地办法系在收复匪区之第八区所属宁都等七县实行。缘收复匪区在被共党占据是曾经举行分田，旧有田契复多焚毁，故特加以整理。去年八月七县同时举办，刻已结束。

上述各省，其整理土地均兼采治本与治标两项办法，至只采一种办法者则如京、沪、平等市，近年整理土地均只举办人工测量一种。

我国土地整理机关，中央方面，全国土地行政概归内政部土地司主持。惟因土地整理与财政关系甚切，故财政部亦得参预其事。至各省市面则情形不一。苏、豫、赣三省土地整理兼采治本与治标两种办法，政府亦将此两种事务分交两个机关主持。江苏兼办理土地测量与土地陈报，前者之主持机关为土地局，后者则为财政厅。豫省亦同时举办土地测量与土地陈报，前者由省地政局（前称地政筹备处）管理，后者则由财厅管理。江西兼办航测及清理业权登记田地，前者由土地局管理，后者则由农村合作委员会管，缘该省收复匪区土地概由农合会负责处理。浙江亦曾采用土地测量及土地陈报两种办法整理土地，十八，九年时办理土地陈报，系由民政厅主持，至测量主管机关，十八，九年时为土地局，二十年一月该局裁撤，以后改为民厅。复次，广西兼办土地测量及土地陈报，二者均归民厅主持，广东兼办土地测量及调查田亩则概由财厅处理。此外，平、青、京、沪四市整理土地均只采测量一种办法，京、沪二市主持者为市土地局，平、青则为财政局之第三科。

以上所述为市土地整理机关，至各县及各省辖各市，则在土地测量方面，江苏、广东两省举办测量县份均设有土地局，赣、豫两省因省方直接派人办理各地测量，故在各该地只成立专门办理登记之机关，江西称土地登记处，河南称土地登记事务所。浙江情形比较复杂，各地普通均设清丈处，惟杭州市则就市府设有土地科，杭县就县府设有发给土地图照处专办颁发产权执照事务。广西则南宁市区测竣之后，办理登记，责成省会公安局担任。复次，在治标的土地整理方面，则办理土地陈报各县普通均由县府主持组织土地陈报办事处，至江西办理清理业权登记田地则由县府主持设置农村兴复委员会。

至各地整理土地详细手续研究如何，吾人可先就治本的整理办法加以说明。据以上所述，治本办法普通计有人工测量及航空测量两种，按此两种办法所采整理土地之手续大抵均同包含下列三项：一、测量，二、登记与发证，三、造册。是所谓测量盖即测明土地之情形及面积，惟其方法，人工测量与航测不同，前者使用普通测量仪器从事工作，而后者则由空中摄影，根据此项照片，一面可查明地形，一面可算出面积。人工测量整理土地办法与航测办法之根本差异即在于此。其次，登记与发证则系在土地测量之后，令业主认明田地，提出产权证明文件，如经审查确实，即将其土地所有权予以登记，并发给土地证书。土地证书之名称各地不一，江苏遵照土地方之规定称为土地所有权状，至浙江则称土地执照，广东称土地登记确定证，广西称执业方单，江西称土地管业证，上海市称土地执业证。再次，造册，盖即根据土地整理结果编造地籍册之谓。各地整理土地，除绘制有丘形图外，大抵均编造两种地籍册，一则以田丘为纲，田丘项下载明其业主。一则以业户为纲，业户项下载明其所有之田地。惟各地地籍册名称不尽一律，广西对于以丘为纲及以户为纲之两种簿册，分别称为丘领户册及户领丘册，江西分别称为土地清册及地税户册，至广东之广州市则分称地籍册及临时地税底册。

其次，再述简易清查土地办法之内容。此项办法比较重要者如浙、苏、豫、桂等省办理土地陈报，广东办理调查田亩，江西办理清理业权登记土地，其整理土地之手续，普通均同包括下列三项：一、陈报地籍，二、审查业权，三、造册。关于陈报地籍情形，大多系一面由乡镇长或其他工作人员划分地段，按丘编号，一面由业主陈报地籍，惟江宁情形比较特殊，其举办土地陈报时仅由人民陈报，并未临田编号。其次，审查业权，盖即根据人民呈缴之土地凭据审查其产权是否确实。产权确定以后，除广东调查田亩，仍以原有产权书据为凭，不另发给证书外，其他各地均根据陈报结果重新颁发土地管业证。此外为造册，各地于土地清查完竣以后均根据其结果编造地籍册，普通多编造以地为纲之丘领户册及以户为纲之户领丘册两种，惟江宁因未举行履地编号，故只编有户册而无丘册。除地册外，普通尚多于就田地分段编号时绘有简易丘形图，仅江苏省一部分县份无之。

最后，吾人说明土地整理费用之情形。按土地整理办法分为治本与治标两类，在治本办法方面，关于人工测量可以浙江为例。该省办理人工测量，其全部费用，包括测量、登记、发证、造册等项计算，每市亩约为三角零七厘二毫（根据《地政月刊》四卷四五期，航空测量与人工测量问题所载航空测量与人工测量各项业务经费比例表计算而得）。至航空测量则可以江西南昌县为例，其办理航测，全部费用每市亩计为二角八分一厘四毫。江西航测费用比较浙江人工测量为低。惟吾人不可据此推论，谓一般航测费用比较人工测量为少，缘足以影响测量费用之因素甚多，例如测量精度之大小，地形之繁简，测量技术之高下，人事管理之好坏等等皆其最要者。测量精度较大，地形较繁，测量技术生疏，人事管理不妥者，测量费用势必增多；反之，精度较小，地形较简，技术娴熟，管理完善者则费用可减。欲明两种测量方法何者较能省费，务须使上述各项因素情形一律而后可以辨别。浙赣两省测量状况是否完全一致，不得而知，吾人自不可因为江西航测费用比较浙江为低，遽谓一般航测费用低于人工测量。年来一般人对于人工测量与航测何者较为省费之问题意见不一，有谓人工测量费用较少者，有谓航测费用较少者。愚意认定两种测量费用究竟孰高孰低，目前尚无确实材料可资证明，实难遽下断语。

复次，在治标的土地整理办法方面，其费用虽因清查精度，土地形状，清查技术，人事管理等项情形之不同而有高下之差，但一般比较治本办法，无论为人工测量或航测，则均低贱，此已为一般人所公认。关于治标办法费用情形，可就江苏所属镇江、江都、宜兴、江阴、萧县六县办理土地陈报之结果而言，其费用综合陈报、审核、印刷、编造等项一并计算，

	陈报面积（旧亩）	费用总额（元）	每旧亩费用（元）
镇江	一，一〇二，〇八七	九，五〇五	〇.〇〇八六二
江都	二，三二六，八八九	一七，六二四	〇.〇〇七五七
宜兴	二九六，五三三	九，六〇二	〇.〇〇七四一
江阴	一，二〇三，三一七	八，一六五	〇.〇〇六七九
溧阳	一，四二六，一七七	九，六〇八	〇.〇〇六七四
萧县	二，四五三，六六六	一五，七九九	〇.〇〇六四四

根据上表，六县整理土地，每旧亩费用以镇江为最高，计为八厘六毫二丝，萧县为最低，为六厘四毫四丝，今如将其改按市亩计算，则镇江每亩约为七厘一毫五丝，萧县约为五厘三毫五丝。按上述浙江人工测量费用每市亩为三角零七厘二毫，江西航测每市亩为二角八分一厘四毫，是江苏土地陈报费用约只合四十至五十分之一。

三、尾言

以上约略叙明近年我国土地改革与土地整理之状况，兹再陈述个人之意见。我国自近年来，中央及各地方政府对于土地整理工作，倡导进行，不遗余力，似此继续推行，全国地籍不久当可整理清楚，自为良好现象，惟愚意认此尚属次要，最重要者实莫过于土地改革问题。今日土地分配不均，农民要求土地至为迫切，此观近年共党领导进行土地改革能得农民草众之热烈拥护，且该党之政治势力多赖土地革命，当尤显明。处此情势之下自应谋一解决办法。目前国民政府之土地政策采用平均地权与耕者有其田两项办法，欲以最温和的方法解决土地问题，其立意不可谓不善，惟平均地权系以征收土地增值税之方法使土地增值利益归公，按城市地价增涨较速，采用此法固易奏效，至在农地则增涨甚缓，近年我国田价且具跌落趋势，征收增值税方法自难急速见功，我国农地广大，地位比较市地尤为重要，故平均地权办法在事实上恐难有所补益。至耕者有其田则关于如何促进其实现之办法，亦只订有下列数项，即一、政府得限制私人所有土地数额，二、促令不在地主让出土地，及三、减轻地租等是。此等手段亦似嫌过于温和，于今日之土地分配状态，难望其有显著之改善。以上均系就原则评论，至此等原则之实行能至何等程度，犹非目前所知也。

（《大公报·经济周刊》第 179 期，1936 年 08 月 19 日）

中国田赋之积弊及其整理

陶继侃

我国田赋制度，渊源极古，自禹任土作贡，迄今阅数千载，递经因袭，变革綦多，制度渐坏，奸宄以生。遂致税短于上，民困于下，政府日患赋绌，人民日感税重，弊混丛积，实为厉阶。晚近以来，中央及地方对田赋锐意整理，不遗余力，其成效亦有足多。兹请对我国田赋之积弊及其整理设施，作一总括之检讨。

一、田赋之积弊

我国田赋弊窦之多，举世诟病，欲求田赋之整理，必先根究其积弊之症结。兹就地籍，科则，征收三端，加以分析：

（一）地籍之弊：地籍之弊有三：（甲）经界不正——丈田清界，自古垂为要政。子产伍田畴，孟子正经界，汉之度田，宋之方田，均莫不以清理地籍为急务。有明举办清丈，编定图册。鱼鳞册以地为断，以正经界；黄册以户为经，以定赋役。土地移转，按册可稽，地籍既清，纠葛以弭。顾洪武迄今，阅六百载，祸乱相等寻，扰攘靡休，洪杨之乱，毁收尤甚，经界漫 ，图册散佚。嗣后财政日竭，经济益涸，清理有心，丈量无力。遂使地籍混淆，经界不正，此其一。（乙）亩法不齐——我国亩法，亦不统一，省自为制，杂乱无章。以尺言，有部尺、库尺、营造尺、市尺之别；以弓言，有三尺二寸、四尺五寸、六尺五寸、七尺五寸之分；以亩言，更有一百四十弓、二百弓、三百六十弓、六百九十弓之异。尺度不一，弓法不齐，亩量亦无定。亩有册亩，有实亩，缘明初令民垦田，永不起科。嗣以一概量出作数，额遂突溢，乃以大亩赅小亩，取合原额。上报则用大亩以载黄册，是为册亩；下征则用小亩的敷赋役，是为实亩。故各地大亩恒数倍于小亩，其折算寖假且不可考。山东以三小亩合一大亩，河南则三亩四亩不等，各省概不一致。遂致步弓凌乱，亩法不齐，此其二。（丙）

地粮不符——今日田赋，类皆沿袭明清之旧，沧海桑田，地质不异。于是下田而纳上田之粮者有之，上田而纳下田之粮者亦有之。更以田地推收过户制度，未能确立，土地移转，无所稽考，一任册书之操纵。于是田多粮少者有之，粮少田多者亦有之。且人民买卖土地，或以手续繁重，或以胥吏苛索，或以双方协定，或以颜面攸关，卖田而不退粮，买田而不承粮，于是有田无粮者有之。有粮无田者亦有之，辗转推移，粮地日益不符，此其三。

积此诸因，遂致地籍，日陷混乱，弊窦以生，纠纷迭起。近年萧县、当涂、江宁等县举办土地陈报之结果，溢出田亩俱达二十万亩以上，人民讼案竟减少三分之二。各地地籍之不清，盖可想见。

（二）科则之弊：就科则言，其弊有二：（甲）税目繁乱——我国田赋因袭既久，科则遂繁。因事立税，因税立名，或加征、或统征、或偏征、或带征，名目纷杂，省县互异。据赋役全书所载，同一田而分为数十则以至百余则。近年各省附加，更属标新立异。巧立名目，架屋叠床。遂使今日田赋税则错乱繁复，莫可究诘。以浙江言，全省科则共达七百五十五种，绍兴一县，即有六十八种之多，我国田赋税目之杂乱，可见一斑。（乙）负担失平——田赋科则，类皆因袭旧制，不但税目杂乱，负担亦显失公平。如同一上则田也，江苏常熟每亩正税〇.七七五元，正附税合计一.六一四元；而江苏兴化，则每亩正税〇.〇七三元，正附税合计〇.二八四元。同为江苏上则之田，而两县税率相差达八倍，此田之负担不公允。又如同一上则地也，安徽合肥每亩正税〇.六九元，正附税合计一.二九元；而安徽阜阳，则每亩正税〇.〇五元，正附税合计〇.〇七八元。同为安徽上则之地，而两县税率相差达十六倍，此地之负担不公允。又如同一山与荡也，浙江德清山每亩正税〇.〇四二元，正附税合计〇.〇九元；而浙江慈溪山每亩正税〇.〇〇三元，正附税合计〇.〇〇七元。同为浙江之山，而两县税率相差达十二倍。又浙江开化塘每亩正税〇.二三九元，正附税合计〇.五八四元；而浙江桐庐塘每亩正税〇.〇〇四元，正附税合计〇.〇一元，同为浙江之荡，而两县税率相差竟达五十八倍，此山与荡负担之不公允（据《内政年鉴·各省田赋科则调查》及魏颂唐编浙《江省田赋一览表》）。类此畸形，例不胜举。江南浙西田赋之奇重，尤为世所著称。盖多以历史之因袭，辗转形成。初或以地属割据，政令不克统一；或以时当鼎革，蠲加全凭恩怨。驯致一省之内，而人民负担，悬殊若此。民初江浙士绅之疾声呼吁减轻偏重赋额者，其故大可深长思矣。

（三）征收之弊：征收之弊，可归纳为二端：一为侵渔中饱，一为浮收滥征。前者短绌政府之税收，后者增重人民之负担。政府既无图册可据，征收遂不得不仰赖于册书胥吏之手。其遗留私传之钱粮征册，乃成聚宝之盆，摇钱之树。不但世袭，且可价买。（例如浙江兰溪，昂簿出顶，市价六百元一图。以月息二分计，利息每年一百五十元。而昂簿每年所得征收公费，不过三十元，其侵蚀中饱之巨，可以想见）。盖利用地籍之不清，科则之杂乱，征收制度之不能确立，政府之无法稽考，乃颠倒虚实，为所欲为，剥夺于上，朘削于下。手段离奇，千变万化。兹略加检述，以觇其概。

侵鱼中饱，方式不一。或以已收应完粮户之银，移报于准豁免钱粮不再征收之户名下，粮虽完而不必归公，尽饱私囊，是之谓“飞”。或以已收之钱粮，侵蚀入已，而以其数分别加诸他户额外代完，以补不足，是之谓（洒）。或以熟田报荒田，以偏灾作普灾，以重灾报轻，以轻灾报重，无灾而报例灾，有灾而反匿灾，作玄弄虚，以谋肥已，是之谓“诡”。或以已征钱粮吞没，报为未征，如田在甲区，户住乙区，甲区已完之粮，匿而不报，寄之乙区未完之户名项下，或乙区已完之户，故不销号，寄之甲区未完之田产项下，辗转寄顿，无根可寻，是之谓“寄”。（见马寅初著《经济论文集》），他如隐匿田额，篡改科则，借口逃绝，托称民欠。侵吞技术，愈出愈奇。甚者与当地豪绅，朋比为奸，移易户名，影射匿瞒。遂致税款尽饱私囊，政府赋收日绌。今日各省实征尚不及额征之七成，少者只达十之三四，顾其见岂真在民哉！

其次，浮收滥征，手段亦多。或于造串时，税额上下预留空白，任意涂填，是之谓“戴帽穿靴”。或将粮户钱粮地亩，化零为整，额外需索，是之谓“卷尾包零”。或使根串记载不符，根上报少，而串上征多，是之谓“大头小尾”。或于秋勘定案，辨别荒歉，横取苛索，妄定成数，是之谓“买荒造荒”。他如银米折合，任意浮收，过割征收，统须纳费。或横加摊派，或私征罚金，种种索求，不一而足。今日农民负担日重，征敛日苛，卖田鬻子，尚不足以应赋役，顾其收又岂真入官哉！

以上就地籍、科则、征收三端之积弊，略加检讨，已见今日田赋制度，千疮百孔，黑幕重重。此外如粮户滥用花名，逃粮欺隐。地方豪绅，抗赋不纳。公产祭产规避推诿。垦熟新淤，更多秘不升料，黑地宕粮，充溢各省。种种混弊，更不易一一枚举矣。

二、田赋之整理

民国成立，田赋大体承明清之旧，稍加调整。顾以国内多故，丧乱频仍，政令不一，地方割据，附加激增，税则益棼，遂使田赋制度，日就衰败。晚近以来，时局底定，建设伊始，百废俱兴。中央及地方当局，复致力于田赋整理，排难除弊，决心具见。积数年之努力，成绩亦有足多。虽仍以财政税收为目的，然改订科则，以均负担，减轻附加，尤多嘉惠，固判然与掊克聚敛有别也。

先就民初之整理言之，可足述者，约有下列五端：

（一）取消遇闰加征：清制，每遇闰岁，辄行加征，以供国用，载在则例。民国成立，改用阳历，自无加征之必要。乃由直隶、江西等省议会呈请废止，经国会议决，遂于民国六年六月将过闰加征，一律取消。各省免除者，共达银二十万两，米六千石。

（二）减轻偏重赋额：田赋科则，承袭明清之旧，各地负担，类多畸形，江南浙西，赋额特重。民国九年，浙省士绅以钱塘道属各县，负担过重，呼吁减轻。嗣经财政部核议，先就科则最重之嘉兴等县减征，银不得逾一钱，米不得逾一斗。次重之科则，俟清丈后，再行改订。嗣苏省士绅亦以苏松太属各县赋额特重，请援浙西成例减轻。乃依浙西成案，略加变通，分为三等减征。每征米一斗以上者，减至一斗，九升五合以上者，减至九升五合，九升以上者，减至九升，每亩仍以银米并计，不逾银一元五角为限。

（三）限制征收费用：清制，田赋正供之外，例有平余，欠耗，以充征收经费。惟此外复有局费私费，名目繁杂，额外苛索。民初，或耗并入正，或征正去耗，另定征收费，惟各省办法纷歧，苛敛仍多，民国三年，财政部明令田赋正额外，得附加征收费。以百分之十为限。

（四）规定改征银元：清制，地丁征银，漕米派征本色，银以两钱分厘计，粮米以石斗升合计。其后粮米亦改征折色，惟银米折算，漫无标准，省异而县不同。或勒洋价，或贴平色，或收斛垫，或索兑费，浮收滥征，弊混百出。民国三年，财政部为划一币制，通令各省一律改征银元，折合办法，由部酌定颁行。

（五）归并繁复税目：逊清田赋名目，极为繁杂。以地丁论，有驿站，有杠脚，有各种杂费，耗羡以外，又有倾工，欠耗，补平，房书，工役各杂款。以漕粮论，有漕折，有漕项，有漕耗，而漕项一项，轻赍折席等名目，凡数十种。丁漕以外，又有杂税杂课，名目繁乱，不胜枚举。民国成立，按各项税目性质，分别归并，大别为地丁、漕粮、租课、地方附加、差徭杂赋等类。

国府建都南京以还，承迭年篸乱残败之余，与民更始，田赋整理，更积极推进，不遗余力。兹择要胪举于下：

（一）划田赋为地方税：我国田赋，向为国家正供，年须专案奏销。国府成立，建国大纲明文规定：土地之岁收，地价之增益，公地之生产，山林川泽之息，矿产水力之利，皆为地方政府所有，用以经营地方人民之事业，及育幼、养老、济贫、救灾、医病与夫种种公共之需（建国大纲第十一条）。十六年七月，财政部公布划分国家地方收入暂行标准案，列田赋为地方收入。十七年召集第一次财政会议，复就原案加以审查，确定中央收入与地方收入标准，田赋正式划为地方税。惟中央仍负监督之责，土地法规亦由中央制定颁行，以收统一指挥之效。

（二）减轻田赋附加：我国田赋附加，始于清季。雍正以还，即有欠耗、平余等名目，与正项同征。咸丰初年，更按粮随征津贴，嗣后庚子赔款，举办新政，无一不以田赋附加为挹注，于是附税名目，渐形繁杂。（庚子赔款，摊派各省，多附加于田赋，例如江苏每银一两，附加二百文。而举办新政，各省筹款，亦以田赋带征为便，附税名目遂繁。例如奉吉黑之警学亩捐饷捐，浙皖之丁漕加征，闵川粤之加收粮捐，苏鄂之规复丁漕征价等。）民元参议院厘定国家税及地方税法，定田赋为国税，而予地方以带征附加之权。民三以黄河决口，山东直隶自行加征附税，以治河工。民四以岁计不敷，中央令援鲁冀之例，增加附税，以资弥补，共增加银达七，八八三，六七〇元。民四以后，旧附加并入正税，而新附加又层出不穷。财政部虽有（附加税不得超过正税百分之三十）之规定，顾各省我行我素，附加日多。益以局杌陧，政费浩繁，省征于上，县敛于下，驯致附税之额，倍于正供。国府成立，限制附加，垂为政纲（《中国国民党第一次全国代表大会宣言》“对内政策”第八条：严定田赋地税之法定额，禁收一切额外之征）。民十七年十月十二日，财政部颁布限制田赋附加办法八项：（1）田赋正税附捐总额，不得超过总理遗教所言现时地价百分之一。其已经超过此数之各县，不得再增，并须陆续设法核减，适合地价百分之一为度。（2）田赋附捐之总额，不得超过旧有正税之数。其已经超过正税之各县，不得再加附捐，并须陆续设法核减，至多与正税同数为止。（3）忙银应改两为元，将每亩旧时应完银两数，及改征银元之数，并各种附捐数目，注明易知由单与粮串。（4）漕米应改石为元，将每亩旧时应完银石数，及改征银元之数，并各种附捐数目，注明易知由单与粮串。（5）忙漕折合银元数目，均以分为止。（6）各县征收忙漕，仍用分期启征法，照旧例办理。（7）在实行清丈报价以前，地价分类，暂以各该县现时地价为标准。（8）前项地价，如各该县市乡地价有高下时，以各市乡平均数为准。

顾财政部此项规定，与事实每多凿枘，盖百一限度与附税不得超过正税之限制，辄相冲突。例如江苏如皋，附税超过正税达十六倍，而正附总额尚在地价百一限度之下。且各地正税轻重悬殊，地价尤难规定。地方当局更多借口，掊克益烈。甚或巧立名目，于随粮带征之款，因已超过正税，并不在粮串内加盖红戳，另给收条，以图蒙蔽。故十七年以后，各地附加，激增仍速。二十二年一月，内政部召集第二次全国内政会议，财政部提出整理田赋附加问题，召集整理田赋附加会议，通过财政部拟定《整理办法草案》，五月，经行政院核准，颁布《整理田赋附加办法》十一条：（1）各地方田赋附加，依本办法整理之。（2）旧有之正税外，凡以亩数（即亩捐）或赋额及串票等为征收标准之一切税捐，均以附加论。（3）附加总额速同正税一并计算，不得超过地价百分之一。至地价未经查报，各地方附加总额，暂以不超过正税为限。（4）超过前项限度之地方，应将原有附加分别裁减，程序以有关行政为先，事业费次之。（5）各地方遇有灾歉时，附加应随同正税减免。（6）地价之计算，应全市或全县农田分若干等，按照最近三年买卖地价等估计，再乘以田亩数目，合并计之，作为地价总额。（7）各地方田赋附加，一律限于二十二年度内全部整理完竣，不得延缓或遗漏。（8）各地方田赋附加，在未整理完竣前，不得增加。整理完竣后，其未超过限度各地方，如遇必须征收附加时，应依照《修正监督地方财政暂行办法》第四条办理。（9）财政部于必要时，得派员会同省市政府整理之。（10）公务人员，如有违法擅征情事时，依法免戒。（11）本办法自呈院核准之日施行。

此次规定，较前已见周密，惜各省未尽奉行。二十三年二月二十五日，四中全会通过孔部长等减轻田赋附加提案，二十七日行政院又经议决。五月二十一日，第二次全国财政会议开幕。关于减轻田赋附加及取缔临时摊派之提案，计十七件，经大会议决六项原则如次：（1）在各县土地办理陈报以后，如所报地价，可资为按价征税之依摊者，即按报价划为若干等级，每等酌定平均价格，以百分之一征税为原则，附税名目一律取消。其所收税款之分配，以省得百分之四十，县得百分之六十为原则，并得按照各县地方情形酌量增减之。（2）在土地未实行清丈以前，各县田赋不能按照陈报地价征收者，即参照报价及收益，将原有科则删繁就简，改并为新等则征收，但附加不得超过原有正税总额。其在原科则轻征或极重之区，均以正附税并计，不超过地价百分之一为原则。（3）现有田赋附加，无论已否超过正税，自二十三年度起，不得以任何急需任何名目，再有增加。（4）各县区乡镇之临时亩捐摊派，应严加禁止。（5）附加带征期满，或原标的已不复存在者，应即废除。不得再变更用途，继续征收。（6）田赋附加现已超过正税者，应限期递减。并以土地陈报所增赋额，尽先拨充抵补减轻附加之用。

此项原则，当由行政院通过，经财政部咨令施行。国府并颁布明令，嗣后对于田赋永远不准再加附加，并永远不准再立不合法之税捐名目，著为定例（见二十三年六月八日国民政府令）。财政部以此次财政会议决之减轻田赋附加废除苛捐杂税等案，期在必行，并议定抵补办法三项：（一）各省市预算先自紧缩，删除浮滥，节省之款为第一抵补；（二）各省捐税整理后，增收之款为第二抵补；（三）中央以烟酒牌照税，全期划归地方办理，并以印花税收，提拔一成归省，三成归县，二成接济边远贫瘠省份，为第三抵补。值兹国库短绌之际，不惜将国税一部分拨归地方，尤足为地方表率，且示中央减轻附加废除苛杂之决心。

此次整理田赋附加办法，规定颇为切实，财政部亦能认真监督。兼之政治暂上轨道，农村日见破产，故各地方政府虽不乏玩忽功令者，然大部分均能恪遵奉行。截至二十四年八月止，各省先后废除附加税额共达一七，八九三，〇五四元。兹据财政部之统计，将各省市减轻田赋附加种类及税额，列表说明于次：（见孔祥熙氏之整理地方财政简要报告）

表一　各省市减轻田赋附加统计表（二十四年八月底止）

省市别	种类数目	五中全会前原报款额（元）	五中全会后续报款额（元）	合计（元）
江苏	8	137,978	————	137,978
浙江		1,604,037	2,783,726	4,387,763
安徽	108	286,891	919,497	1,206,388
河北		799,000	1,095,555	1,894,555
山东			560,000	560,000
河南	46	未详		
察哈尔			91,188	91,188
绥远	4	23,500	23,693	47,193
湖南	8	391,590	2,982,329	3,373,919
湖北	21	520,221	1,200,000	1,720,221
江西	39	3,158,166		3,158,166
福建			900,000	900,000
宁夏	4		89,395	89,395
甘肃	13		311,516	311,516
青海			14,634	14,634
北平市	1	138		138
合计	252	6,921,521	10,971,533	17,898,054

说明：浙鲁察湘鄂甘青等省续报款额系拟裁数，河北续报款额内有拟裁数五九六，〇〇〇元。

各省整理田赋附加办法，大率依据第二次全国财政会议决定之六项原则。惟各地情况不同，故详细办法不尽一致。兹以江苏、浙江为例，略加说明。苏省田赋附加，向称繁杂，全省附税名目多至一百零五种。附税超过正税，高者达二十倍。整理附加办法，可有下列四端：

（1）统一名称：将各县附税繁杂名目，按性质分别归并另定百分支配比例，在串票上只有省税、县税两种名称。（2）审核用途：由财政厅组设地方预算审核委员会，召集各该县长切实审核其附加用途。（3）核减税率：将各县附加税率过重者，严加核减以轻人民担负。（4）禁止增征：嗣后禁各县任意增征附加税捐。浙江整理田赋附加办法，分为甲乙丙三种：（甲）就标准内，加收附捐，以百分率支配各种事业经费，将原有各种附捐亩捐名目，一律取消。其标准即每正税一元，得以带征附税一元，即以不超过一倍为原则。（乙）依附加数目之轻重，事业经费之缓急，而定核减方针。计各种附捐亩捐，可以酌量减免者：（一）保卫附捐或亩捐，无匪县份缓征。（二）筑路税款免征。（三）农行股本免征。（四）治虫经费免征。（五）预征清丈测验费，改分四年带征。（六）自治附捐，教育两捐及其他各种要捐，应仿照预算紧缩成案，将各种预算采予以紧缩，就原带征捐率，各改为七折或八折征收。（丙）限令各县编造地方事业全部收支概算，严格审查，将各项开支，尽量紧缩，再定核减附捐之标准。办法如下：（一）限期编送全部收支预算，严格审查，尽量收缩，核定其实在应支之数，再就应支之数，以定各该县核减附捐之标准。（二）旧有各项附捐，应酌量归并，以便通筹核减。（三）办理清丈及丘地图册完成之后，所有增加之县地方收入，应指定作为裁缩附捐之抵补，不得挪作别用。（四）此后无论举办何种事业，不得在田赋或田亩项下，增加人民之负担。

（三）举办土地陈报：二十二年十二月，第四届四中全会，关于田赋改革，经议决二案：一为减轻田赋附加，一为整理田赋先举办土地陈报。嗣于二十三年五月由财政部召集第二次全国财政会议，拟具实施方案，通过《土地陈报纲要》三十五条，呈准行政院颁布施行。盖我国田赋败坏之症结，在地、户、粮三者失所联系，政府无稽考之具，不悉田地坐落、粮户真名；业户无征信之资，不识科则重轻、负担多寡。遂使吏胥因缘为奸，侵渔于上，朘削于下，积弊重重，上下交困。整理之道，厥为举办测量及登记，继以严密之推收制度，使地系户，户统粮，粮符地，地随户转，粮跟地移，实地实户，实粮之效，垂于永久，自为长治久安一劳永逸之计。顾土地测量事功艰巨，费用浩繁，殊非磋咄可办。前浙江民政厅长朱家骅氏乃参考日本整理土地方法，倡办土地陈报。经十七年十二月内政部召集之苏浙闽皖赣五省民政会议通过，遂即在浙施行。顾以事属初创，计划未周，全省一齐举办，不易推动，事经年余，迄无结果。十九年十月朱氏去职，此次陈报遂草草结束。田亩虽多增益（浙省共辖二市七十五县，除庆元等二十一县因匪共未清，查编困难，或图册被毁，有待重新编造者外，就送到总册统计，陈报面积，共五千六百六十七万余亩，较额征亩分，增溢一千七百八十九万余亩），顾一部系临时赶造，难尽凭信，且以原拟另编征册，故依自治区域之村里举办，对于旧征粮都图庄圩之名称以及业户承粮之户名，均略而未问。以致陈报册编成，仍不能与旧都图之粮册对勘。其比照旧额征数增溢之地，又因未查旧粮户，究应分加于某都图某粮户之上，无从核悉，故即旧粮赋额亦无从挤增，以致陈报册束置无用。朱氏虽拟有第二步整理计划，然事实上已无法推进，浙省此次试办，不幸遂陷失败。二十二年四月，江宁自治实验县继之举办，以准备充足，办理认真，成效颇著。田额由百十万亩而增至百三十万亩，税收由三十万而增至一百零五万元。顾以系就户问地，未先履地勘查，致隐匿讹误，在所不免，故虽陈报结束，而仍不得不更正修改。嗣后第二次全国财政会议即根据浙江及江宁办法，取精用宏，厘订《土地陈报纲要》三十五条，呈由行政院颁行。此次院颁《土地陈报纲要》，与以前各省整理田赋方法不同之点，约有三端：（一）不仅为增益税收而在减轻负担，（二）不向人民收任何费用，（三）以整理所增之税收，充作减轻附加与发展地方事业之用。职是之由，用能取信于民，而收整理之效，安徽当涂，江苏萧县赓续举办，成效卓著。当涂溢增熟征田地二十九万余亩，萧县溢田一百十二万亩，当即改订科则，减轻负担。以当涂论，田赋附加较以往七年之平均税率，减轻达百分之四十八，而省县双方之税收，反可盈十一万余元。萧县减轻税率平均二一.四一%，而省县双方尚可盈收四万余元。江苏沭阳、江都、溧阳、宜兴、镇江，相继举办，亦成效卓著。惟我国幅员广袤，南北情形迥不相侔，财部遂于二十四年九月，在豫省陕县，再行试办，成绩亦有可观（作者在豫考察时，陕县陈报外业工作已竣，正在整理中，田额颇多增益，据粮册载，共计二一七，六九〇亩，而现截至保甲长陈报及抽查结果，已达八七三，七一一亩，均增六十余万亩，至分户陈报及复查结果，或尚有增加）。迭年以来，江苏、安徽、广西、福建、湖北、湖南、河南、山东诸省，推行颇见积极。财部亦擘划指导，不遗余力。行政院且通令全国，期以一年办竣。就田赋整理言，土地陈报尚不失为一有效方法，对于查挤隐匿，剔除积弊，改订科则诸端，各地实施以来，均收相当效果。浙江以前次陈报失败关系，不克再办，现除积极推行测量外，则用丘地图册、清查地粮等方法，亦能达到治标目的。兹将江苏、安徽各县陈报后溢地数额及当涂、萧县、江都等县税率减轻概况，分别列表统计于后（见整理地方财政简要报告及当涂、萧县、江都等县土地陈报概略）：

表二 江苏、安徽各县土地陈报溢地统计表

县别	原有亩数	陈报亩数	溢出亩数
沭阳	1,422,137	3,145,561	1,723,424
萧县	1,382,081	2,453,665	1,121,584
江都	1,878,251	2,326,889	448,638
当涂	901,895	1,197,804	295,909
溧阳	1,352,062	1,426,177	74,115
宜兴	1,254,082	1,296,533	42,452
镇江	1,063,531	1,102,087	38,556
江陵	1,214,085	1,242,141	28,056

（说明：镇江、宜兴、江陵、溧阳、萧县、当涂各县原有亩数，系指二十二年熟征田亩。）

表三 安徽当涂土地陈报后附税率减耗比较表

项目／年别	每亩原征附加税率（元）	陈报后附加税率（元）	比较减轻数（元）	减轻百分比（%）
十八年	0.2797	0.192	0.0877	31.35
十九年	0.4797	0.192	0.2877	59.97
二十年	0.4057	0.192	0.2137	52.67
二十一年	0.4673	0.192	0.2753	58.91
二十二年	0.4077	0.192	0.2157	52.91
二十三年	0.3018	0.192	0.1098	36.38
二十四年	0.2403	0.192	0.0483	20.09
七年平均	0.3689	0.192	0.1769	47.95

说明：上表田赋附加税率串票捐一种，因计算方法不同（按串每张征洋一分二厘），尚未计算在内，故陈报后实在减轻之数，较表列尤大。

表四 江苏萧县土地陈报后田赋税率减轻比较表

年别＼项别	原征每亩税率（元）	现拟三等税率之平均数（元）	比较减轻数（元）	减轻百分比（%）
二十一年	0.2733	0.2356	0.0377	13.79
二十二年	0.3043	0.2356	0.0687	22.57
二十三年	0.2843	0.2356	0.0487	17.13
二十四年	0.3130	0.2356	0.0774	24.72
四年平均	0.2937	0.2356	0.0581	19.78

说明：（1）上表各年原征税率系按亩计算，其按元带征之积谷捐（正税每元带征六厘），因计算方法不同，尚未列入。（2）本表税表系正附税并计。（3）该县民田征税，原不分等则，陈报后按土地优劣，分为三等征税，一等田每亩征二角五分，二等田二角三分，三等田一角八分，本表比较系取加权平均数，即 $W.A=\frac{\sum WX}{\sum W}$（W 为亩数，X 为税率）。（4）作者此次在该县考察，发现财政部所记载该县二等田每亩征二角二分（见财部编印《萧县土地陈报概略》八页及十七页，与孔部长二十四年十月之《整理地方财政简要报告》二五页），实系二角三分之误，因此本表中作者所算出之三等税率平均数，比较减轻数以及减轻百分比，与财政部所计算之数字，稍有出入。

表五 江苏江都县土地陈报后田赋税率减轻比较表

年别＼项别	每亩原征税率（元）	陈报后拟征税率（元）	每亩减轻数（元）	减轻百分比（%）
十九年	1.9794305	0.90	1.0794305	54.6
二十年	2.1548805	0.90	1.2548805	58.1
二十一年	2.3303305	0.90	1.4303305	61.3
二十二年	2.166708	0.90	1.266708	58.5
二十三年	1.9035205	0.90	1.0035205	52.6
五年平均	2.10697	0.90	1.20697	57.3

说明：上表数字比较，系以原有民田最高科则（二则半下折）与现拟一等上则税率（每亩九角）为标准。表中税率系正附并计，各年教育串捐二分，因计算单不同，均未列入原征数内。

（四）改革田赋征收：我国田赋征收，积弊最深，不惟朘削人民，且足为吏治之害，长贪婪侵渔之风，故彻底加以改革，实属不容稍缓。二十三年五月第二次全国财政会议，会议决田赋征收制度改革原则八项：（1）经征机关与收款机关，应须分立，由县政府指定当地银行、农业仓库，或合作社收款，若无此等机关则由县政府财政局或科派员在柜收款。（2）串册应注明正附税银元数，及其总额，并须预发通知单。（3）禁止活串。（4）不得携串游征。（5）不得预征。（6）确定征收费，并由正款项下开支，不得另征。（7）革除一切陋规。（8）田赋折合国币，应酌量情形，设法划一。

此项原则，规定颇为切实，迭年以来，各省对改革征收，均见努力，厘定册串格式厉行自封投柜，使收款与经征分别独立，互相控制，并积极恢复义图制度。兹以江苏为例，略加说明。江苏改革征收办法，约有下列数项：

（1）各县自二十四年度起，一律实行忙漕并计，两期四六分征原则。

（2）各县应于二十四年度第一期田赋开征两个月前，将全县各粮户花、名亩分或银米数及应征粮额编造征册，并根据征册，编造串票，册串式样分发各县参酌制用。

（3）各县编造串票时，应注意下列各项：（甲）串式应分存根、执照、通知单三联，均载明粮户姓名、图分号码、亩分粮额及年月日等栏。（乙）串票以两期分造为原则，各县如有特殊情形，得呈请两期并造，但第二期执照一联须留存空告白，俟秋勘定案核实扣除后，再行填注用印。（丙）填造串票，一律须用正楷，粮额一栏，须盖铅字木戳。（丁）串票票面所载应完粮额，应包括一切省县正附税捐征收费手续料清丈费等项折算之总粮额，并须与业户所缴现金相符。

（4）自二十四年度起，所有编造册串手续，均应于每期开征前办竣，嗣后应先期呈应核准，方可开征。

（5）各县于每期田赋开征前，务须将串票通知单一联，先期挚发各业户查览，并将田地等则、税率、税额，及其他业户应注意事项，另行出示周知，印制简要说明书，由各乡镇保甲长散发。

（6）各县应于每年度第一期田赋开征前，将每亩应征税率，暨全县应征省县正附税额及其百分比例，详细列表，呈报财厅备核。

（7）各县田赋征收簿籍表册，至少须具备下列各种：（甲）稽核方面，应备掣串登记簿（即日收簿、流水簿，或循环堂簿之类），及掣串报告表。（乙）收税方面，应备现金日收簿、缴款簿，及征获税款日报表。

（8）各县征收田赋之粮柜组织，自二十四年度起，应从严整顿。征收处内，除管串室由县派员直接负责监管外，概以计算收款发串三部分立为原则，收款部分能由金库代收最妥，否则亦应由县审核委任，以杜浮收。其每日收款与掣串两项结总之数，应相符合，随时责由厅派会记主任抽查稽核。

除上列各项原则外，并规定各县催征方法，以能恢复义图，或其他纯图等组织为最善策。先由武进、无锡等县，赶速设法整顿义图，改良义图缴款方法，以期推收尽利，其他各县，则斟酌现情，或由乡镇保甲长协助催征，或由图甲轮流值年，只负限期催追清款公议处罚之责，不再令其赔累缴垫。现于已办陈报及测量各县，着手改革田赋征收组织。使收款与经征分别独立，以便互相牵掣。收款事直交由当地农民银行办理，由银行在县府设立收税处，纳税人持银行收据，再向管串处领取串票。实行者已有吴县、常熟、昆山、嘉兴、宜兴、吴江等县，成效颇佳。他如萧县、江都等县，虽非由银行收款，然核算、收款、发串三部则分别独立，田赋征收之积弊，亦可廓清。

我国田赋近年之主要整理，略加上述。顾此种设施，类皆补苴治标之计，及财政整顿上权宜之策，即能补偏于一时，终非建制于永久。且我国田赋制度，败坏已极，局部之改革，每虽奏效。正本清源，自非彻底改行地价税制不为功。目前虽测量评价等问题之困难尚多，第不难于无办法中想办法，其详以不在本题范围之内，尤非兹篇所能容，异日当另为文论之。

（《大公报·经济周刊》第188期，1936年10月21日）

论吾国中央与地方政府财政关系之调整

李　锐

中央与地方政府，财政关系，调整之方式如何，随一国之政制及经济情况而不同。先就政制言，中央集权国家，地方政府之官吏，率为中央所任命，各种财政措施，大都逐步受上级长官之严密监督。法国现行之法，即为此种集权制之代表。采行分权制之国家，地方政府，对于财政，在其已获自立法上或立法机关所允许之权限内，可以自由行使，而不受上级行政监督之束缚。美国年来中央集权之趋势，虽渐增进，然就现状言，尚足为此种分权制之代表。英国之制，地方政府之权限，须获自立法机关，但在其既得权限内，固有相当之自由。惟因补助金制度之发达，中央在行政方面，亦具有监督之权。此言政制不同，中央监督地方财政之权，因之而有巨细，但察诸现代之趋势，即采行立法监督者，亦逐渐发达一种行政监督权。

再就经济情形言。在地方经济时代，租税收入，恒多取自不动产，即有规模不大之工商业，亦多为地域所胎，故税基（basis of taxation）恒狭。地方政府征之，尚可粗得其平。经济情形蜕变，国家经济代兴，交通改良，千里比邻，工商业之发达，大都集中于地域适宜交通便利之城市，税基渐由狭而变为广。使在此情形之下，除不动产及小营业外，仍由地方政府征课，无论事实上困难甚多，滋长逃税之害，即使勉强行之，地方政府所得，亦大有肥瘠不匀之弊。因此在现代，各国租税收入，多趋重于中央集权。收入方面，趋势既若此，但中央与地方政府职务之分配，应根据执行此项职务时效率之大小为原则，不能仅凭诸财源之有无以为乘除。现代国家之职务，无论中央或地方政府，均有显著之增加，而此种职务之分配，吾人自效率观点言，有宜于中央者，有宜于地方者，通常如地方警察、中小学教育、公共卫生事业、乡村道路建设、贫穷振恤（应为国家支出而宜于地方执行）以及便利一般人民之公用事业等，似以地方政府执行或经营为适宜。因此在现代，各国政府支出，其趋势又侧重于地方分权。地方财政，因一般经济情形改变之故，收入趋重于中央集权，而同时支出又有地方分权之动向。收入与支出，不能相称，因之如何调整，遂为今日实际财政上之一重要问题。

吾国中央与地方财政关系之调整，年来论之者甚多，作者不揣谫陋，拟再就已意所及，加以论列。第中央与省，省与县之财政关系，截然两事，不能作概括之谈，本文仅就中央与省之财产关系，作一检讨，至于省县财政关系之调整，迟日当另文详之。“财产关系”一词，含义甚多，本文摘要，分为下列三点，加以讨论，至其他细节则从略。

一、税收与补助

税收之源，不外社会所得与财产，各级政府，有其应有之职务，即宜有适当之收入，以资供给。而如何征课社会所得与财产二源，以达平均负担及适宜的分配于各级政府之目的，则视乎一国税制之系统。普通分配收入于各级政府之法，概括可分为三种：（一）划分税源，中央与地方政府之主要税收，各自其分有之税源得之。（二）采用附加税制，地方政府，得从中央之主要税项，征收一定百分比之附加。（三）采用共同税源之法，由中央征收而指定一部分，作为地方收入；或地方征收，而以一部分归中央或由中央与地方分征。如采用以上三法之一种或兼采两种，而地方政府收入，不能与其应有之支出相符时，则兼采行补助之制，以为调整。总之，一国之收入制度，无论采用何种分配方法，宜力求此种制度，具有完整性。换言之，即在一国之内，各级政府虽可有各种不同之税，但自其集合方面观之，应成一整个制度。吾国地域广阔，中央与各省各有其划然之职务，过度集权，事实上甚多困难，采行税源划分之制，自甚适宜。按财政收支系统法之规定，营业税为省正税（百分之三十归县），土地税为县市正税（百分之十五至四五归省），而税基甚广之统税、盐税、关税及所得遗产等税，划归中央。从税之性质及整个制度观点论之，此种分划，自无可指摘之处。惟各省之营业税与若干百分比之田赋及其他合法杂课，能否支应各省今后应有之支出，则为一大问题。第一，吾国经济情形，发达呈畸形状态，沿海及长江流域，殊多现代城市，工商业之发达，颇有可观，至于内地，则瞠乎后矣。且即在各大城市，大规模之工商业，已划为中央统税及特种营业收益税或行为税之税源，地方政府，不得染指，故目前营业税，无论在沿海工商发达各省，抑在内地各省，似均难成一主要之省税。按各省二十四年度之概算，营业税收入占总收入之百分比，最高如浙江省达二八.五一，最低如陕西省仅二.四八，如再以其百分之三十归县，则所占比例尤小。

	田赋（包括契税）		营业税		总收入
	千元	%	千元	%	千元
江苏	13,862	43.81	4,906	14.57	31,644
浙江	9,851	46.34	6,060	28.51	21,256
江西	7,310	35.16	1,689	8.12	20,788
安徽	4,691	42.00	1,559	13.96	11,168
河南	9,037	58.81	2,041	13.28	15,367
福建	3,406	17.61	4,767	24.65	19,337
山东	19,058	76.33	3,091	12.38	24,969
陕西	8,280	45.48	451	2.48	18,205
宁夏	2,461	56.11	665	15.16	4,386
青海	313	31.27	193	19.28	1,001
湖北	2,658	10.83	3,738	15.22	24,554
湖南	3,435	20.70	1,091	6.28	16,593

第二，田赋税率之不均，年来谈改革者述之甚详，无待揭举数字，以资证印。今后果然整理田赋，收入方面之增加，固为意中事。第目前地方政府，仅形具耳。除豢养官吏，办理例行公事外，实无所事事。此后如欲发达地方事业，使之粗具现代地方政策之雏形，须速确定县政府之财政基础。土地税为县市正税，按财政收支系统法，以百分之十五至四十五归省。此十五至四十五之间，斟酌之余地甚多，究应若干，自须视县政府将来之职务而定。总之，省财政如无来源，则必染指于县之田赋，以求取给，而所谓划分，将成具文，结果省县财政，均不能臻于确定。第三，各省政府之苛杂，年来虽时有免除之命令及吁请免除之呼声，然事实上多改头换面，形去而神存。其少数真能免除者，大率得有中央之补助。夫无挹注之新源，而只冀其少收，其难实现，固无足怪。比利时、荷兰及意大利，近年废除地方落地税（Octrois）均由中央政府，予以补助，以作抵偿。故真欲改革地方税制，如支出方面，不能减少，则减除苛杂，必有实际抵补之法，始能实地施行，绝非一纸令文所能奏效也。按照现行《收支法》之分划，省财政不敷之困难，既如上诉。但收支系统法中，又规定中央之所得税及遗产税实行时，以百分之十至二十及百分之十五指定为省补助；以所得百分之二十至三十，及遗产税百分之二十为县补助。此种规定，分给之标

准宜如何，实为一可讨论之问题。如按一定额之标准，分配于各省县，则忽略个别情形；如斟酌个别情形而增减其数目，则将何所遵循以为增减之标准？余意以为吾国中央政府对于各省财政，今后宜树立一种补助制度，指定某某数种税之若干百分比，以为补助之专款。但分配时，应按照一合理之标准。中央年来补助各省之事，时时有之，然大率本诸政治原因，分润不匀，现统一已渐实现，此后应使之制度化，免致令人有无力者向隅之感。

补助之政策，有宜注意者数端。第一，应鼓励地方政府，增加应有之支出，特别关于教育、卫生、道路、公安各方面。第二，利用补助之款，免除苦民之苛杂。在可能范围内，减少地方税率之过度不均。第三，分配应有客观之标准，以揭示于人，使要求多多益善者，无所借口。美国一九二一年联邦政府对于各邦道路之补助，以面积、人口及邮路里数为分配标准。英国现用之加权人口公式，主要以五岁以下儿童数目对成人一定比例之增加，及每人平均可税额在一定数之下，为加权标准。第四，采行补助时，中央应有规定标准及查察成绩之权。至补助之方法，有百分比补助制，即中央予以若干百分比，而以地方自筹其余为条件。此制有利于富区之弊。有单位补助制，即如每修路一里，给以若干，采用此制，富省亦易于多获补助。有总额补助制，按照一定之公式，斟酌各地方政府之需要与收入以定之。现德国、荷兰及英国，均采行此法。自整个国家观点及社会政策上言，此制较为合理。吾国如果采行补助制，亦宜调查各省之收入及实际需要之情形，以为决定之资。第一步应酌定地方政府几种必具之支出；第二步按照合法之税权，决定其收入，果有几何；第三步则从不足之差额上，予以可能之补助。循是进行，则今后地方事业之进展，不第不致有荣枯悬殊之象；即中央监督地方财政之权，亦可□期名实相符，果善用之，亦增进国家统一之有力工具也。

二、借债权之控制

地方政府举债权之控制，为中央监督地方财政一重要问题。采行之方式，有用立法限制者，有侧重行政监督者。美国各联邦政府，在立法上，对于地方政府之借债权，定有最高限额及偿还期限。但实际上，地方政府在平时即乞难于借债。所谓最高限额，率早达到，一遇意外之需，既不能维持而趋于破产。英国地方政府之举债，其用途只限于资本支出。举债之先，须获得国会或中央卫生部之允许，始能进行。而其请求之时，必有一健全之计划，说明正当之理由，且须证明为其财政信用所允许。即此可见英国地方政府举债，中央之行政监督颇严，因之滥举之事少，而积累不能清偿之弊亦鲜。吾国各省政府，年来假新政及建设之名，举债甚多，借贷既得，则移其一部以充其他经常费用，积负甚重，整理殊艰。虽照现行《监督地方财政暂行法》第三条之规定，各省及直隶于行政院之市，遇有变更税目，增加税率或募集公债时，应依法由省市政府拟具计划，咨由财政部审核签注，呈由行政院核转立法院决议，呈请国民政府会行。然实际上，亦只一种例行手续耳。盖中央政府，对于各省财政，平时无监督之实，一遇省市政府所拟之具体计划，自无所资之以为批评判断。且计划往往冠冕堂皇，似不可予以删削，而实际上举债之后，其用途原不必尽如计划中所言。故欲中央真有监督各省政府借债之权，非可仅以在下者循例呈请在上者循例批核为已足。要当（一）在各省政府请求审核之时，详细予以审查，一方面细察其需要之迫切程度，一方面又应视税收之情形及财政之信用以为定夺。（二）批允之后，其举债之方法，亦应予以监督，盖内地各省普通募集方法，多为按县摊派，派募之标准，率以财产。此种方法，实为强迫勒募，非以吸收工商业寻觅投资之游金为目的，弊害所至，易损及经营事业者之活动资金，其仅有不动产而无余金者，且将变卖或借贷以应募。即有金融市场可资发债而不必采摊派之方法之各省政府，当其需要迫切之时，只要有钱可借，率不惜予以甚大之折扣，或甚高之利率，以资引诱。结果债款虽得，而公众之利益因以大受损害。盖积债累累，终须偿还，一日不清，省财政终难有好转之望。今后关于募举之方法，似应只限于向金融市场募集，不得采行摊派方式，出之强迫。即向金融市场举债之时，亦宜先询商中央银行总裁，采听市场行情，是否在其时宜于募债？金融市场，譬之一商店，中行总裁，应为此商店之守门人，各级政府，如欲募举公债，应由此守门人向机指导，或规定先后，如此庶公债利率，不致因一时市场上发行者多而高涨。且按《监督地方财政暂行法》第二条，财政部负监督各级地方财政之责，各省政府举债，事先既须得财政部长之允许，发行时又有中行总裁为之指导，则所谓借债权之控制，庶几能收实效。最近（本年一月）加拿大联邦政府，整理各省债务，财政部长 Dunning 氏，提出组织债务委员会之办法，以实现联邦政府对于各省借债权之有效控制。其法由联邦政府财政部长、各省财政委员、合组——“国家债务委员会”，而以加拿大中行总裁为顾问。此委员会之主要任务，即为调整各省之财政及如何运用借债权。此外联邦政府财政部长，与每省财政委员又分别组“债务委员会”，亦以中行总裁为顾问。凡各省借债，必须得委员会之允许。凡经委员会允许之借债，联邦政府完全负担保之责。加拿大各省，年来负债甚重，几濒破产者颇多，整理之方法如此。他山之石，殊有可资借镜者，故特揭而出之，以资参考。（三）举债之后，其用途是否与计划中所云相符，应有事后之严密审查。特别在中国近年来各省滥于举债，任意移作他用之情况下，不可漠视。至于应有一定之偿还期限，及应按期偿付，亦为应注意之点，兹不详及。

三、财务行政监督权之确定

有效之财务行政监督，第一条件，即须此种监督权之集中。盖运用监督权者，必对于被监督者之情形，洞悉一切，始能为有效之措施。责任不专，则权力不厚；监督不周及，则全局不易明了。故现代学者，谈财务行政监督，几以集中监督权于一机关，为不易之原则。英国财务行政之有效率，即因财政部有充分监督之权，此为研究财政者所共知。战后以来，英国中央政府监督地方政府之财政，其权集中于卫生部。举凡地方政府之财政措施，卫生部莫不洞悉无遗。例如运用借债权，卫生部控制之；支配补助金，卫生部指导之；各种事业进行之成绩，卫生部考核之。尤足多者，卫生部对于各地方政府之事业进行，方法如何，效率如何，时时有详细之消息。本诸此种消息，择其实行方法之最善者，制为规章，以供其他地方政府之采行。故从此点言，英国卫生部不第为最有效率之监督机关，亦实地方政府之最好咨询机关。近来美国学者，对于各邦政府监督地方政府之财政，主张设立一地方财政部，专司监督之责，亦即师英制而出。吾国地方财政之监督，按《监督地方财政暂行法》之规定，由财政部负责。但夷考其实，财政部之监督，片断不完，试就概算之审核言，地方政府，偏就概算，送呈财政部，财政部添注意见，转送主计处，主计处加以编集，送之中政会。中政会审核之后，发还主计处，主计处遵编之后，再送立法院议决。财政部对于各省之概算，既无删削之权；对于借债权之控制，事实上亦只一种循例之审核签注；而对于会计之审核，则系监察院审计部之责，连寓目之机会亦鲜，所谓监督，宁非空谈。语云：管中窥豹，止见一斑，责窥一斑者使谈全豹，其所得至多与扣盘扪籥等耳。此后欲真正改进中央监督地方财政之效率，自应侧重实际，集中监督权于一部，勿徒以例行手续无缺为已足。关于此点，余意以为（一）今后各省之财政，财政部应有全权监督，凡关于财政措施，当由财政部负实际指导之责。换言之，各省对于中央其他各部如教育、交通等，在技术上或计划上，尽可呈请指导，但最后此种计划，是否为该省财政情形所许，或须另筹挹注之法，财政部应有决定之权。（二）各省之概算编制，在进行中，财政部宜有监督权，其实行之后，成绩如何，各种支出，是否与预算相符，财政部亦应有权过问。以上二点，似为今后改革地方财政监督宜具有之要素，罗马非一日所建，一种制度，自须时日稍久，始能树立规模，固非能期之崇朝也。在此高谈增进行政效率之声浪中，故揭出以供商榷。

四、结语

综括言之，本文对中央与各省之财政关系，以为欲使各省地方事业，均有发展之机会，而同时得使省县之财政基础，可以确定，今后中央宜采行一种补助制度。欲使各省财政，渐上轨道，而不滥发公债，以充经常政费，今后中央宜在实际上有控制地方政府借债权之方法。欲使法令规定之地方财政监督，可以充分实现，今后中央之监督地方财政权，宜集中于一部——财政部。制度之良否，半视乎制度之本身，半视乎运用者之是否得其人。舍他人之成法，而不问其环境之是否相同，结果自难尽如所期。然他人以长期之经验，所得结果，而已试之成效甚著者，畏其不易见效而不肯试，亦未免过于自馁。吾国政府，今后行政方面，固宜注重用人，同时制度上，亦宜力求改良。现代国家，政府之职务日增，非有一种健全之行政组织，决不能适应环境，而在百废待举之中国，健全而有效率之行政组织，需要尤切。最近世界大经济恐慌中，各国因收入之不敷，群力求制度方面之改良，以期获得较高之效率。作者特略抒所见，以供关心此问题者之一览，刍荛之见，不必尽当也。

（《大公报·经济周刊》第192期，1936年11月18日）

官价外汇与补贴政策

——新外汇政策平议之一

滕维藻

一

在真正的自由汇率制之下，不发生所谓官价汇率和市价汇率的问题；汇率只有一个：它决定于外汇市场上对于汇票的需求与供给，供需均衡时所决定的汇率也就是能够自然保持一国国际收支均衡的汇率，这本是一个不证自明的真理（A truism）。在外汇管理制之下，管理当局根据种种考虑，以人为的力量决定并维持其对外汇率，这个汇率当然要受两国货币政策资本移亏（包括投机）及彼此对商品劳务的相互供求等因素所影响，但因系由管理当局主动决定，则其高低的抉择以及如何运用，却是一个关系全国经济活动的大问题。新外汇政策一方面采取了较灵活的活动平价（Moving Parity），使央行牌价（所谓市价）比较能适应外汇市场供求状况的变动，但同时却仍然保留了以前的一万二千元的官价（严格说，两者都是官价），适用于法令所特定的范围。这种差别汇率的政策曾经遭受若干舆论的责难，认为是拖了一条不必要的尾巴，不如取消为是。

官价外汇真是一条不必要的尾巴么？当然不是。政府立法原意很明显：希望借这个官价汇率鼓动若干基本民生必需品的输入，以稳定其价格，并希望其进而有益于整个物价系统的稳定。换言之，这是一个利用汇价以施行补贴的政策。问题是这种官价外汇的补贴作用（Subsidiary effect）可能收效至若何程度，比之过去施行的补贴政策（例如公用事业的直接津贴及对于工商事业的低利贷款皆是）有何不同，以及其运用的技术究竟如何。

二

各国平时所实行的补贴政策，目的常在增加某种输出商品在国际市场上的竞争能力，或维持其认为必要的某种基本产业，动机颇为复杂。但各国战时所推行的广泛补贴，几乎毫无例外地是一种调和物价的手段，尤其在实施限价时，更赖此维持成本和价格的均衡。如政府不对某些基本成本组成原素进口原料及农产品等施以补贴，则对一般成品的限价，势必无法维持。至于有关生活费用的食物、衣着、燃料等，尤其有施以补贴必要，因一则可借以减轻战时通货膨胀在分配方面所种下的恶果，一则此等物品都是所谓“工资货物”（Wage goods），稳定其价格，即可易于稳定工资，以消除其对于物价的刺激力，这次官价外汇所适用的商品主要为米麦面粉煤炭（及棉花），其用意是很明显的。

补贴政策的经济影响，最直接的是被补贴物品的价格可以相当稳定，又因物价自成系统，各物价格息息相关，成本与价格固然互相关联，就是一般物品与物品间也是互竞的关系（Competitive）重于互补（Complementary），于是有间接稳定一般价格的作用。但问题尚不如此简单，被补贴物品（及劳务）的价格如被人为地暂时维持于较低水准，则供需情形必随之发生变化，此种变化又必影响被补贴物品的价格，更重要的是如果一国的租税制度缺乏弹性，政府因施行补贴扩大支出的结果，必膨胀了全社会的货币需求，增加促使物价上涨的压力。就消费品而论，任何期间如消费者的货币需求总量超过同期内可供消费物品以期初价格计算的价值，即足促成物价上涨，如在严格限价制度下，则显出存货消耗加速的现象（除非同时实施定量分配）。

就前一点论，在某一货币所得水准下，由于被补贴物品价格比较在任其上涨时为低，消费者能够用同样货币购得更多的货物（如被补贴物品需要具有弹性，则增加其购买量，否则即实行多购其他物品）。也就是他们的真实所得增加。假如此时消费者的边际消费倾向（Marginal Propensity to Consume）小于平均消费倾向（Average Propensity to Consume），则在某一货币所得水准下，低价格的总货币需求较之高价格时为小，补贴政策可以减少促进物价上涨的压力；但如消费者边际消费倾向加大，则情形便要相反。

不过上述这种静态分析（假定所得水准不变）并不重要，更值得注意的是由于补贴使政府财政缺额加大以致增加发钞。使国民货币所得水准提高，更因倍比作用（Multiplier effect），有效需求可能作若干倍以上的膨胀，此时如租税制度缺乏弹性，新增的所得无适当方法加以吸收，终必对物价发生作用，引起通货与物价之间的恶性循环。

以上分析补贴政策对物价的影响主要是从需求或消费方面着眼的，至于它对于供给或生产的影响，即当为一般人所忽视。如果某种生产只有在津贴之下才能存在，则就经济意义言，此项生产乃是一种负生产——生产价值不足抵偿其所耗总成本，除非另有考虑，不妨令其减产甚至停工，使有用资源转移到其他生产部门里去，但这种例子究竟很少。一般情形是补贴可使该项物品价格较低，假定其可供民众消费的数量系属固定，则售货者存货消耗量加大，如并非固定，则补贴即无异竞亏消费，鼓励该物的生产占用更多的资源。此外，补贴的数量也有关系，如政府所给补贴恰等于物价在无补贴时所将上涨之数，而售货量或生产量则因需要之增加而增加，利润膨胀，生产扩展。但如补贴数小于物价所将上涨之率，或因行政手续太繁，补贴款项支付太迟，在物价继涨下生产者（或售货者）不免遭受损失，供给则将减少——这尤其在限价只限于少数被补贴物品而他物价格上涨不已时更易如此。

三

以上是对于补贴政策的经济影响之基本分析。根据这个分析，可见补贴对于物价和生产的影响异常复杂，欲研究某项补贴方案究竟是否有助于平抑物价和鼓励生产，必须先分析这项方案的各种影响并权衡其相对重要性，才能得到一个较具体的结论。以下试就此次新外汇政策中对于官价外汇运出的规定，讨论其可能的补贴作用，并与现行补贴方法（如公用交通等事业的直接津贴和低利工业贷款）相比较，以觇其优点何在。

第一，这次官价外汇所适用的范围，照目前规定为米麦、面粉、棉花、煤及焦炭，这几项物品或为构成工资的基本原素，或为主要工业原料，选为官价外汇补贴的对象，除了面粉可改易为小麦以节省外汇及增加面粉工业就业已有人指出外，其余都是很合理的。过去（及现在）政府的补贴集中在若干公用事业（尤其京沪）和交通事业上，其中有很大一部分如邮、电、自来水、公共汽车、空运等，既非主要工资原素又非生产事业重要成本，而且价格因补贴而低廉反易鼓励消费（例如平津客运票价本低，于是天津的人可以随便坐火车到北平去逛一趟，就是一个浅近的例），实在没有继续补贴的必要。政府最近决定减少对这些事业的补贴，并拟有所谓自动涨价公式以减少其每次调整时刺激物价的心理作用，实在是一个比较合理的措施。此外若干被补贴物品或劳务虽不同时为相当重要的生产或销售成本——如铁路、海运及电力，期可充分利用差别价格政府（Differential Price）（如客运与货运，日常用电与工业用电），以节约消费及减少政府在补贴方面的负担。

第二，利用官价外汇稳定工资货物和主要工业原料的办法，较之现行直接津贴或低利贷款的补贴方法还有更重要的优点，是它不曾引起通货和物价间竞费式的恶性循环。即使直接津贴或低利贷款所选为补贴的对象能够合理，但如补贴支出可造成的岁亏系由发行弥补，则由此种支出所膨胀的货币所得不能运用弹性税制加以吸收，在物价继涨情形下，我们也难希望节储保持于货币的□态，结果由补贴所引起的所得水准膨胀（所得不用于消费，则用于节储），对于物价必有很大的刺激作用。物价继涨，政府如欲继续补贴，则支出更增，由是造成物价与政府支出的竞赛，补贴之意义全失。现在如改用官价外汇鼓励自国外采购大批工资货物及主要原料入口，政府固然消耗了一笔可观的外汇，但如因此而能相当地稳定了工资及原料价格（至少可以减缓其上涨率），则对一般物价及生产必定大有裨益，可以部分地解救目前的经济危机，这笔外汇的消耗，至少比过去一年多来因维持不合理汇率而让一切物品廉价进口所消耗掉的几亿美元来得合理些。

第三，就对于整个生产事业的影响而论，用官价外汇稳定几种基本物品价格的办法，也比较现行低利贷款的补贴来得好。在物价继涨过程中，如物价上涨率超过利率，任何借到款项的人都等于得到一笔补贴，预期的物价上涨率与利率之差愈大，愈鼓励生产单位的扩充，提高生产原素的价格，在全社会渐近充分就业及技术不变的假定之下，低利贷款只能扩充囤积利润或增加某些生产单位的生产（即使生产原素移转），而不能增加全社会的总产量——而因囤积利润超过制造利润之故，更可能减少全社会的总产量，低利贷款绝不足以真正解决产业资金问题。改善的办法之一是低利贷款为利息补贴，政府认为某种生产应加补贴者，不必给以贷款而令该业按市场利率向外借款，由政府补贴其利率差额（按生产量多少），此法可使囤积减少，生产原素供给增加，而物价上涨率亦可减缓。不过实行这种办法有许多顾虑，技术上也颇为繁杂。假如我们现在能筹得大批外汇，运进大批粮食和重要原料，使其价格得以稳定，工资以至工业生产成本即可不致大涨。目前我国由于政治顾虑，工会势力甚大，工资水准可谓甚高，而生产效率则较低，有人分析目前上海纺织业纱支成本中，工缴合原料百分之一百二十余，战前则仅为百分之三十五，工缴中以工资一项上升倍数最多。现工资既按生活指数调节，如粮食燃料等稳定，工资不致大涨，则利润扩张，生产可以增加。这是汇价补贴的又一优点，而且这种利益必普及于所有产业，不像低利贷款那样分配不均，让少数大工厂享受特殊利益。

最后，这种稳定工资及主要原料的办法较之直接补贴或低利贷款还有其他优点，诸如（一）手续简单。合理的施行补贴，必须对各补贴对象的价格及成本情形有详尽分析，不应使其有特殊利润，也不应使其有特殊亏损，补贴的付给标准是不易决定的。上述这种方法可以省去这些麻烦。（二）被补贴的生产单位常因成本会记不能显示真正成本状况，而引起生产效率的低落，这在公用事业尤其显著，稳定工资和原料的办法可以使所有工业仍能在相同的基础上竞争，生产效能可以增进。

四

根据以上的分析，我们认为官价外汇并不是一条不必要的尾巴，只要运用得当，其补贴作用较之直接补贴和低利贷款有利无弊，因此我们衷心希望政府能有大气魄，下大决心，募集一大笔外汇来补贴。英国在第二次世界大战后，也曾经由政府购运大宗食粮及原料，廉价配售人民或制造商（如以小麦廉售于制粉厂），结果异常良好，工资和物价颇为稳定——虽然政府单为粮食一项，每年便贴了一万万三千万镑。

政府如能由（一）现有外汇（必要时可以停止供给商用外汇），（二）国外借款（棉、麦贷款亦可）筹得一笔外汇，则只要□用中信局或另设一采办机构，实行起来，并不太难。如果恐怕进口商人运进米、麦、棉花以后，价格不易控制，或恐其利润太大，必要时根本可由政府独立进口，在这种情形下，本无所谓官价不官价问题，官价可以取消，现有的一切补贴也可以逐渐废止。

如果单从胜利后两年来棉花、米、麦等进口数字（包括联总的救济物资）估计，实行上述政策所需外汇的数字一定极大，但在粮价等逐渐稳定之后，一切生产者消费者的囤积即将减少，也许所需进口数量不如想象之大。再者进口以后究采分配抑在市场抛售的办法，我以为后者较好，因为费用可以较少，而且米麦等粮食等多属必需品，需求弹性较小，不采行定量分配也不致如何刺激消费。至为这几种物品价格稳定后是否将打击生产者，我以为也无庸多虑，至少就粮食而论，农民在粮价低的时候，他所施行的调整，往往不是减少生产而是增加生产，而且绝大多数中小农民，他们能够出售的粮食并不多，或者还曾因粮价低廉而改善了他的经济地位。惟一可虑的也许是棉花，棉价压得太低常常会使农民改种其他作物，不过这也有管理当局对于抛售价格的善为适用，如果政府外汇不足，将棉花归入市价汇率进口也未为不可——因为如前所述，单只稳定工资已经很足以扶持棉工业的发展。

（《大公报·经济周刊复刊》第 1 期，1947 年 10 月 15 日）

中国工业化的农业基础

鲍觉民

抗战以前，我国的经济发展，原极落后，人民生活的水准，已很低下；经过八年的艰苦抗战，虽说争得最后的胜利，但是全国经济上的创伤，大为加深，一般国民的生活，更是江河日下。战后的建国大计，自然应当全国一致，同心同力，从事经济建设，积极增强国力，改善民生。不过经济建设事业，头绪纷繁，纲目举列，各方意见，颇有出入，尤其是对于工业和农业两者的轻重先后，曾有不少热烈的讨论。其实根据人类经济发展的演进来看，各种生产事业，当是具有彼此的相互关联性，本难截然割分，特别是在近代各国经济的发展上，表现更为显著。单从工业和农业的关系来说，各国大量的农作产物，有的是为供给工业的原料，有的是为供给工人的食粮；至于工业的繁荣或衰落，更是直接或间接地影响到农业产物的消费能力。两者之间，充分表示相互的影响，彼此的依存，并不能具有单独的命运。如此情形，对于我国今后的经济发展，当然不能例外。处于今日的世界，无论是从国防观点，或就民生着想，我们必须尽早推行工业化，已经毫无疑问，不须再加讨论，但同时我们万万不能说是憧憬于幻想的美丽情景，以致忽略当前国家经济的现实，和对于工业化的农业基础应有的认识。换句话说，今后我国的工业建设，要想能够迈步前进，奠定根基，必须正视我们几千年来根深蒂固的农业社会，并且进一步地要从一个现代化的农业基础上，取得我们工业发展所需要的原料、劳力、市场，以及工业建设的资本。

就原料言，近代各国工业的发展，原料的来源，虽然种类很多，不外农，矿、林、牧、渔几项产物，尤其是农作产品所占的地位，最为重要。美国为目前世界高度工业化的国家，但是每年它的全部工业原料当中，平均就有百分之六十五，全是农产物品。又据前几年前美国福特汽车公司经济的报告，平均每制造一百万辆汽车，所要需用的原料，除去各项金属矿物以及其他产物以外，需要八十万头绵羊的羊毛，三万头牛的皮革，以及两万头猪和十万头山羊的牧产物；此外又需要四十二万英亩农地所产的棉花，一万一千英亩农田所产的玉蜀黍，和五万英亩林地所产的木材，其他如橡皮、苎麻等农产，更不待言。至于各国的面粉、纺织，以至榨油、炼糖等各种工业，更只不过是农作产品的加工制造，借以供给人类较为适合的消费而已。近代化学工业的进步，大为增加农产物在供给工业原料上的重要性。试就最近十年来欧美各国的胶木（Plasties）工业来说，发展极为迅速，用途及为广遍，主要制造的原料，不外木材以及其他植物的纤维。至如马铃薯和玉蜀黍，可以制造酒精，利用大豆可以制成人造橡皮，都是显著的事实。由此可知农产品在近代工业上的应用，愈是推广，也就是农产品在工业原料上的供给，愈是重要。

我国至今一直虽是号称为农业国家，但是因为农业生产技术的落后，多数农作物在质与量的两方面，都未能适应工业上的需要。抗战以前，我国较为重要的新式工业，当推纺织与面粉工业，当时需要的棉毛和小麦原料，一部分还是靠海外的供给。今后如须大规模地推广工业，农业原料的需求更多，唯有尽先从改进农业入手，增加农作的产量，改良农作的品质，借以配合工业发展的需要，奠立工业建设的基础。英国自工业革命以后，农业衰落，工业勃兴，但因拥有海外广大的殖民地，可以大量供给本国的原料及食粮，并且具备强大的海军及运输能力，才能维持长久高度工业化的地位。至于战前的日本，工业原料中的棉花、羊毛、橡皮等，平时固然可以仰给海外的输入，战争期中，原料来源大部断绝，工业生产惨受打击，可为前车之鉴。

说到工业发展需要的劳力，也须依赖农村的供给。目前我国四分之三以上的人口，全是农民，将来农业改进以后，每一农民的生产能力，稍有增加，也就是农村劳力的需要，同时随着减低，自然会由农业生产转向工业，借以供给工业建设所需用的劳力。但是在此人口职业转移的过程中，农业生产力，必须提高，否则农村将因人口减少，而有劳力缺乏的恐慌，或是农产不能自给的危险。因此要使一部分农业人口，逐渐转移成为工业劳动力的时候，必须同时对于农业的改进，有所措施，以免顾此失彼，违背整个经济建设的主旨。过去几年的抗战期间，全国军队动员的数量，很为有限，后方各省的广大农村，显然感到劳力的缺乏。此后我国工业化，如能顺利推行，可能需要的劳力，数量定然巨大。根据估计，战前我国每一农民的生产能力，只及美国农民的十四分之一，日本农民的三分之一；如果我们能够着手改进农业，在短期间内使得每一农民的生产能力，增加一倍，约略等于战前日本农民的三分之二，或为美国农民的七分之一，那么全国就可能供给一万万人口以上的农业劳力，转移作为工业劳力的用途。

再说我国今后工业建设所需的资金，固然不能希望得自农民的直接投资，但在工业发展期间所需要的大量资金，无论是取给于国内或海外，都须依赖农业资源的生产增加，作为补偿的主要来源。战前有人估计，国家各项生产的总值五分之四，来自农产；出口的货品，也以农作产物为最多。因此，今后必须认真改进农业，使得每一农民的生产能力，能够增加，借着多余农产的外销，换取工业建设所需要的资金（包括机器、设备及材料等）。苏联在实行前两次五年计划时，为要建立各种轻重工业，一部分机器的输入，就是靠着农产品的输出，作为交换。几年以前，美国加利福尼亚大学经济学教授康德利甫（J. B. Condliffe）写过一篇文章，论述中国工业的建设，他说："假如微菌学家，对于□类病菌，能够设法免除，园艺学家，对于桑改良，增加抵抗病虫害力，那么对于加强平衡中国对外收支的贡献，比较主持中国多数人民并不十分急需的公共事业之工程师，或许要大，"实在毫不过分。

最后，中国工业化的推行，主要的市场，也是要靠国内广大的农村。近世各国工业的发展，自十九世纪以来，突飞猛进，大量生产，市场范围，遍及全球，其中特别是英美和西欧国家，分占世界各国市场，彼此竞争极为激烈。以我国工业发展的落后，要想能够在短期间内，大量对外输出，夺取海外市场，事实上决不可能，纵然可以就近积极推广南洋市场，但是由于各地土人生活程度的低下，以及印度和日本工业成品的竞争，希望大量销纳我国的货物，也是困难重重。此后我国工业发展的最大目标，乃是提高全国人民的生活水准，工业成品的主要市场，只能求之于国内。但全国人口，四分之三，全是农民，唯有如此大众农民的生活水准可以提高，购买能力可以加强，始有大量吸收工业制造品的可能。先决问题，自然还是要在农业上能够改进，农村能够复兴，工业化以后的市场问题，才可获得顺利的解决。

总之，今日我国的经济建设，自当着重于工业化的推行，但于农业的改进，不只不能稍加忽略，更应全力进行，借以建立工业化的坚实基础；同时因为工业的迈步前进，需用大量的原料，众多的劳工，也可直接地帮助刺激农产品价值的提高，间接地促进农作产量的增加，农作品质的改良，不啻对于整个农业的改进，自然成为加速的推动力。事实上，农业与工业的关系，是互相依存；近代农业多以工业为出路，但相反的，许多工业又须立脚于农业之上。主要的不是农业必须依赖于工业，而是工业必有求于农业。立国于今日的世界，固然不能完全以农立国，但亦不能徒然依靠工业而求达到真正富强的地位。今后的中国，只顾农业而不发展工业，不但多数人民生活不易提高，就是农业本身的改进，也不容易；反过来说，如果只是注重工业的发展，而完全不顾农业的改进，则工业很可能成为空中楼阁，绝少成功的希望。苏联建国的成功，工业发展与农业改进，实为同时并进；就是今日美国高度工业化的基础，也主要是建立在农矿二者之上。所以今后我国的工业发展和农业改进，不特可以并行不悖，而且是相辅相成，在整个建国的程序上，同等重要；我们并且要从农业的改进上，建立起工业化的基础。

（《大公报·经济周刊复刊》第1期，1947年10月15日）

通货膨胀与外汇政策

赵　靖

恶性通货膨胀，是今天中国经济不安定的基本症结，要想使经济恢复安定，唯有停止通货膨胀才是“釜底抽薪”的办法。如果因为某种实际上的考虑，通货膨胀暂时还不能停止的话，那么一切经济政策就都只能有治标的功用；只能减轻通货膨胀的恶劣影响，而不能根本消灭他。

恶性通货膨胀所加给人民的最大痛苦是物价继涨，生活水准日渐降低；所加给政府的主要困难是入不敷出，不得不继续通货，来饮鸩止渴。因此通货膨胀时期的任何经济政策，都应当以减轻这两种恶果为主要目的：一面平抑物价，以求安定民生；一面量入为出，以减少预算的赤字。

外汇政策是整个经济政策的一部分，自然也与其他的经济政策，同样具有上述两种目的。为减轻政府的财政困难起见，外汇政策必须设法平衡政府的外汇收支；为安定物价着想，一方面须要设法减低进口货物在国内市场上的售价，以收平抑物价之效，同时还要尽量安定汇率，不使外汇的波动刺激物价。这三种作用，是相辅并行的，仔细分析最近几年来的外汇政策，处处都可发现这三种目的并存着。徐敏楠教授在最近发表的《平衡国际收支与外汇政策》一文中，只提到前两种作用（见十月三日《大公报》），但实际上历次公布的外汇政策，几乎都同时包含着第三种作用；从中国现阶段的情形说，第三种作用的重要性，也不亚于前两者，因为在恶性通货膨胀时期，心理因素对物价的影响，每每较其他因素的影响都更为重要。

我们的政治家虽然考虑到这三种作用，但不幸历来的外汇政策，却都未能充分认识三者之间的正确关系，以至每次的外汇政策都弄得顾此失彼，不仅不能达到所希冀的目的，反更加深了问题的严重性。

从头说吧，过去几年的外汇政策，一直采钉住的办法，主要的考虑，自然是后两种作用。但是官价钉住，黑市外汇却成了合法的秘密，投机者的目光和中外人民的心理，都转而集于黑市，黑市汇率的贬值，依然有刺激物价的作用，低价的官汇，并不能收安定人心之效。相反的，每隔相当时期，政府发现官汇落□太远，为减少外汇资源的耗损程度起见，便来一次官汇的“调整”，这种虐疾式的办法，常会招致不良的影响。至于平抑物价一作用，也因为民营进口的关系，进口商人并不能体会政府的苦心，用官价外汇输入的货物，并不按进口成本（包括合法利润）售卖，而系以国内市场上的需求价格出售。结果政府赔了大量的外汇，一般民众收不到平抑物价的实惠，但豪门资本家的私囊里，却收进了惊人数量的“贴补”！

外汇大量浪费的结果，政府也渐渐感觉到外汇资源耗竭的危机，于是本年八月十七日的新外汇政策，便一变从前的办法：仅对米麦棉煤等几种“工资货物”（Wage goods），供给入口的官价外汇，其他一切进出口贸易，则统统以富有弹性的“市价”来结汇。其理论上讲，官价外汇仅仅供给少数民生必需品的进口，自然可以减少政府外汇资源的耗损，同时仍不失平抑物资的意义；市价外汇较官价大大提高，自可吸收一大部分出口外汇及侨汇，以增加中央银行的外汇收入。比起过去的外汇政策，这的确得说是一种极大的进步。

无如新外汇政策，在好多地方仍未能顾虑周详，所以仍难完全避免以往的覆辙。例如官价外汇供给数量的减少，虽然可以减轻政府外汇资源的消耗速度，但仍无法强制商人将用官价外汇输入的货物，依照入口成本出售；市价挂牌的标准，新外汇政策中也没有明文的规定，从两个月来新政策实施的实际情形看，新外汇政策很有以黑市汇价为标准，而追踪上涨的嫌疑。果真如此，就无异外汇管理当局，对黑市屈服，市价的一再调整，适足以刺激物价。

我们的外汇政策，就这样一直在三叉路口上徘徊着，“多歧亡羊”，错误政策所造成的恶果，可说已相当严重了。就平衡外汇收支一点看，政府过去所拥有外汇的详细数字和现在已消耗到什么程度，我们不能得知，也不愿妄加推测，但据最近监察委员的调查报告，两年之中，政府已把九亿美元浪费净尽，这固然不完全是外汇政策错误的结果，但外汇政策也不能辞其咎。长此下去，政府纵然还拥有大量的外汇资源，美国的贷款，纵然可以在短期内成功，也决不能填满这无底之壑。就平抑物价一层来说，历次的外汇政策都没有收到所预期的效果，更是无庸讳言。但最严重的现象，却是外汇波动之心理影响。依照凯因斯（J.M.Keynes）的意见，在通货膨胀期中，外汇市场的反应最为敏感，所以在恶性通货膨胀的最深阶段——凯因斯所谓总崩溃阶段，总是外汇的波动领先，速率也最大，物价上涨次之，通货的增发速率，却反瞠乎其后。拿我国的情形看：去年三月政府公布的美元汇率是二〇二〇比一，虽然远跟不上当时的购买力平价，但和当时的黑市汇率却无大出入。最近的黑市汇价，我们虽无从得知，但据本市商务日报刊载的消息，前几天黑市汇价竟高出“市价”达百分之六十，就算市价是五万比一，黑市汇价也已达到八万比一的惊人比率。一年半的时间，美钞涨价几乎四十倍，国内市场上的任何物价，都还远涨不到这种程度！这一事实告诉我们，通货膨胀已到了最恶劣的阶段，外汇政策如果不能赶快“亡羊补牢”，总崩溃将是不可避免的结果。

上述外汇政策的三种作用，真是没法兼顾的么？决不是，只要我们认清历来外汇政策失败的原因，想一个三面兼顾的办法，决不是不可能的事。根据上面的分析，作者可以提出下列几点意见，作为个人对外汇政策的积极建议：

（一）现行的外汇官价，应该立即废止，而由政府利用可以动用的外汇资源，并征用豪门资产，组织几个大规模的国营进口贸易公司，负责进口米麦棉煤等几种民生必需品，并依照实际的情形，将进口货物在市场抛售或配给，这样既可收到平抑物价的实效，又不至利归私人。

（二）市价外汇的制度，可以将继续实行。但应以购买力平价作为决定市价的标准，而不可采取以市价追踪黑市汇价的办法。依照购买力平价挂牌，汇率随物价变动，成为被动的因素，可以不至刺激物价，出口商人依购买力平价结汇，也可以收回成本。

（三）加强缉私工作，用严厉手段取缔外汇黑市，以避免出口外汇及侨汇流入黑市，并减少黑市外汇对心理的影响。

这几点意见，自然都还是原则上的建议，至于各种可能发生的实际问题，例如缉私及取缔黑市，牵涉到行政的效率，依购买力平价计算外汇市价，也会引起以何种指数计算购买力平价，以及购买力平价是否可靠等等的争辩，那就非本文所打算涉及的问题了。

（《大公报·经济周刊复刊》第 4 期，1947 年 11 月 05 日）

证券交易所投机与游资

宋承先

天津证券交易所业经筹备就绪，呈准财、经两部，行将正式开业。继上海证券交易所之后，在这个工业都市里，正式产生了一个合法的证券市场。在这游资泛滥、投机盛行，而产业界却正感觉到资金缺乏的今天，作为融通产业资金的市场的成立，无疑是值得注意的。它对于当前日渐凋敝的生产，可能有什么作用？对于物价游资及投机等可能产生什么影响？本文拟予以简单的分析。

证券交易所为长期资金市场或资本市场的一部分，一个完整的资本市场，通常由两部构成：一为证券新发行市场，一为证券再分配市场；前者包括事前之规划设计，以及证券之发行承销与经募，通常由银行或专营证券发行业务之机构任其事，后者主要的则为各地证券交易所，其功用在于使经由中介机构发行的新证券，分配于最后投资者，使全社会的零星储蓄，集中用于生产。产业资金的筹集，本来只限于证券的发行，与证券的再分配无关，但因一个人投资于证券时，除了考虑到该事业风险的大小与预期收益的大小外，还得考虑到资金的流动性，是否有被冻结的可能，即如因生活上的必需或经济上有其他更佳获利机会，需用现款时，变现是否容易，变现是否将遭受削价的损失。完善的证券再分配市场的存在，可使证券随时售出，因之投资人始乐于购买证券，增加证券的可销性，使新证券的发行为可能，故证券新发行市场与证券再分配市场，对于产业资金的筹集，相辅相成，缺一不可。

近代工业生产的特征，为利用机器的大规模迂延生产，不但从原料的利用到成品的出货，需要一段较长时间，而且由于生产方法资本化程度（Capital Intensity）的加深，单位产品中固定成本相对于变动成本的比例增加，一种生产事业的进行，营运资本虽可取给于短期金融市场，但所需固定资本，则不能不依赖长期性资金的供给，往昔独资与合伙经营方式，已不能应付大量固定资本的需要，必须采用公司组织，公开发行股票债券，汇集全社会零星储蓄，用于发展生产事业。拉文顿（F. Lauington）以为“流通证券的发明，以及证券市场在十九世纪的发展，其效果可与铁道轮船发展的效果相比”。从各经济先进国产业发展的史实看起来，确是十分正确的。中国当前急需增加生产，产业界正感到资金缺乏的困难，再就促进工业化，完成经济建设而言，产业证券化及长期资金市场的建立，显然也是十分需要的。

不过，一个能真正有效地发挥其功能的资本市场，不是一蹴可就的，也不是设立一些投资银团，成立几个证券交易所便算完成的，它必须具备客观条件：第一，必须人民所得，于消费之外尚有剩余，然后储蓄起来，用于投资生息；第二，必须生产利润大于其他利润，然后结余资金，才会投放在生产事业。在中国目前情形下，这些条件显然都不具备；恶性通货膨胀的结果，财富集中，大多数人在饥饿线下挣扎，寅吃卯粮情形之下，眼前生活，已难维持，自然更谈不到储蓄投资。同时，由于大局的不安定，长期性投资风险太大，而财富集中所造成的社会购买力的偏枯，以及生产界上现阶段遭遇的种种困难，均使生产事业，缺乏引诱力，兼以在物价继续暴涨情形下，资金运用的周转率，愈快愈有利，故工不如商，商又不如投机囤积，何况通货膨胀下的幸运者，拥有大量剩余资金的人，还可以凭借种种便宜，操纵市场，掀动涨风，正当生产事业，自然不在他们眼中，无怪我们的工业家，伤叹乎有钱人都去投机倒把去了。所以要希望证券交易所能够发挥它的功能，诱导游资进入生产，转化游资为产业资金，扶植生产，减少投机囤积，显然是不可能的。新证券的发行既不可能，除非原有股票能通过证券交易所实行增资认股，它对于当前产业资金的困难，自难有任何益助。在投机盛行的今日，今后证券交易，无论其为现货也好，期货也好，主要的恐怕还是以投机为目的。而不是以投资为目的。换句话说，购买证券的人，并不在于保有证券，获取红利或利息，而是从证券价格的变动上以获取利润。不过期货交易，只计算差额，能以较少资金完成较大交易，投机性更大而已。因此，证券交易所的诞生，不过把过去半合法的证券投机，转化为合法的投机而已。

金钞与商品的投机，对于民生为害之大，无人可以否认，然则证券投机是否同样的影响物价，为害民生？证交所的存在，是否将助长游资的声势，扩大投机的范围？让我们进一步分析。

游资充斥是当前投机盛行的根本原因，这是人人知道的。但何谓游资，造成游资的根本原因是什么，却有加以说明的必要。在货币经济制度下，资金的功能，在于易取原料、人工、工具等，以从事于货物的生产，或者便利货物的运销，增加货物的效用，故为重要生产因素之一。在经济正常情况之下，假若由于国民所得的扩张，储蓄增加，同时因有效需求的不足，投资机会较少，则一部剩余资金，将以“价值储藏”的形态窖藏起来，或存入银行，但这不是游资。只有在通货膨胀到达相当程度后，币值日渐跌落，货币已失其“价值储藏”的功能，这时如果存款利息不能补偿币值跌落的损失，而正当工商业在不景气状态下，经营无利，或其利润不如用于其他途径，一部分购买力将脱离正当工商事业，游离起来，以投机国债姿态出现，造成所谓游资作祟的现象。

由是我们可以看出：游资的充斥及其所以作祟，实在是当前经济膨胀的必然产物，资本总是追向高利的，惩罚办法，本已敌不过金钱的诱惑，何况拥有大量游资的人，还可使用种种方法，逃避法网。我们可以断言，只要通货膨胀一天不停止，造成游资的根本原因不消灭，在现行政府行政效率之下，游资与投机将永远无法根绝，相反的，随着财富的更形集中，游资的声势将一天比一天浩大，投机的危害将一天比一天剧烈。

根据上面的分析，我们觉得证券投机与证交所的存在，还不致对于当前经济产生更坏的影响。因为游资既然存在，永远在那里找寻投机的对象，即使证券投机根绝了，它还是会向其他市场活动的。反之，由于证券投机的可能，一部分游资将暂时被证券投机所吸引，减轻它对于物价的压力。自然，我们并不是说证券投机有吸收游资的功效，因为有买必有卖，证券的买卖，不过游资所有人的转移，游资依然存在。而且游资的本身就是游离不定的，当证券投机无利时，亦必转向其他市场的。不过，证券卖出人于获得资金后，不能立即用于转购商品，其间必有一段时间距离，而证券交易的成立与交割时日的分离，亦可能多少减少通货的流通速率；再者证券营业投机者总得随时保留一部分现金在手边，待机而动。所以我们认为证券投机的可能，是可以减轻游资对于物价的压力的，虽然它的作用也是十分微弱的。

上面的结论，必须基于下一假定，才能成立，即证券投机不致影响物价，或其对于物价的影响，不如其他投机行为之大，事实上是否如此呢？从理论上看，黄金有一定实值，美钞的价值比较稳定，金钞价格上升，货币价值跌落，物价自必随之上升；至于货物投机对于物价的影响，更不待言，股票为一种符号，代表公司资产所有权，货币价值下落，其他情形不变，股票价格自必上升。虽然在目前情形下，股票价格完全受谣言及一些复杂的心理因素所支配，与其所代表的实值很少关联，但我们常听见商人以金钞外汇的涨价，作为抬高价格的理由，却很少以启新煤矿的涨价为借口的。这说明了股票价格的上升，对于一般物价的影响，决不如其他的投机行为之大。再从事实方面看，留心过去股票价格变动的人，可以看出一种趋势，即每当金钞商品市场波涛汹涌之外，证券市场大体上平静无波，只有在物价上涨到一定程度后，股票价格随之上升，我们虽然不能因此说物价领导股价，也更难说股票领导物价，它只是说明了一件事，即游资的游离不定，到处流窜。果真如此，假若股价对于物价的影响并不太大，而且前又无法根绝游资作祟的话，能够使游资长期停留在证券投机里，倒是值得欢迎的事。

不过，由于大户操纵的可能，股价的暴涨暴落，不但容易影响已经脆弱敏感的人心，而且因此使财富更形集中，助长游资的声势，加重它对于物价的压力。因此在交易技术上如何避免过甚的投机，防止股价的暴涨暴跌，是主持证交所的人应在事前预为筹划的。从这一点看起来，在证券投机本来已经存在的情形下，证交所能集中证券交易于一堂，予以适当的管理，证券交易所在目前诞生，毋宁是值得赞许的。我们特提出这一点，希望主持证交的人妥为预防，不然，它将失却存在的意义。

总之，在物价继涨情形下，游资泛滥与产业资金短细，均为必然现象。在这种情形之下，证券交易所已不能发挥它原有的功能，它不但不能成为产业资金的输导管，也难认其为游资的蓄水池。假如在交易技术上能防止过甚的投机，在游资作祟无法消灭的前提之下，它对于当前经济还不致发生更坏的影响，虽则可能的良好作用也不太大。名实相符的资本市场的诞生，还有待于和平的来临，大局的安定。

（《大公报·经济周刊复刊》第10期，1947年12月17日）

当前中国的经济问题[1]

丁洪范

谈到今日的中国经济问题，可谓没有经济，全是问题。在面临着的许多问题中我们稍加分析，也可说只有一个通货膨胀的问题；其他的许多经济问题都是枝节，都由这个根本问题而发生。因此，今天的讲题“当前中国的经济问题”也可改为“当前中国的通货膨胀问题”。

一、通货膨胀的意义及其种类

所谓通货膨胀即是“通货数量的增加超过市场的正常需要，因之使一般物价有高涨的影响”，通货是具有交易中介（Medium of exchange）的性能，应市场的需要而流通的。市场对通货有一定的正常需要，若通货不够，则市场交易周转不畅，若通货过多，超过正常需要，则一般物价上涨，而形成通货膨胀的局面。国人对于“Inflation”字多译为“通货膨胀”。膨胀二字即是膨大之意。我常喜用水旁之澎涨二字，以示通货之增加和物价之上涨犹洪水怒涛有汹涌澎湃之势，所谓通货（Currency）是包括法偿币（Legal Tender Money）与银行信用（Bank Credit）二者，后者在作为交易中介时，于近代社会中，亦与法偿币一样，而为人所乐用。在经济发达的英美，尤其在美国，经常的交易，百分之九十左右以信用为之，即在今日我国各大工商都市中采用者亦不少，现在一般人常说“法币的增发量并没有物价上涨得快”，除了没有注视货币流通速度等原因外，更忽略了信用也是通货的一种因素。

通货膨胀因其性质之不同，可分为若干类，照我的见解，重要的可分为商业的通货膨胀，经济政策的通货膨胀，财政的通货膨胀，和政治的通货膨胀四大类。所谓商业的通货膨胀并不是由政府主动而增加通货，而是商人为应市场

---

[1] 这是应南开大学学生自治会所讲的演讲词由江德萍君笔记而成，附此致谢。

造成的一种畸形繁荣而扩张信用，一九二七、二八及二九年在美国市场上即有此种现象发生，而形成空前的繁荣，不过这种繁荣并不是正常的健全的经济发展的结果，所以在一九二九年的下半年终于发生了第二次世界大战以前，最后的经济大恐慌。经济政策的通货膨胀，是国家为实施某一种经济政策，故意增加通货数量，例如在一九三二年纳粹党上台后之德国，希特勒利用沙赫特博士计费实施统制经济，发展工业，使德意志银行放出大量货币，以便利建设，即为□例。名经济学家 Keynes 在他的就业理论中也主张利用通货膨胀救济非自愿失业的工人。我国今年春天所公布之经济改革方案中利用银行机构而发展产业一点也含有此意。以增加政府财政收入为目的而增发货币或扩张银行信用的谓之财政的通货膨胀，此例屡见不鲜，在第一次世界大战中英法及其他国家均曾行之。最后还有利用通货膨胀以实现某种政治目的者，这可称为政治的通货膨胀。苏联在一九一七年十月革命后，土地和实物资本二项已宣布国有，因此前两种资本家已经打倒，可是还有货币资本家问题存在，为彻底达成其政策起见，乃大量增发纸卢布，而打倒握有货币的货币资本家，此即为一明例。有人说德国一九二三年之通货膨胀，亦因战胜国需索赔款数额太大，而出此下策。实在情形如何，德国政府未曾宣布，吾人不得而知。可是苏联之使卢布贬值，确为一种政治的通货膨胀。

中国目前有通货膨胀的现象已尽人皆知。究属哪一类呢？我们不能肯定说。不过遍览历史，我们知道无论哪一个统治者都不会拿出自己的财产来作为统治国家之用的。古之君主不用说，今日民主时代亦未曾见过。元朝入侵中国并未将其牛羊带来作为国用，而是剥削汉人来养尊处优，穷奢极欲。满清入关后，吃汉人穿汉人，像我们的杭州西湖最好的地方辟作旗人居住之所，享受清福。身为汉人的朱元璋出身为一流氓，生前姑且不论，死后尚且建筑明陵，占地广阔，规模雄伟，耗费人力物力无数，全是民脂民膏，由他们剥削去的。即使在民主的英国，保守党在台上时，决不会重课富人税，使富人出钱来改善穷人的生活。因之，在现在的中国，我们可以窥显当前通货膨胀所指向的目标及其种类了。

二、通货膨胀在财政上的性质

我们在此应先分析通货膨胀在财政上的性质，这里财政学家之间意见不同。

老派的人说通货膨胀等于政府向人民借款，所发行的货币以后必得收回，不过此种借款为无利息的借款。主此说者如 Baetable，Shirraa Demarco 等。吾国胡善恒先生在公债论中亦采是说。不过我们知道借款必须偿还的，而通货膨胀的结果人民受其损害而不得偿还，即使还亦还非其人。晚近经济学家以为通货膨胀是课税，Pigou 说是隐蔽的税（Concealed Form of Tax）。Keynes 以为是通货膨胀涨税（Inflation tax）。Palton 说是货币转手税（Tax Turnover of Money）。可是我们知道国家缴税必根据一定的原则并且通过许多繁复的法律手续，可是由通货膨胀之表现来看，实不能肯定它为一种租税。既不是借款又不是租税，究竟是什么呢？在本质上通货膨胀是一种有欺骗性的掠夺。日本人于占领中国时发行军用券，苏联人于进兵东北时亦发行军用券，名义上虽曰钞票，我们都视为掠夺的行为。土匪孙美瑶在抱犊谷岂不也印过钞票吗？然而"窃钩者诛，窃国者侯，侯之门，仁义存。"堂堂的政府做同样的行为我们□不能任意说它是掠夺。政府利用发钞来夺取收入实在不是"生财大道"。例如通货膨胀十倍，而一般物价也增高十倍，在一个每个月固定收入一百元的人，他的货币购买力因通货膨胀由一百元，减至十元了。这就是□因通货膨胀十倍而夺去了他九十元的购买力，即损失九十元，或十分之九的享受。这九十元在名义上是被政府拿去的。实际上政府所拿的这九十元如果在买□时候物价也涨了十倍，政府所得的实物也只值九元，可是被掠夺的人却损失了九十元。那末还有八十一元的实物那里去了呢？这是拿去补贴给豪门财阀和投机商人去了。这在下文即将论到。当然要一般物价增涨十倍，政府所增加的通货不止九十元。可是政府膨胀通货在一方面有增加财政收入的影响，而在另一方面有补贴的作用是没有疑问的，因为膨胀通货原有财富重分配的作用，而且这作用是取之于靠薪水和工资吃饭的劳心和劳力的穷人，而补贴给收受存款的金融资本家及把握实物的投机商人。

三、通货膨胀与战争负担

中国这十年来前八年是在对外战争，近二年则在内战，由战争而发生的人力物力的负担落在谁身上呢？在这儿，试将通货膨胀与战争负担的分配问题作一检讨。现在绘一图以明示今日中国社会组成之层次如下：

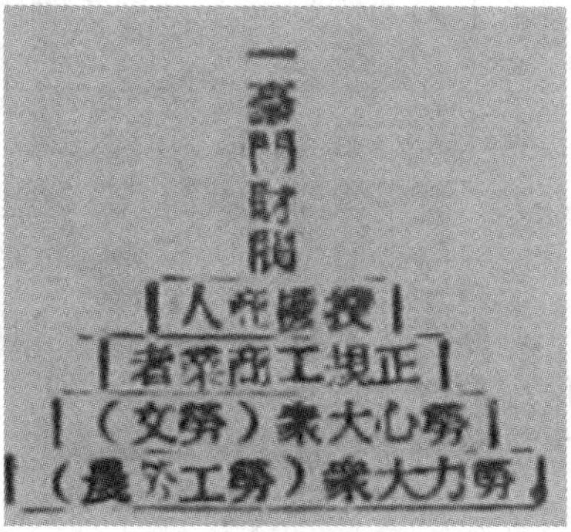

图中最底层劳力大众为组成今日社会之基础，其人数也最多。他们生活本来已在饥饿线上挣扎，不能再坏下去了。通货膨胀对于他们的日常生活影响不大，有一极小部分甚至稍有改善，可是大多数人还是坏下去。不过他们在战争中为国家出力卖命，而供献了人力给战争。他们可说是战争中的出力阶级。

第二级的劳心大众包括公教人员及其他靠固定薪水收入为生活的职员。通货膨胀了，他们的真实收入大减，被移作战争及补贴富人之用。因此他们在战争中非独绞尽脑汁并且还直接供献了钱，这可说是战争中的出钱阶级。

第三级的正规工商业者，若在缓和的通货膨胀时，因售价比成本上涨得快，对他们是有益的；若在强度的膨胀时，因工资及原料的成本往往比售价涨得快，每一周转不知不觉地缩小其资产，而紧缩其企业范围，如此他们也吃了亏。可是他们供献了实物，于战争也有他们的功劳。

第四级的投机商人，他们本身并非官吏，而是握有资本并且消息灵通的人，凭着这些优越条件，他们在战争中发了国难财，在通货膨胀物价波动中发了膨胀财。他们既不出力，又不出钱，而反赚了钱，所以平常被人称为奸商，虽然在道德上说起来他们并不好，可是他们是靠经济的力量发财，并没有触犯法律，尚情有可原。他们是受通货膨胀补贴的一个阶级。

最上一层的是豪门财阀，包括金融资本家，所谓财阀，及不肖军政权要。所谓豪门，他们或由豪门转为财阀，或由财阀转为豪门。有财自可豪；可豪自有财。到如今豪门与财阀是分不开了的，所谓官商一体化。有时在表面上看来他们非官非商或是官非商，或是商非官，实在他们是亦官亦商，既商既官。他们大多数是假政治的力量（包括军事）发国难财，胜利财，及膨胀财，再以经济的力量控制政治；而少数则凭借金融的力量发膨胀财，然后再以财阀的身份厕身政治而扩大其财力。上文说过在物价激涨的情形之下，正规的工业者每一周转缩小了他的资产，因而吃了亏。例如以十元钱买来的货，物价激涨一倍，卖出二十元，表面上是赚了十元。假如他在再进货时物价已涨到三十元，他原来卖出来的钱只能买到三分之二的货了。如此经过若干周转之后，即使政府不课所利得税等等，他的原本亦必萎缩，甚至烟消云散。假如他的本钱是借来的，情形便两样了。他如果以大二分借来十元钱进货，卖出二十元，本息还了十二元，还有八元归他净赚。这八元钱是通货膨胀补贴了他。银行家就处于这种有利的地位。银行的钱是存款人的，银行利用别人的钱投机买卖已经有利，它还可以通过金融机构扩张信用，一个钱当好几个用，于是更为有利。这样金融资本家即使不倚官托势已经因为通货膨胀占了便宜，如果再倚官托势，岂不如虎添翼吗？当今稍具规模的金融机关，谁没有官方关系呢？这一阶级是通货膨胀中的天之骄子，膨胀的目的即使不是为他们，他们却因膨胀而豪富了。

综上所述，可知这十年来的战（无论是外战或内战）是谁打的；并且是为谁打的；通货膨胀是谁所愿意的，谁所不愿意的。战争所能，惟钱与力。“有钱出钱，有力出力”是熟知的口号。看看我们的战争怎样？劳力大众出力卖命，劳心大众出钱流汗。正规的工商业者也受过牺牲，尽了供献。惟有投机商人及豪门财阀，非独不出钱不出力，反因通货膨胀而发了财。这是通货膨胀所发生的严重问题之一。

四、通货膨胀与内战

一般人都认为内战是原因，通货膨胀是结果，可是我的看法与此正好相反，我认为通货膨胀是原因，内战是结果。国家在对外作战之时，军需支用急如星火，用其他方法筹款，缓不济急，政府暂时膨胀通货以应急，情有可原。在这种对外作战情形之下，可说战争是原因，膨胀是结果。可是对于内战就无此理由。从上文我们已经见到通货膨胀是剥削中产阶级的劳心大众及正规工商业者以补贴投机商人及豪门财阀。至于原来极穷的劳力大众则更无以为生。这样使社会财富迅速地集中，贫富两阶级激烈地两极化。赤贫大众的人数愈来愈多，豪门财阀的数目愈来愈少。原来作为社会安定力的劳心大众及正规工商业者因被剥削、践踏，渐趋极穷而至于没落，因而失去其安定作用。这种社会结构要使它不发生革命与内乱是可能的吗？马克思论资本主义的发展必致财富集中，因此自掘填墓发生革命。我说通货膨胀的发展亦是自掘填墓，发生内战。这样我认为“膨胀是因，内战是果”。

五、时局的对策

通货膨胀的结果如此，有没有什么办法呢？这里我有三个对策：

上策。先停止内战，然后停止膨胀，实施民主主义的政治及社会主义的经济，努力建国。这是上策。这个上策不是办不到的海市蜃楼。前两年政协的失败是中国莫大的损失。政协失败的原因就是参加政协的各方无诚意求和平，都想浑水摸鱼，独霸政权。心术不正，于是“差之毫厘，谬以千里”。要知中国者全中国人之中国也，苟非民意所归，谁得而独霸之哉？看透这个道理，心术一正，“放下屠刀，立地成佛”，和平谈判没有不成。一旦内战停止，通货膨胀问题也就迎刃而解了。

中策。如果坚持内战非打不可，要不愿意打的劳力大众出力卖命，劳心大众出钱流汗，而让少数豪门财阀坐享其利，利享得国内无法容纳甚至非搬到美国不可，这也不是打的办法。这里有第二个对策，就是先停止膨胀，然后停止内战，真正实施三民主义，努力建设。这是中策。中策亦非不可行。无论用膨胀通货筹款或用课税筹款，负担总是落在人民身上。膨胀通货的负担在穷人，其影响坏。课税的负担可能落在豪门财阀，其影响佳。八年抗战的负担出劳心劳力以及正规的工商业者忍受去了，而豪门财阀发了财，而且把巨款投放到国外，现在对内作战及建国该由他们来负担一点责任。他们一负起责任来，通货膨胀立时可以停止，一切由通货膨胀而发生的其他经济问题也都迎刃而解了。这样耳目一新，人心大快，“称兵作乱者”失所号召，内战岂不可迅速而且胜利地结束吗？

下策。果真上策不听，中策不行，继续膨胀，继续内战，经济溃烂，人心恶化，头痛救头，脚痛救脚，“医得目前疮，剜却心头肉”，剜肉补疮无效，于是丧其国格，东边求土地，西边拜菩萨，土地菩萨不灵，于是怨天恨地，倒行逆施，这样无尽膨胀，无尽内战，一切同归于尽。这是下策。寄语当局，回头是岸，不要出此下策吧！

（《大公报·经济周刊复刊》第11期，1947年12月24日）

管制金融应从根本着手

滕维藻

一、验表囿工作不能解决问题

民国三十七年是我国由战争诱发的通货膨胀史上经济情势空前险恶的一年，针对着这种经济局面的急剧恶化，政府先后颁布了多如牛毛的金融管制法令，其中若干较为琐细，且性质次要，故不为一般人士注意，即就荦荦大者而言，已有《经济紧急措施方案》，《经济改革方案》，《经济离乱急要措施》和最近公布的《金融管理局组织法案》等。这些方案或措施的对象虽然大多是包括其他经济部门，但毫无例外地都以管制金融业务为主要目标。尤其最近在全国各大都市成立的金融管理局，其职务之广，事权之专，远超过抗战时期的金融监理官和中央银行的稽核处，所以各方面对它的瞩望也就更见殷切。

不过我们以一个旁观者的地位，很怀疑这些方案与措施的成效，甚至我们还怀疑政府的各种金融管制方案，是否已触着当前市场上金融问题的核心。远的且不说，但就政府应付去年自十一月起泛滥各地的物价狂潮而论，其法宝不外是停止国家行局放款，以配售物资吸收同业存款等方法抽紧银根并隔绝内汇以求安定上海的市场。但是结果物价并未因此稳定，两月之间物价已经上升两倍以上，而平时若干依靠低利贷款维持的厂家已经窘态毕露，一般工商业更受申汇阻断之苦，纷纷呼吁，于是政府又表示将考虑重新开放工贷和取消对于申汇的限制，出尔反尔，不知究竟有何政策可言。同时政府各行局用差进交换余额的方法来抽紧银根的办法也是一时之计，不可能期其持久的。因为国家行局不断地差出，一向是信膨胀的最主要的根源，一面膨胀，一面紧缩，而紧缩的力量却远敌不过膨胀。至于金融管理局的工作，现在方在开始，但我们却不必对它期望太奢，金融检查的工作纵顺利推行，也不过使金钞黑市稍稍敛迹（却不易完全消灭），商业行庄在造假账时更加小心而已，中央银行检查商业行庄已经有很久历史了，对于“金融市场的投机及非法活动”，何曾影响分毫？由此可知仅只表面工作是不能解决问题的。

以下进而讨论在我认为是管制金融的关键或根本的问题。

二、严格控制公款为管制金融的第一步

政府目前每月的支出确数，局外人不得而知，但就去年岁亏之大及本年度上半年预算数字而观，每月支出恐不致小于十五万亿。这样巨大的数目，只要有一部分在变成所得之前，在市场上运用一下，其对物价压力之大，是不难想象的。不错，政府有公库法，前年且又公布公款存汇办法，规定凡军政机关款项，必须存放中央银行或（所在地无中央银行时）其他国家行局，但其他代库的国家行局业务非央行所可控制，甚至公款还会流到国家行局以外的商业行庄或黑银号去，去年的监察院在沪发现巨额军款参加金钞投机，在市场波动最激烈时，据说真正来自商业行庄的投资实力其实是微小得可怜。不久以前，四联总处还通过了一条要案，说是对于“军政机关及公营事业存汇款的控制，拟请财政部洽商审计部规定严格查核及惩处办法，切实执行”。我们认为金融管理局如欲真正管制金融，首先就得有办法有魄力做到这一点。

三、其次是减缓国家行局的信用膨胀

信用膨胀是构成目前通货膨胀的一环，而目前信用膨胀其实是以国家行局尤其是中央银行为主体。中央银行是“政府的银行”，同时又是“银行的银行”，中央银行为了履行前一任务而造成的信用膨胀，远比为了履行后一任务者为多。这趋势是非常明显的。试取以前国家行局的放款数字来看（近来此项数字已不公布），其中最主要的即为政府垫支款，工商贷款及同业放款数字远不足与其出比，政府每当大宗军政支出需要拨款时，即向中央银行借支，然后由银行发行新钞抵销信用，从此种意义说，中央银行的信用膨胀实为纸币膨胀所造成，欲谋补救，还得根本从平衡政府收支上想办法，如果政府总需以发钞应付绝大多数的财政支出，则此种现象便永远无法避免，所以我们的看法不免是悲观的。

造成中央银行信用膨胀的第二个重要因素，是其他国家行局的低利贷款。自从抗战以来，政府一直以低利工商放款作为促进生产的工具，一方面四联总处核准大批工矿、交通、盐务、粮食及贸易贷款，一方面各国家行局也分别自行承做国营事业和民营厂商的贷款，两者合计起来的数目是非常巨大的。因为国家行局的贷款规定必须低利（目前约为五分左右），因此中央银行以外的国家行局在贷出之后，往往再向中央银行实行转抵押或再贴现，于是这又促进了中

央银行的信用膨胀，因为这时中央银行不外用发行新钞或利用它的机关存款来融通，前者是扩大了信用膨胀的基础，后者是增加了信用流通的速度。所以为了减缓国家行局的信用膨胀，中央银行或金融管理局对于三行两局一库的业务，必须有严格的控制，除了如前所述军政存款必须集中中央银行，其他行局不得揽做外，一般国营事业营运资金，也以集中中央银行为宜。中央银行对于其他行局拆放及转贴放的申请，并须严加限制，我们并且主张行局对于工商贷款，继续承做，但不必限定低利，也不必经过繁复的审核手续，只要合于银行法中对于资金运用的一般规定，就让它自由贷放。至于资金来源，应该听任各行局利用其已有的优良信誉，提高存款利率和商业行庄竞争吸收市场游资，用于产业资金的融通。但这就牵涉到四联总处的利率政策和生产信用问题。

四、论生产信用说之不足取

直到现在为止，我国金融管制的基本精神，似乎颇类似美国联邦准备银行制度的信用原则，就是强调所谓生产信用（Productive Credit）的原理，这在去年八月公布的经济改革方案的诸论中尤其表现得清楚。按照这种看法，银行信用的伸缩只要按照工商业的真实需要，被动地供给固定投资和投资需要以外的全部流动资金，并不会引起通货膨胀和物价水准的上升。这种生产信用学说在理论上的缺点，早经有人指出过（如 D.H.Robertson:Theories of Bank Policy ，Economics，June，1928），在我国目前的情况下，更是说不通。因为影响物价的因素除信用膨胀外，尚有法币发行的不断增加，后者使物价继涨，放款对象价值增加，流动资金需要加大，银行如适应所谓工商需要（Need of Trade）而膨胀信用，则不啻火上加油，使物价更趋上涨，推波助澜，必致不可收拾而后已。经济改革方案讥讽学经济的人误认为增加用于生产的资金也会促进通货膨胀，这种讥讽充分反映政府当轴之缺乏经济常识，实在是很可悲的。

在战争与通货膨胀（包括法币膨胀与信用膨胀）已经使物价演变到今日的状态，同时产业上生产原素的供给已乏通性，再增加工商放款已不能增加总产量，除非政府有理由要改变某些工业的相对产量（例如说要扩充纺织品或粮食的生产），国家行局此时应该实行的实在是信用紧缩，而不是继续作信用膨胀，更不聊借信用膨胀（最后是增加发行）作低利贷款。因为国家行局作低利贷款，工商业当然不愿用高利向商业行庄借款，而商业行庄资金便更加流向投机囤积之途。

五、利率政策在歧途

——兼论中央银行的转贴放政策，必须彻底修改

如上所述，大原则既已决定，则利率高低之争应该已无问题。

四联总处从二十八年改组以来，核办国家行局放款，向采低利政策。二十九年以前各项贷款利率平均在一分以下，嗣后逐渐增高，但胜利以前很少超过月息三分六厘以上者，目前亦不过在月息五分左右，远较市场利率为低，维持低利贷款的理由，据政府负责人所宣示，不外是（一）鼓励增产，（二）减低政府财政负担，（三）协助平价三点。第一点已在前节讨论过，其他两点更是自相矛盾，不成理由。因为就减低政府财政负担而言，国家行局贷款中只有一部分是政府机关或公营事业的贷款，即就这一部分贷款而言，各行局在低利贷放之后，中央银行即有担任转抵押或重贴现的义务，结果还是一样的增加发行或者膨胀信用，而其数字却远比借款机关所增加的利率负担（即高利低利之差）为大。至于说低利贷款可以协助平价，也是欺人之谈，低利贷款最终即是取源于发行或信用膨胀，则其间接的刺激物价的力量，绝不小于其直接抑低物价的力量，理由很简单：有倍数作用会使有效需求作发行数若干倍的膨胀。

根据这种观点，我们主张低利贷款除少数之特殊性产业可以改收按产量的利率补贴外，其他一律逐渐提高利率，这样一方面可以减少借款的隐要，一方面可使放款的行局有□力提高存款利率，以吸收市场一部分的资金，这时国家行局向中央银行请求重贴现和转抵押的一定大为减少，促使中央银行膨胀信用及增加发行的压力也就减轻了不少。

此外对于目前中央银行贴放委员会的贴放政策，我们也不敢赞同。去年三月间中央银行公布了一个《办理上海商业行庄贴放通则》，以发挥中央银行“银行之银行”的职能，这个通则力求使商业行庄及工商业满意（如废止组织跟团体负责办法，扩大重贴放数额等），但从整个国家金融政策立论，实在一无足取。因为该通则规定请求重贴现或转抵押的行庄，放款利率除出口物资不得超过月息三分外，其余不得超过月息三分六厘，而央行则一律依原利率二分之一计算。这样，央行既按八折办理转贴放，行庄的二成放款各合息九分及一角零八厘，远比市场放款利率为低，行庄如欲承做，必定索取隐息或提高手续费，借户因利率既低，当然也是乐于付出的。结果等于行庄与借户通同作弊，套取中央银行的头寸，并且在这种情形下，重贴现或转抵押成为商业行庄放款的前提条件，

后者的二成放款无异“垫放”，根本失却办理的原意，而这又将促进中央银行的信用膨胀或增加发行。

所以我以为中央银行现行的贴放办法必须彻底修正，解除商业行庄贷款及央行办理转贴放时利率的限制，对于商业行庄依法办理生产放款的原则予以转贴放的便利。

六、作者的几点建议

根据以上的分析，我以为当前管制金融应从若干关键的问题着手，并须当局有健全的决策才能奏效，单只表面的检查工作，绝对不能解决问题。作者的建议可简单地归纳如次：

一、严格控制军政机关及国营事业公款，防止其流入市场；

二、中央银行（或金管局）须有力监督国家行局的业务，并限制拆放及转贴放，以减缓信用膨胀的速率；

三、国家行局除对若干特殊产业采取按照生产量的利率补贴外，逐渐提高贷款利率，同时提高存款利率，吸收同业及市场存款；

四、中央银行贴放委员会所办理的商业行庄转贴放办法必须彻底修正，解除两重利率的限制，予依法办理生产放款的行庄以转贴放的便利。

（《大公报·经济周刊复刊》第 15 期，1948 年 01 月 21 日）

论改革币制

史道源

一

三十六年十一、十二两月的物价涨风，可谓空前，频率（Frequency）愈来愈快，幅度（Range）愈来愈大，确已达到惊人的程度。现阶段的通货情形，虽然远比不上第一次世界大战后德国的极度膨胀（Hyper-Inflation），经济危机已经相当严重，崩溃只是时间问题，则是不可否认的事实。

改革币制，并非暂议，不过近来传说特多。第一，国内方面，因为物价的滋长增高，财政收支相差更大，三十六年之初的预算，收入是七万多亿，支出是九万三千多亿。最近财政部长俞鸿钧在参政会报告，三十六年的实际支出共计四十二万多亿，收入仅仅十三万多亿，收支差额和预算可真不成比例，巨大的财政赤字，完全靠发钞来弥补。恶性膨胀的后期，虽然大量增发通货，市面仍然感觉筹码缺乏，十万大钞终于发行，急剧恶化的趋势，极为明显。其次，对外方面，政府最盼望美国贷款，从魏德迈华，蒲立德访华观感的发表，到美国特别国会的召开，局势虽然对政府有利，总是援助未至，批评先来。除了政府的贪污无能，受攻击外，通货膨胀，亦为被指责对象之一，一月六日美国国会复会后，援华问题行将提出讨论，政府特派贝祖诒等作为技术代表，去美国谈判，据闻改革币制方案，亦将提出交换意见，并且接洽改革币制基金的贷予。衡情度势，改革币制，大概已经不成问题，只待决定方案，和选择实行的时机了。

改革币制，目前虽有需要，但是改革后并不一定可以得到圆满的结果。原则上讲，改革币制的成功，必须政府方面设法作到：（一）平衡预算；（二）平衡国际收支；（三）清理内债；（四）整理外债；（五）保有充足的黄金和外汇，作为准备。唯有这样，才可以减除改革后再行滥发通货的危险，和获得人民的信心，改革币制方能成功。

关于改革币制的原则和时机，目前有两派意见，一部分人士主张改革币制，不但是财政经济紊乱的结果，也是解决当前财政经济紊乱的方法。在恶性通货膨胀期内，物价不断上涨，财政赤字逐步增加，政府不能不拿发钞作手段。但是发钞愈多，物价加速上涨，财政愈难平衡，形成所谓恶性循环（Vicious Circle）。改革币制以后，政府收入首先增加，财政可望平衡，物价稳定，工商事业繁荣，经济困难，亦可解决，在通货膨胀后期，要等政府可以实行上述条件，然后改革币制，是绝对不可能的。假如政府可以得到美国贷款，首应着手改革币制，挽救当前的经济危机。

另一派认为，今天的恶性通货膨胀，归根究底，在于内战的持续。政府要“戡乱”，共产党要“作战”，农村破产，工商崩溃，财政收入一天一天地减少，军费一天一天地增加，政府只能靠发钞来维持，从大体方面看，内战势须延长，腐化的政治，又难望革新，目前甚至最近的将来，没有丝毫乐观的成分，实在不具备改革币制的条件，现在遽尔改革，不过是治标的方法，根本问题不解决，是不会得到良好的结果的。

我们知道，改革币制，不仅是货币单位的调换问题，最重要的，要根除造成通货膨胀的基本因素，否则徒然改革是没有意义的，上面列举的几项原则，就是除掉通货膨胀的治本方法，作者不完全同意目前对于改革币制的两种看法。现在的问题，不是先改革币制，或者政府先要做到以上的五个条件，因为所谓条件或原则，不过表示当局在通货紊乱的泥潭中，（一）决心企求改革；（二）不再踏入通货膨胀的覆辙，条件或原则的实行，乃是决意够不够的试验。决意够，一定忠实履行应该具备的条件，改革币制可以成功；决意不够，履行的不彻底，改革币制也不会得到良好的结果，所以目前不必争辩原则的苛刻难行，和改革币制的时机问题，主要的还是看看政府有无革新的诚意，决心是否坚强，条件的难易，和实行的先后迟早，是不太重要的。

有人说过，全部币制史，也就是通货膨胀史。两次世界大战后，不乏改革币制的前例，讨论过原则以后，让我们再看看史实。

二

第一次世界大战以后，德国通货膨胀的情形，并不比别的国家严重，但是因是复员、赔款等等，政府支出浩大，而政策错误，税收又不合理，于是通货膨胀，急剧恶化，不过两年的时间，便到了不可收拾的地步。一九二二年夏季以前，德国工业受温和通货膨胀的刺激，逐渐扩张，接近充分就业，自此以后，工资上升，利息提高，生产又复趋于衰沉。一九二三年一月，法国比利时进占鲁尔，对于面临崩溃的德国经济，打击是相当严重的。秋季，马克的价值，猛烈下降，物价加速上升，十一月市场利率，每日竟达二十分。

通货膨胀到了一个阶段，便失去作为交易媒介，价值尺度的功用，社会上感觉需要一种稳定的货币，于是各州、各城镇，和一些大的企业，都各自发行流通券一类的新币；德国政府也发行以美金债券作为准备的纸币，人民对马克的信心，完全丧失。

一九二三年十一月，德国着手改革币制，成立地租银行（Rentenbank），征用全国农工商土地房屋作为保证，资本三十二亿地租马克，实收二十四亿。政府付给土地房屋被征用人抵押债券，根据这种财产，发行金抵押债券，作为地租马克的准备。地租马克发行总额不得超过三十二亿，并不强迫行使，也不具有清偿权，但是发行以后，价值十分稳定，异常成功。一九二四年十月，德国币制改用帝国马克（Refch-mark），等于一金马克，一地租马克，一千亿纸马克，并清算地租银行，十年内收回地租马克，最初帝国马克不能随意兑现，买卖外汇也不完全自由。一九二六年八月，放弃外汇官价，任其随市场情形变动。一九三〇年四月，帝国马克自由兑现，德国完全恢复金本位。

纸币的准备，普通都用贵金属，因为黄金或白银，价值比较稳定，并且可以作为国际清算的工具。土地不能很快地换成流动货物，拿它作为纸币的准备，只代表一种权利，价值随着真实财货一同变动。地租马克虽然具有这些缺点，可是改革后异常成功，主要的原因，在于德国政府肯忠实履行上面的条件，在平衡收支方面，改革税制，集权于中央，增加新税，一部分并且按照新币的价值，折收旧币，甚或一次交纳，收入迅速增加。在紧缩支出方面，裁减冗员，停止为支持鲁尔区消极抵抗的工商放款，道维斯计划实行后，第一年赔款数额颇小，除利用国外借款外，其余向各大工业筹集，以减轻政府负担，通货改革后，汇率稳定，收支平衡，虽然德国政府仍然大量增发纸马克，但是由于人民信心的恢复，投机和抢购等行为，逐渐停止，货币流通速度急剧降低，步入稳定的途径。

德国的通货改革，迅速成功，虽然不是偶然，但是并没有必然性，波兰的例子，可资说明。

战后的波兰，也是因为政府支出继续地增加，资本捐等无法弥补财政亏绌，不得已增发钞票，造成马克价值的狂跌。一九二三年二月，财政部长格拉布斯基（Grabski）拟定改革币制计划，新币叫卓尔梯（Zolty），对外价值和金法郎相等。改革币制后，政府收支均用新币计算，为了避免通货贬值的损失，租税按批发物价指数征收。支出方面，把政府会计和公共事业会计分开，公共事业如有亏损，为须发行证券，向社会筹款，政府绝不贴补。此外并紧缩预算，三年以内，除教育费外，一切支出，不得超过一九三二，三年预算的百分之九十，这样到一九二四年财政收支可望平衡，在此以前，开征资本捐，发行公债，以应付暂时的额亏绌，免致通货膨胀。计划定后，反应良好，汇价物价都很稳定。不幸因为内阁变动，格拉布斯基去职，新币又陷入通货膨胀的深渊，马克的价值再度狂跌。一九二三年年底，格氏重掌财部，议会特许他在六个月内，可以不经议会通过，径行采取稳定货币的各种措施，格氏按照原定计划进行。一九二四年一月，把国库中的全部现金提出，用以稳定汇率，二月正式宣布中止发行旧钞，三月向意大利借入四亿里拉的外债，四月成立波兰银行——中央银行——发行卓尔梯。一个卓尔梯等于一百八十万马克，五.一八卓尔梯等于美金一元，但不能自由兑现，不意一九二五年六月波兰银行的外汇准备急剧降低，七月波兰银行终于不支，放弃对于汇率的支持，结果卓尔梯的价值猛跌，改革宣告失败。

失败以后，格拉布斯基辞职，次迪周斯基（Zdtechowski）继任财长，宣布绝对制止通货膨胀，以恢复信心，对外汇率改为八.九卓尔梯等于一万元，改正以前高估的错误，采用低估政策。虽然一九二六年以后，通货与物价，不断增加，因为在新汇率下，波兰的物价水准，低于世界物价水准，现金准备逐年增加，国际收支不至陷入不利状态，危及新币的稳定。

实例很多，不必一一列举，下面谈谈第二次大战以后的发展。

三

第二次世界大战后的通货膨胀，和第一次大战后的情形，性质不同，所以改革办法，也颇有差异。（一）病情较轻，在通货膨胀尚不严重的时候，即已着手改革，可以说预防重于医治。（二）改革通货，稳定汇率，不是单一国家力量所能及，需要国际的协助。根据第一次大战后各国竞作通货贬值的经验，这次远在大战期间，就制定了预防战后通货膨胀的计划，阻止由于外在原因造成的通货膨胀。一九四四年召开布里顿森林会议，通过国际货币基金计划，借以保持个别国家对外收支的平衡，减除通货膨胀的威胁。

战争期间，欧洲国家大部沦入纳粹的魔手，德国在这些占领区中，用课税，清算机构，以及冻结的德国马克，搜购物资，德国控制下的傀儡政府，在对纳粹所需的资金，无法用租税和借款方式向人民榨取的时候，则利用中央银行恶通所需要的资金，法国、比利时、荷兰和丹麦，在至一九四三年为止的三年半内，政府总支出中百分之五十二，都是为德国的，一九四三年更提高到三分之二。由于战乱不定，黑市猖獗，并且为了逃税和遮蔽所得的关系，货币数额大量增加，存款相对减少，而且活期存款的增加，又多于定期和储蓄存款的增加，德国失败以后，欧洲解放区，复员救济，支出浩大，对于通货膨胀，无法制止，此外获得过分战时利得的人，猬集黑市，因为待遇低微，不愿意从事生产，结果投机盛行，财富的分配愈益不均，所以各国改革币制时所针对的问题，是管制游资，调查隐匿的财富，防止逃税，实行财富重分配，和促使人民从事生产等等。

欧洲各国改革货币制所采用的方策，计有两种：

一、冻结办法：控制人民的支出，管理游资的活动，以及取缔黑市交易，冻结办法是最有力的工具：不过冻结货币，很难恰合尺度，过于严格，合法交易也会因为资金不足，受到限制，发生紧缩现象；过于宽大，则制止通货膨胀的力量，又被削弱。所以人民持有的货币，多少应该换成新币；银行存款，多少可以不冻结；已被冻结的资金，在何种条件下，可以解冻，都是极费斟酌的问题。

一九四四年十月，比利时颁布的货币改革法令，是第二次世界大战后其他国家冻结通货与银行存款的滥觞。一九四五年初波兰改革币制的时候，并且采用差别兑换率，规定德国和德国控制下傀儡政府的旧币，最多只能换到五百个新币，而苏联所发行的卢布，则可以无限制兑换。南斯拉夫发行一定量的新币，给予沦陷期间所发通货的持有人，超过交换部分的通货，和银行存款，完全冻结。奥大利（现通译为“奥地利”——编者）规定单位在五德国马克，以及五先令军用票以上的通货，都兑换成叫作奥国先令（Austrian Shilling）的新币，货币存额超过一百五十德国马克，或者军用票一百五十先令的，超过部分一律冻结。只有法国没有冻结的规定。

所有货币改革法案，对于个人存款和事业存款，都明白划分，就个人存款言，只有紧急性质，和指定用途的小额资金，始可解冻。对于事业存款，发放工资和一些事业支出，在不能用经常售货所得支付的时候，可予解冻。流动资金，经此管制，可望不再落入人民之手，威胁物价。荷兰和东欧各国实行冻结办法后不久，黑市交易即告减少。

二、财政措施：冻结通货，只是一种紧急措施，使金融当局可以迅速制止游资的活动，资本捐、增值税，以及发行不能转让的债券，才是吸收冻结资金的重要措施，因为这样可以使消费倾向降低，借以延缓随冻结而来的膨胀压力。

比利时改革币制的时候，把冻结存款分成两部分，百分之四十暂时不能动用，百分之六十永久不准使用。一九四五年十月，把永久不准使用的部分划归国库，用以偿付银行债务，政府给资金所有人，一种转让性极小的政府债券，不过还可用以交纳一九四五年十月各种法令中规定的租税。丹麦则把被冻结资金的所有出路，均予堵塞，使冻结资金的所有人，不得不购买五十年为期的债券，发行以后三年，始可转让。南斯拉夫在冻结银行存款，和收回沦陷期间所发的通货以后，一九四五年春季，又开征资本捐，完全以货币财富为对象，税率视货币持有人的阶级，而有差异。合作事业，公共机构免税，并且优待生产事业和一般农民，以便改善财富的分配，和促进生产。

四

从上面的史实中，我们知道，改革币制的成功，需要具备一些条件，其中最重要的，自然是人民信心的恢复。现在政府要想获得人民的信任，首应作些“收拾人心”的工作，没有一个政府，自愿走上通货膨胀的途径，都是在苟且因循，敷衍顾忌的作用下，被迫陷入通货膨胀的深渊。通货膨胀的程度愈深，改革愈不容易，决心更要坚强，需要用大无畏的精神，排除困难。

不可否认的，内战是推动目前通货膨胀的主要力量，庞大的军费，造成财政收支的不平衡，政府不能用租税和公债等方式，增加收入，只有以发钞为财政手段。现阶段的经济情形，相当严重，没有出路时，想利用改革币制度过危机，也是不得已的。不过从客观的环境观察，改革币制还不到时机，因为内战不停止，大局无法改善，造成通货膨胀的因素一天存在，一天不能脱离通货膨胀的威胁。

政府理财，不能纯粹以收支平衡为目的，是不错的；战前我们的预算，始终没有平衡过，每年的亏损，总在预算的百分之二三十左右，也是事实，但是绝不能由此证明财政收支平衡并不重要，主要的关键，要看财政赤字如何弥补，平时，财政虽然不能平衡，社会安定，可以发行公债，吸收民间的储蓄。但是在完全失去人民信心的现在，发行公债无法销售，财政赤字，纵令很小，也要靠发钞支持。我们不能苛求财政必须平衡，但是一定要限制政府用正当的方法——租税、资本捐等来弥补政费的不足。事实告诉我们，政府根本没有决心，作些福国利民的事情，尽管为了少数人的私利，驱使人民自相残杀，却任令豪门巨富垄断投机，趁火打劫，不管财政如何困难，宁肯掠夺平民的生计，不愿拔取富人的一毛。征用国人在美存款，终于搁置，建国特捐，最后变质，在这种作风下，财政亏绌不能用正当方法开源，遽尔改革币制，不过是单位的调换，充其量只能敷衍一时，换取片刻的残喘，结果还要走上膨胀的途径。我们虽然不敢说，政府有把改革币制当作财政上的应急之策，着重博取目前的微利，而不作长久打算的嫌疑，将来颇有此种可能，则是需要严密注意的。

有人以为，美国贷款可以解决目前的问题，政府也抱着很大的希望。大受攻击并且费了九牛二虎之力，才在去年美国紧急援欧项下，得了一千八百万美元，还不觉得尴尬，仍然积极设法，技术代表团赴美后，行政院又发表关于美国援华问题的声明，提出改革财政经济的十项方案。这些办法，并不新奇，过去在不同的时间，不同的方式下，曾经一再提出，第一节里面列举的五个原则，完全包括在内，现在不必侈谈计划，应该着重实行。

在一切秘密下，我们无从知道国库黄金和外汇的存量，胜利两年多，八九亿美元，五六百万两的黄金，差不多都消耗了，借到几亿美元，又有什么用呢？假如非有几亿美金，不能渡过难关的话，也尽可以自立筹措，从计议征用国人在外资金以来，大已经逃避，不能设法征用，只能乞怜外人，还谈什么“自力更生”？希腊一再改革币制，都未成功，政府不能革新，以致美国对于援助，表示怀疑，正是我们的前车之鉴。

根据上述，可知目前尚不宜于改革币制，不过时机是可以铸造的，财政和国际收支的平衡，并不是先决条件，但是改革币制以后，必须力求其平衡，或者在短期内有达到平衡的希望，纵有亏损，也应当用正当方法筹集，不能再靠发钞，通货膨胀期间，货币流通速度大增，所以取得人民信心是最重要的事情。十年战乱，现实的教育，使人民能够判断是非，分别美丑，如果政府不能以大义灭亲的精神，切实改善，改革币制是绝对不会成功的。

《大公报·经济周刊复刊》第 20 期，1948 年 03 月 03 日）

科学与资源

——在南大五四纪念会讲演词

鲍觉民

所谓资源，是指目前人类生活所需要的各种基本物资。这些物资，有的可以直接供给人类的消费，有的需要经过一番改造的程序，间接才能供给人类的应用，或是更适合于人类的应用。主要的资源，大略的包括有农产、矿产、水产以及森林牧畜等种物，具体地说，是供给今日人类的食粮、燃料，和工业原料的各种物资。这些资源种类的有无，资源数量的多寡，以及资源利用的程度，对于人民生活的高低，社会情况的好坏，甚至国家力量的强弱，都有极为密切的关系。可是世界资源的分布，各国极不均匀，主要的原因，是受自然环境的控制，并非人力所能加以改变。举例言之，矿产品中的煤、铁、石油，都是早在有人类以前的几千万年，经过地质的构造，就决定了世界分布的地区。像今日的美国和苏联，大部分的矿藏，都很丰富，不但可以自给，还可对外输出。而在这次世界大战以前的德国和日本，工业虽然也很发达，可是多数矿产，却很贫乏，必须依赖海外大量的输入。至于像南非、亚洲的石油，虽很富有，但是因为工业发展的落后，自己不能充分利用，倒反引起了许多国际的纠纷。再就农产品的分布来说，因为受气候、地形和土壤等因素的限制，各地有各地的产物，像热带的橡皮、咖啡，和甘蔗糖，温带的国家，就无法生产；又如温暖潮湿地带所产的农作物，决不能大量地种植于沙漠区域，或是干燥寒冷地区。我国南部各省的农产，和北方就大有出入。一国的情形，尚且如此，世界各地的差异，当然更不待言。其他如水产和林牧产品的分布，也是同样具有显著的地域性。岛国的日本，水产极为丰富；干燥的澳洲，羊毛的产量，居世界各国的首位；美国和加拿大西部的山地区域，森林异常茂盛，和东部农业地带的景象，大不相同。总之，资源的分布，因为受到自然的限制，世界各国，极不均匀。纵然是得天独厚的美国，在她的国境以内，具备大量的煤、铁、铜、石油、棉花、小麦，和木材等重要的资源，但是仍然缺少许多主要的物产，像甘蔗糖、橡皮、锡矿、钨砂等。苏联的资源，也算比较丰富，然而也缺乏铜、锡、钨、锑和橡皮等。其他国家，当然更无完全自给的可能。

资源的性质，不只在分布上，具有极不均匀的地域性；并且在利用上，是有穷尽的，或是有限制的。因为世界各国工业的发展，人民生活的程度，日渐提高，对于资源的消耗，日渐增加；加之世界人口的数量，不断加多，对于资源的消耗，也不断地随之加大。因此，资源的供给有限，而人类的发展无穷，迟早总要感到资源的枯竭，或是物资的不足。正是因为如此，所以现在世界上许多国家，一方面在本国国境以内，尽量寻找自己所有的资源，开发自己所有的资源；一方面尽量发展国力，向外扩充势力，抢夺本国所缺乏的资源，控制世界主要的资源。例如这次大战以前，南洋一带的橡皮和石油，几乎全部是操在英、美、荷兰三国的手中；目前西南亚各地的纷扰不安，其中主要的背景，还是由于英、苏、美几个国家，要想竞争控制这个地区的石油开采权。

就以上所说，一方面资源的分布，是有地域性的；一方面资源的利用，是有穷尽的。平时固然可以采用彼此贸易的方式，以多易少，以有易无，借以解决一些国家资源缺乏，或是资源不足的缺憾，并可弥补世界资源的分布不均的自然现象。但是自然资源的日渐枯竭，或是世界资源与人口的失调问题，依然存在。这次世界大战以前的几年，轴心国家的德国、日本，和意大利，借口本国资源的缺乏，到处挑衅，掀起了一幕世界大战的悲剧，造成人类历史上空前的浩劫！从这次战争所得到的惨痛教训，每个国家，都应该确切认清，使用武力或是彼此残杀，决不是解决世界资源问题的根本办法；纵然退一步说，有些国家，能在战争中侥幸取得胜利的结果，抢夺着一些本国缺少的资源，但只不过是暂时的现象，反而可能埋下了另一次国际纠纷或是世界战争的种子。如此循环无已，而资源问题，不仅继续存在，并且只有更为增加他的严重性。根本的办法，必须从发展科学和研究科学入手，用人力来征服自然，把人类逐渐从自然的支配中，解脱出来，使得人类生活，不必完全依靠自然的资源，而进一步，来利用科学，创造一个新的世界，永久供给人类所需要的各种资源。

科学的发展和研究，过去只是帮助人类发现各种资源，例如地质学家，不断地替人类勘测发现各种矿产；科学又可以帮助人类促进资源的利用。一百多年来，由于各国的工业发展，技术的进步，使得各种资源，能有大量的利用。最近因为原子能的研究，使得矿物中的一种物资，叫做“铀”的，立刻价值大增，各国都在纷纷寻找铀矿。目前科学的发展，更进到一个新的阶段，可以替人类制造各种资源。美国在这次战争期中，曾经大量的制造人造橡皮，用以代替天然的橡皮；英国近十几年来，所发展的人造丝工业，可以完全不需要依赖日本生丝的进口；其他如人造石油，各国亦已早有先例，由此可知，唯有从科学研究着手。才是解决人类资源问题的根本方法，利用人造的资源，借以代替自然的资源。如此则世界的许多纠纷惨剧，固然可以避免；人类的生活和文化，也可以永久地发展下去。

中国就大体上说：是个资源比较贫乏的国家，今后更当积极发展科学，在各种科学的研究上，急起直追，来解决我国资源的问题。

（《大公报·经济周刊复刊》第28期，1948年05月05日）

附录：《经济周刊》文章题录

序号	标　　题	作者	期数	时间	备注
1	本刊之旨趣		1	19330301	
2	矛盾的经济世界	何廉	1	19330301	
3	书评：《钱庄学》，施伯珩著，上海商业珠算学社出版，1931 年 9 月；《中国钱庄概要》，潘子豪编，上海华通书局出版，1931 年 12 月；《上海之钱庄》，李权时、赵渭人合著，上海东南书店出版，1929 年 8 月		1	19330301	
4	山东农村观感记——纪邹平之行（一）（二）（三）（四）（五）（六）	吴知	1 2 3 4 6 8	19330301 19330308 19330315 19330322 19330405 19330419	
5	日本的经济果濒危机？	傅勤先	2	19330308	
6	书评：《中国古代社会研究》，郭沫若著，上海联合书局，1930	张纯明	2 3	19330308 19330315	
7	美国银行风潮发生之经过及原因	何廉	3	19330315	
8	我国银本位币制之实行	巫宝三	3 4	19330315 19330322	
9	为吾国习社会科学者进一言	李锐	4	19330322	
10	书评：《经济制裁与和平》（Boycotts And Peace），Evans Clark， Harper & Brothers， New York， 1932	张纯明	4	19330322	
11	最近中国对外贸易入超的暴增及其抵偿的方法	吴大业	5 6	19330329 19330405	
12	最近天津铜元跌价之原因及其影响	何廉	6	19330405	

续表

序号	标　　　题	作者	期数	时间	备注
13	书评：《中国农场经济》（Chinese Farm Economy），卜凯（John Lossing Buck），商务印书馆代售	巫宝三	6 7	19330405 19330412	
14	票据法上有待商榷之疑点	刘朗泉	7	19330412	
15	中国棉纺织业之危机	方显廷	8	19330419	
16	书评：《实地社会调查方法之初读印象》，李景汉：《实地社会调查方法》，北平星云堂书店印行，1933 年 2 月 1 日	冯华德	8	19330419	
17	一时轰动美国之推克诺克拉西运动（Technocracy）之介绍与批评——斥经济学为债务病理学，别倡所谓能力决定论	陈振汉	9	19330426	
18	旅涿见闻杂记（一） （二） （三） （四） （五）	德	9 10 12 13 14	19330426 19330503 19330517 19330524 19330531	
19	中央政府近四年来之税制改革	李锐	10	19330503	
20	苏联农业集体化概观	李陵	11	19330510	
21	欧美战债与世界繁荣	杜俊东	12	19330517	
22	“复兴农村”的先决问题——平均农民负担	冯华德	13	19330524	
23	中国工业的流动资本的问题	丁佶	14	19330531	
24	调查通信：一国三公的大名县——盛行具体而微之“分脏制度”（一）（二）（三）（四）	乐永庆	14 15 16 17	19330531 19330607 19330614 19330621	
25	现款上舞弊之方法及其防止	王国忠	15	19330607	
26	中国银货进出口的解释	吴大业	16	19330614	
27	译英汇票法关于平等线支票之规定	刘朗泉	17	19330621	
28	书评：《张库通商》，著者：杜赓尧，1933 年 5 月	傅勤先	17	19330621	

续表

序号	标　　题	作者	期数	时间	备注
29	提高银价与中银货的外流	吴大业	18	19330628	
30	读卫挺生氏之《超然主计与联综组织》	何廉	19	19330705	
31	中东铁路问题	傅勤先	19	19330705	
32	调查通信：满需财政状况一瞥（一）（二）（三）（四）	乐永庆	19 21 22 24	19330705 19330719 19330726 19330809	
33	中美五千万金元棉麦借款	何廉	20	19330712	
34	关于《中国银货进出口的解释》之讨论	吴大业	20	19330712	
35	金银本位国间金银货流动的原则——物价、银价、汇价与金银货流动的关系（一）（二）	吴大业	21 22	19330719 19330726	
36	答顾翊群君关于《提高银价与中国银货外流》之讨论	吴大业	23	19330802	
37	中国乡村工业与乡村建设	方显廷	24	19330809	
38	调查通信：“拔会”——一种盛行冀南的旧式信用合作制度（一）（二）	乐永庆	24 29	19330809 19330913	
39	维也纳学派对于货币论的新贡献	袁贤能	25	19330816	
40	英国市场中之日货竞争	振	25	19330816	
41	中国工业现有困难的分析	方显廷　陈振汉	26	19330823	
42	天津粮食业及磨房业之分析	方显廷	27 28	19330830 19330906	
43	天津市之足金市场	懿	27	19330830	
44	宋子文部长返国与国内经济建设	何廉	28	19330906	
45	图书介绍：《中国土地问题》（The Present Agrarian Problem in China），陈翰笙著，上海太平洋国际学会中国分会发行	振	28	19330906	
46	二十五年来抵制日货运动之经过及其影响（上）（中）（下）	傅勤先	29 30 31	19330913 19330920 19330927	

续表

序号	标　　题	作者	期数	时间	备注
47	《现款上舞弊之方法及其防止》补遗	潘竹人	29	19330913	
48	河北省各县年来之军事支应	李锐	30	19330920	
49	日就衰微的世界贸易	吴知	31	19330927	
50	调查通信：纸条世界之邯郸县地方财政	乐永庆	31	19330927	
51	屯垦青海与开辟西北	李庆麐	32	19331004	
52	书评：《人寿保险学》(Life Insurance)，汉白纳(Huebner)著，徐兆荪译，1933年，商务印书馆	丁佶	32	19331004	
53	洋米进口征税问题	吴知	33	19331011	
54	中国工业发展的前途（上）（中）（下）	方显廷　陈振汉	34 36 37	19331018 19331101 19331108	
55	通信：献县田赋及附加地方款清理纪要	王药雨	34	19331018	
56	论“田赋逾限加罚”之不可	乐永庆	35	19331025	
57	答王镇中君评拙著《中国之棉纺织业及棉纺织品贸易》	方显廷	35	19331025	
58	中国人寿保险事业	丁佶	36	19331101	
59	关于减少律的商榷	袁贤能	37	19331108	
60	我国工厂法与纱厂业之关系	方显廷	38	19331115	
61	调查通信：农村的片断（一）（二）（三）	乐永庆	38 39 40	19331115 19331122 19331129	
62	整理税收与采行专卖	李锐	39	19331122	
63	业务分类的方法	吴知	39	19331122	
64	河北省高阳县的乡村财政	冯华德	40	19331129	
65	工厂中所引用的会计制度	张伟弢	40 41	19331129 19331206	
66	从四川的赤祸说到四川的经济	张纯明	41	19331206	
67	我国钢铁工业之鸟瞰	方显廷 谷源田	42	19331213	

续表

序号	标　题	作者	期数	时间	备注
68	平均地权的解释	袁贤能	43	19331220	
69	图书介绍：读《上海市统计》	黄炎培	43	19331220	
70	计划经济	何廉	44	19331227	12月18日在中央大学演讲
71	天津之气候	鲍觉民	44 46	19331227 19340110	
72	寿缘会——一种病态的人寿保险	丁佶	45	19340103	
73	铁路货物负责运输	董承显	46	19340110	
74	我国之外债	王国忠	47 48	19340117 19340124	
75	高阳土布工业的组织现状和改革的建议	吴知	48 49 50	19340124 19340131 19340207	
76	天津日本人的经济状态	傅勤先	49 51	19340131 19340221	
77	极宜提倡之贴现市场	杨学通	50 51	19340207 19340221	
78	论中央加税与借债之政策	李锐	51	19340221	
79	近八年来天津工人生活费的变迁	方才英	52	19340228	
80	日本的食料真不够吃吗？	傅勤先	52	19340228	
81	从麦加利支票案想到的问题	刘朗泉	53	19340307	
82	预算统制之要点	张伟弢	53	19340307	
83	银价问题与中国	何廉	54	19340314	在本星期《独立评论》上同时发表
84	书评：《社会科学大辞典》，编辑者：高希圣、郭真、高乔平、龚彬、世界书局，1931年6月3版	周亚伯	54	19340314	
85	从中国铁路之需要谈到运输中之协调	董承显	55	19340321	
86	国内期刊索引介绍与批评	谷源田	55	19340321	

续表

序号	标题	作者	期数	时间	备注
87	中国近三十年来宪政运动中所表现的经济思潮	徐敦璋	56	19340328	
88	东三省“晌”之差异	王药雨	56	19340328	
89	河北省土地利用问题	叶谦吉	57	19340404	
90	通信：高阳布业之拨条	吴知	57	19340404	
91	关于强制劳工保险法草案之商榷	丁佶	58	19340411	
92	调查通信：高阳线市之交易情形	吴知	58	19340411	
93	采用农业机械的合理化	杨蔚	59	19340418	
94	浙江的二五减租和永佃权	雄藩	60	19340425	
95	书评：《会计名词汇译》，编著者：立信会计师事务所附设会计名辞讨论会，发行者：立信会计师事务所潘序伦，出版年月：1934 年 3 月	王国忠	60	19340425	
96	最近东三省对外商品贸易的新姿态	吴石城	61	19340502	
97	最近日文杂志中研究我国经济史的新趋势	朱庆永	61	19340502	
98	内地移佃垦荒之商榷	李庆麐	62	19340509	
99	乡村手工业调查：静海县第一区之织渔网	权裕源	62	19340509	
100	中国之合作运动	方显廷	63 64	19340516 19340523	
101	乡村手工业调查：静海县第一区席篓、盖垫、席之制造	傅兆文 权裕源	63 65	19340516 19640530	
102	山东农民离村的一个检讨	王药雨	64	19340523	
103	财政会议之检讨	李锐	65	19340530	
104	马夏尔（Alfred Marshall）教授的两种成本学说及其矛盾	袁贤能	66	19340606	
105	乡村手工业调查：静海县第一区帘、箔、迷封之制造	傅兆文 权裕源	66	19340606	
106	中国农村金融之现状	王文钧	67 68	19340613 19340620	
107	银行运用资金的一般原则	杨学通	67 68	19340613 19340620	

续表

序号	标　　题	作者	期数	时间	备注
108	今日中国的几个重要经济问题	何廉	68	19340620	
109	天津华商银行办理储蓄存款种类之研究	谷源田	69	19340627	
110	钦渝铁路亟应兴筑及其在各方面之价值	董承显	70	19340704	
111	每周经济时事述要（6 月 25 日至 7 月 1 日）	编者	70	19340704	
112	法律常识讲话：票据挂失有多大用处？	朗	70	19340704	
113	中国年来物价惨跌之严重性及其原因	方才英	71	19340711	
114	经济调查通信：河北省宝坻县金融流通方式	毕相辉	71	19340711	
115	每周经济时事述要（7 月 2 日至 8 日）	编者	71	19340711	
116	新颁进口税则之检讨	吴大业	72	19340718	
117	书评：研究中国经济史的一部参考书——《东洋中世史》（一）（二），志田不动磨主编，昭和九年三月平凡社版	朱庆永	72 72	19340718 19340725	
118	每周经济时事述要（7 月 9 日至 15 日）	编者	72	19340718	
119	美国的罢工潮和经济复兴运动	吴知	73	19340725	
120	每周经济时事述要(7 月 16 日至 22 日)	编者	73	19340725	
121	洋米麦面入口税应作救济农村专款	李庆麐	74	19340801	
122	每周经济时事述要(7 月 23 日至 29 日)	编者	74	19340801	
123	经济常识讲话：标金及其结价的计算方法	洁	74	19340801	
124	天津棉花运销概况	方显廷	75 76 77 78 80	19340808 19340815 19340822 19340829 19340912	
125	每周经济时事述要（7 月 30 日至 8 月 5 日）	编者	75	19340808	
126	工商顾问栏：答什么叫作“磅因”——答济南郁志亶先生	洁	75	19340808	

续表

序号	标　　题	作者	期数	时间	备注
127	整理申新纱厂刍议	谷源田	76	19340815	
128	每周经济时事述要（8月6日至8月12日）		76	19340815	
129	天津港口发展之地理背景	鲍觉民	77	19340822	
130	每周经济时事述要（8月13日至8月19日）	编者	77	19340822	
131	沙尔德氏之中国经济论	丁佶	78	19340829	
132	每周经济时事述要（8月20日至8月26日）	编者	78	19340829	
133	最近六年中国经济之变动	吴大业	79	19340905	
134	山西省统制贸易	谷源田	80	19340912	
135	每周经济时事述要（8月27日至9月9日）	编者	80	19340912	
136	评立法院《取缔棉花掺水掺杂条例》	叶谦吉	81	19340919	
137	读《整理申新纱厂刍议》后	厉无咎	81	19340919	
138	中国农村合作问题之探讨	C. F. Strickland讲，谷源田译	82	19340926	本文为英国合作专家C. F. Strickland在南开大学为南开同人所作演讲。
139	北魏均田	朱庆永	82 84	19340926 19341010	
140	每周经济时事述要(9月10日至23日)	编者	82	19340926	
141	中国铁路在政治上及经济上之价值	王维显	83	19341003	
142	每周经济时事述要(9月24日至30日)	编者	83	19341003	
143	云南省之经济地理	吴华稼	84	19341010	
144	每周经济时事述要（10月1日至7日）	编者	84	19341010	
145	工商顾问栏：介绍国内出版之经济及会计定期刊物	编者	84	19341010	

续表

序号	标　　题	作者	期数	时间	备注
146	高阳及宝坻两个棉织区在河北省乡村棉织工业上之地位	毕相辉	85	19341017	
147	河北省县财政分配上表现的行政虚弱症	冯华德	86	19341024	县政问题专号
148	河北省县“吏”治的潜势力	左德	86	19341024	县政问题专号
149	河北省县行政上几个问题	乐永庆	86	19341024	县政问题专号
150	白银出口与出口税	杨学通	87	19341031	
151	每周经济时事述要(10 月 8 日至 28 日)	编者	87	19341031	
152	白银征税与棉纱增税政策上之矛盾	何廉	88	19341107	
153	中国之统计制度	方才英	88	19341107	
154	每周经济时事述要（10 月 29 日至 11 月 4 日）	编者	88	19341107	
155	中国历年在国际联合会所担负的经费——中国政府的一笔新外债	徐敦璋	89	19341114	
156	经济常识讲话：改定新标准后的标金计算方法	洁	89	19341114	
157	每周经济时事述要(11 月 5 日至 11 日)	编者	89	19341114	
158	白银问题之史的探讨	吴知	90	19341121	
159	苏俄建筑贝加尔阿穆尔铁路之重要	鲍觉民	91	19341128	
160	商法常识讲话：设立登记前之公司	刘朗泉	91	19341128	
161	每周经济时事述要（11 月 12 日至 25 日）	编者	91	19341128	
162	中国水泥工业之鸟瞰	方显廷 谷源田	92	19341205	
163	每周经济时事述要（11 月 26 日至 12 月 5 日）	编者	92	19341205	
164	视察陕、冀、鄂三省合作社后之观感	C. F. Strickland 著，谷源田译	93	19341212	

续表

序号	标　　题	作者	期数	时间	备注
165	每周经济时事述要（12 月 3 日至 9 日）	编者	93	19341212	
166	陇海路之完成与开发西北	鲍觉民	94	19341219	
167	每周经济时事述要（12 月 10 日至 16 日）	编者	94	19341219	
168	“内局”——天津鞋业组织之一种	谷源田	95	19341226	
169	河北省之包税制度	王志信	96	19350109	
170	每周经济时事述要（1934 年 12 月 17 日至 1935 年 1 月 6 日）	编者	96	19350109	
171	我国今日之经济地位	何廉	97	19350116	
172	每周经济时事述要（1 月 7 日至 13 日）	编者	97	19350116	
173	为币制研究委员会进一言	何廉	98	19350123	
174	盐政改革委员会与新盐法之实施	谷源田	98	19350123	
175	举办邮政简易人寿保险之商榷	丁佶	99	19350130	
176	每周经济时事述要（1 月 14 日至 27 日）	编者	99	19350130	
177	民国二十三年中国经济之变迁	方才英	100	19350213	
178	每周经济时事述要（1 月 28 日至 2 月 10 日）	编者	100	19350213	
179	民国二十三年中国金融之回顾	杨学通	101	19350220	
180	中国乡村工业的出路	方显廷	102	19350227	
181	汇兑划账制	吴承禧	102	19350227	
182	每周经济时事述要（2 月 11 日至 24 日）	编者	102	19350227	
183	石德兰氏之中国合作事业意见书	C. F. Strickland 著，谷源田译	103	19350306	
184	甘草的用途及其产销状况	王药雨	103	19350306	
185	中国合作运动的中心问题	方显廷	104	19350313	
186	叶淇与明代的“开中纳粟”制度	朱庆永	104	19350313	
187	河北省牙税性质之演变	冯华德	105	19350320	
188	河北省静海县之田赋及其征收制度	李陵	106	19350327	

续表

序号	标　　题	作者	期数	时间	备注
189	每周经济时事述要(2 月 25 日至 3 月 24 日)	编者	106	19350327	
190	谈二十四年金融公债与救济工商业	吴知	107	19350403	
191	东北农村的“卖青”制度	王药雨	107	19350403	
192	危机交迫之中国财政与金融	崔敬伯	108	19350410	
193	每周经济时事述要(3 月 25 日至 4 月 7 日)	编者	108	19350410	
194	中国目前之土地政策	李庆麐	109	19350417	
195	合作金库与合作银行	C. F. Strickland 著,张□□译	109	19350417	
196	介绍本所最近出版之三种刊物:《政治经济学报》,英文《南开社会经济季刊》(Nankai Social & Economic Quarterly),《南开指数年刊》	编者	109	19350417	
197	中国农村的入超	袁贤能	110	19350424	
198	每周经济时事述要(4 月 8 日至 21 日)	编者	110	19350424	
199	苏俄农业的工业化	方显廷	111	19350501	
200	关于苏联计划经济之一些粗略的检讨	陈锡襄	111	19350501	
201	中美经济关系的探讨	方显廷	112	19350508	
202	公司股票及债券之抵押——一个法律的研究	刘朗泉	112	19350508	
203	河北省田房契税性质之检讨	李陵	113	19350515	
204	吾国典当业的探讨	张由良	114	19350522	
205	从淄川煤矿大惨案谈到中国矿工的保护问题	吴知	115	19350529	
206	近二十年来山东益都县五十个农村的农户和耕地所有权之变迁	王药雨	115	19350529	
207	中国商标的近似问题	丁洪范	116	19350605	
208	每周经济时事述要(5 月 20 日至 6 月 2 日)	编者	116	19350605	

续表

序号	标　　题	作者	期数	时间	备注
209	国际分工大会与中国	吴知	117	19350612	
210	全国应速起预防灾荒	李庆麐	118	19350619	
211	合作运动中两个问题的探讨	卢□□	118	19350619	
212	吾人对于减少国际贸易入超应有的觉悟	谷源田	119	19350626	
213	中国土地问题文献述评	方显廷	120	19350703	
214	吾国县收入制度之特征	冯华德	121	19350710	
215	世界羊毛市场和中国所处之地位	谢强	121	19350710	
216	平衡国际贸易声中汇兑统制之检讨	杨学通	122	19350717	
217	工农立国下中国乡村工业的新评价	吴知	123	19350724	
218	民国二十三年天津对外直接贸易之回顾	吴石城	123	19350724	
219	中国棉花运销合作的组织问题	叶谦吉	124	19350731	
220	价格的维持与贬价的应付	丁洪范	124	19350731	
221	在华外商银行概述	王文钧	125	19350807	
222	经济建设与文化建设	丁洪范	126	19350814	
223	民国二十三年来之内债及其用途	王乃栋	126	19350814	
224	道光朝禁烟之经济背景	任宗济	127	19350821	
225	承兑汇票之理论与实施	朱继珊	128	19350828	
226	经济时事述评：中日经济提携	丁洪范	128	19350828	
227	维克散之利息与物价学说及批评	袁贤能	129	19350901	
228	吾人对河北省棉产改进会之希望	方显廷	130	19350908	
229	明代九边军饷	朱庆永	130 131	19350908 19350916	
230	为中国各省当局之办理合作事业者进一言	石兰德（C. F. Strickland ）著，陈振之译	131	19350916	
231	李滋罗斯来华与中英经济关系之前途	陈振之	132	19350923	

续表

序号	标　　题	作者	期数	时间	备注
232	上海之票据清算制度	王文钧	133	19350930	
233	经济时事述评：		133	19350930	
234	中国农地问题与阎锡山氏之土地村有计划	刘君煌	134	19351007	
235	华北农村经济衰落之一般——宝坻县农业状况素描	毕相辉	134	19351007	
236	“土地村公有”办不到	李庆麐	135	19351014	
237	二十四年第三季中国金融之回顾	王文钧	135 136	19351014 19351021	
238	比较江宁、定县、兰谿三个实验县的财政基础	冯华德	136	19351021	
239	为土地问题向六中全会建议几点	李庆麐	137	19351028	
240	经济建设与资本的强制积储	丁洪范	137	19351028	
241	日本工业近来之进展	丁佶	138	19351104	
242	中国通货管理几个重要问题之商榷	何廉	139	19351111	
243	通货管理与中国经济前途	方显廷	139	19351111	
244	从法律上看币制新令	刘朗泉	139	19351111	
245	各国通货管理之现状及今后货币政策之趋势	吴知	140	19351118	
246	中国晚近改革币制方案之总检阅	丁洪范	141	19351125	
247	财部实行币制改革后各方面之观察	王文钧	141	19351125	
248	通货管理学说之发展	袁贤能	142	19351202	
249	美国复兴运动中的金融管理	黄邦桢	142	19351202	
250	凯衍斯氏与其管理货币学说	黄邦桢	142	19351202	
251	日本输出贸易近来之进展	丁佶	143	19351209	
252	书评：《赤区土地问题》，成圣昌著，中国出版合作社出版，1934 年	刘君煌	143	19351209	
253	经济建设与水力利用	鲍觉民	144	19351216	
254	中国的现行税制鸟瞰	丁洪范	145	19351223	
255	中山先生节制资本学说之探讨	黄邦桢	146	19351230	

续表

序号	标　　题	作者	期数	时间	备注
256	整理币制与平民生计	王文钧	146 147	19351230 19360106	
257	殖边与国防	李庆麐	147	19360106	
258	费暄教授之安定币值学说及其著作	谷源田	147	19360106	
259	中国战时的经济问题	丁洪范	148	19360113	
260	参观陕、豫、冀三省合作社后之感想	吴华宝	148	19360113	
261	编制经济与中国	方显廷	149	19360120	
262	一年来中国经济之回顾	王文钧	150 151	19360127 19360203	
263	每周物价指数	经济研究所	150	19360127	
264	四川省之经济概况	鲍觉民	151	19360203	
265	为《定县土地陈报》敬答余泽棠先生	冯华德	151	19360203	
266	内国公债对于国民经济的影响	丁洪范	152	19360210	
267	中国经济之症结	方显廷	153	19360217	
268	国民党之经济政策	黄邦桢	154	19360224	
269	中国之经济行政	吴知	155	19360302	
270	我国农地抵押放款问题之探讨	吴华宝	156	19360309	
271	华北农产研究改进社二十四年度之棉运工作	卢光绵	156	19360309	
272	中国之土地问题与土地政策	方显廷	157	19360316	
273	经济短评：中国贸易出超？遗产税与所得税之筹征	丁洪范	157	19360316	
274	中国之农业生产	吴华宝	158	19360323	
275	不可思议的经济学说	袁贤能	158	19360323	
276	中国新工业之回顾与前瞻	谷源田	159	19360401	
277	经济短评：我国财政到底往哪里去？	丁洪范	159	19360401	
278	统制贸易之检讨	谷源田	160	19360408	
279	经济短评：统制贸易与人才训练	丁洪范	160	19360408	
280	生产救国？消费救国？	丁洪范	161	19360415	
281	陕西棉业合作之检讨	李自发	161	19360415	作者为陕西棉产改进所

续表

序号	标　　题	作者	期数	时间	备注
282	中国棉花产销合作社运销机关所经理棉花运销之过程	曹康伯	161	19360415	
283	中国之农业合作	吴华宝	162	19360422	
284	怎样纪念“劳动节”——今后中国劳工运动的出路	吴知	163	19360429	
285	考察浙江合作事业后之印象	甘博尔著 刘毓璜译	163	19360429	
286	德国之统制经济思想	韩鸿丰	164	19360506	
287	耕地所有权的分配和田场分割状态一个实例的研究——河北高阳县旧城村调查结果	王药雨	164	19360506	
288	山西倡办土地村公有之经过	刘君煌	164	19360506	
289	中国工业化发展迟缓之分析	窝漆德(J. E. Orchard)著，刘毓璜译	165	19360513	
290	济南市的财政	李建昌	165	19360513	
291	经济短评：经济学家与财政政策	丁洪范	165	19360513	
292	中国之工业化与乡村工业	方显廷	166	19360520	
293	经济短评：分裂与统一	丁洪范	166	19360520	
294	由华北走私说到天津对外贸易	王文钧	167	19360527	
295	经济短评：中美货币协定以后， 人口迁徙的原因	丁洪范 海	167	19360527	
296	宪法草案中经济条文评释	王文钧	168	19360603	
297	热带国家合作方法	C. F. Strickland著，黄肇兴译述	168	19360603	
298	农本局组织之商榷	吴华宝	169	19360610	
299	吴县租佃问题	刘君煌	169	19360610	
300	中山先生平均地权计划的检讨	袁贤能	170	19360617	
301	保护关税在经济原则上的辩护	丁洪范	170	19360617	

续表

序号	标　　题	作者	期数	时间	备注
302	论战时财政	朱文兰	171	19360624	
303	经济短评：罗斯在日本	丁洪范	171	19360624	
304	非常时财政应否以通货税为出路	丁洪范	172	19360701	
305	战费的分析	朱文兰	173	19360708	
306	经济短评：拿工作来建设， 刘阿斗灵魂何在？	丁洪范 ××	173	19360708	
307	中国国民经济建设的出路	吴知	174	19360715	
308	合作社为什么发展过速？	质中	174	19360715	
309	地政与财政之调整	陶继侃	175	19360722	
310	中国人口的迁徙	丁洪范	175	19360722	
311	利用外资问题之过去与将来	杨学通	176	19360729	
312	书评：《中华民国统计提要》（二十四年辑），编辑者：国民政府主计处统计局，上海商务印书馆，1936 年 5 月	何廉	176	19360729	
313	广东的临时地税及其批评	李建昌	177	19360805	
314	中国合作事业推进机关之鸟瞰	黄肇兴	178	19360812	
315	经济短评：经济建设与人才训练	丁洪范	178	19360812	
316	论推行合作与教育程度	贾文方	178	19360812	实业部正定棉业试验场
317	近年来我国之土地改革与土地整理	刘君煌	179	19360819	
318	经济建设与水利人才训练	李书田	180	19360826	
319	中国高级合作教育之发轫		180	19360826	
320	物价应稳定乎？	袁贤能	180	19360826	
321	四川省之公路建设	谷源田	181	19360902	
322	吾国国地财政划分之理论与实际	冯华德	182	19360909	
323	中国土地整理之鸟瞰	董浩	183	19360916	
324	膨胀通货有利于工商业吗？	丁洪范	183	19360916	
325	国民经济建设中调协劳资关系的心理建设	吴知	184	19360923	
326	对于农本局成立后之希望	黄肇兴	184	19360923	

续表

序号	标　　题	作者	期数	时间	备注
327	南昌县合作事业之检讨	梁思达	185	19360930	
328	中国各种运输方法运价之比较	丁洪范	185	19360930	
329	设计农村合作社会计制度要义	王文钧	186	19361007	
330	加塞尔的货币学说	韩鸿丰	186	19361007	
331	法国货币改革之原因及其影响	杨学通	187	19361014	
332	《河北省合作事业报告》译评	杨骏昌	187	19361014	
333	中国田赋之积弊及其整理	陶继侃	188	19361021	
334	井田与均田	陶希圣	189	19361028	
335	陕西农业合作之现状	王作田	189	19361028	
336	青岛市之地价税概况	陶继侃	189	19361028	
337	今后之中国合作运动	黄肇兴	190	19061104	
338	天津棉花市场之组织	叶谦吉	190	19361104	
339	所得税之会计方面问题	丁佶	191	19361111	
340	问答栏：怎样研究官厅会计	编者	191	19361111	
341	论吾国中央与地方政府财政关系之调整	李锐	192	19361118	
342	寺院与农民	王毓铨	192	19361118	
343	设计棉花运销合作社会计制度刍议	曹康伯	193	19361125	
344	日本的旅行事业	源	193	19361125	
345	通货管理下之币值标准	张孟令	194	19361202	
346	日澳之贸易关系	源	194	19361202	
347	县政实验县区合作事业之比较	李文伯	195	19361209	
348	整理地方财政之途径	方显廷	196	19361216	
349	静海县农业金融之分析	张由良	196	19361216	
350	华北农村合作社之实地考察	王文钧	197	19361223	
351	从苏俄茶产的进展谈到华茶销俄的前途	谷源田	197	19361223	
352	开封之花生市场	刘君煌	198	19361230	
353	美国植桐事业与中国桐油出口贸易	源	198	19361230	

续表

序号	标　　题	作者	期数	时间	备注
354	山东省县地方财务行政制度	王文钧	199	19370106	
355	苏联的甜菜糖业	源	199	19370106	
356	世界之茶叶贸易	William H. Ukers 著，谷源田译	200	19370113	
357	中国的财富与收益及其个人分配	丁洪范	201	19370120	
358	对于农仓业法有关运销合作之一点意见	黄肇兴	202	19370127	
359	山东邹平合作事业之分析	丛树旗	202	19370127	山东邹平合作事业指导委员会
360	合作社会计记录应具之要素——与指导合作事业诸同志相研讨	程君清	203	19370203	
361	近一年来天津铜元涨价之原因及其影响	胡元璋	203	19370203	
362	调查通讯：山东济宁县最近食粮涨价之原因	乐永庆	203	19370203	
363	从理论和事实上见到我国战时财政的出路	丁洪范	204	19370210	
364	我国开征遗产税之研究	张一凡	205	19370217	
365	论公司之破产并评现行破产法关于此点之规定	刘朗泉	206	19370224	
366	设计县合作金库会计制度之商榷	曹康伯	206	19370224	
367	苏俄之集体农场	葛磊士	207	19370303	
368	中国人口的差别生育率	丁洪范	207	19370303	
369	我国小麦品质之初步调查研究	辛润棠	208	19370310	
370	关于遗产之破产	刘朗泉	208	19370310	
371	河北省棉产改进会之棉花运销合作事业	卢广绵	209	19370317	
372	中国之土地利用	胡应荣	210	19370324	
373	书评：Practical Accounting Methods for Chinese Co-operation, Mackenzie Stevens, University of Nanking, 1935 年 12 月	曹康伯	210	19370324	

续表

序号	标　　题	作者	期数	时间	备注
374	工业发展与人口之关系——一个实例的研究	梁锡辉	211	19370331	
375	世界白银之生产，消费及价格统计	编者	211	19370331	
376	蛋民的生活	陈序经	212	19370407	
377	乡村建设运动的史略与模式	陈序经	213	19370414	
378	几个关于劳动者家庭的大小及工资收益人的有意义数字	丁洪范	213	19370414	
379	民国二十五年中国国际收支数目的推测	编者	213	19370414	
380	乡村建设的组织与方法的商榷	陈序经	214	19370421	
381	再谈民国二十五年中国的国际收支数目	编者	214	19370421	
382	日本财政政策之航线	王海波	215	19370428	
383	从中国农产商品化谈到中国农民应有之觉悟	符致远	216	19370505	
384	最近十年中国财政批判	崔伯敬	217	19370512	
385	世界金产及其分配	达	217	19370512	
386	述鲁西一县之田赋实况及征收制度	王文钧	218	19370519	
387	关于物价问题的学说和政策的演进	袁贤能	219	19370526	
388	五年来邹平实验县合作事业及农村金融总检讨	从树旗	219	19370526	
389	币制改革以来我国稳定外汇之经过	侯树彤	220	19370602	
390	四川省之土地利用	李贤堃	220	19370602	
391	合作社考成制度之研究	杨骏昌	221	19370609	
392	青岛市政府之乡村建设工作	曹康伯	222	19370616	
393	土地陈报之理论与实施	董浩	223	19370623	
394	海南岛之地理环境及其产业概况	符致远	224	19370630	
395	近六年来日本之黄金产量	源	224	19370630	
396	北平市之小本借贷事业——介绍北平市市民小本借贷处	严景珊	225	19370707	
397	二十六年度国家总预算平议	王海波	226	19370714	

续表

序号	标　　题	作者	期数	时间	备注
398	河北省棉花之需给及运销	卢广绵	226	19370714	
399	北平市之地毯业	黄天仰	227	19370721	
400					
401	复刊词		X1	19471015	
402	官价外汇与补贴政策——新外汇政策平议之一	滕维藻	X1	19471015	
403	中国工业化的农业基础	鲍觉民	X1	19471015	
404	现代财政思潮的趋势	龙吟	X2	19471022	
405	国之大事在工业化	范齐	X2	19471022	
406	经济短评		X2	19471022	
407	对日和会声中日本工业水准问题	杨学通	X3	19471029	
408	美国贷款与当前经济	史道源	X4	19471105	
409	通货膨胀与外汇政策	赵靖	X4	19471105	
410	改革币制机不可失	范齐	X4	19471105	
411	美国人的经济	袁贤能	X4	19471105	
412	外汇率应该再放长么	袁贤能	X5	19471112	
413	官汇与消费补贴政策	龙吟	X5	19471112	
414	朝鲜独立声中监委管制中韩贸易提案评议	汪兆琛	X6	19471119	
415	中国工业化的史略及其特质	范齐	X6	19471119	
416	国际贸易会议与贸易宪章	胡继瑗	X7	19471126	
417	论低价外汇政策	赵靖	X7	19471126	
418	充分就业的意义与生产贷款	宋承先	X8	19471203	
419	宪法中的经济生活条款	伯平	X8	19471203	
420	如何根除日本军事工业之潜力——对日和谈另一重要问题	杨学通	X9	19471210	
421	证券交易所的使命	史道源	X10	19471217	
422	证券交易所投机与游资	宋承先	X10	19471217	
423	当前中国的经济问题	丁洪范	X11	19471224	
424	马歇尔计划与美国经济恐慌	瓦尔加　作 王运成　译	X11	19471224	

续表

序号	标　　题	作者	期数	时间	备注
425	南洋华侨经济的危机与展望	陈序经	X12	19480102	
426	南洋经济结构的剖视	何启拔	X12 X13	19480102 19480107	
427	美金公债与证券交易所	龙吟	X13	19480107	
428	中国工商业现况之分析	胡建中	X14	19480114	
429	管制金融应从根本着手	滕维藻	X15	19480121	
430	书评：《马克斯之资本论》	刘国光	X15	19480121	
431	何谓游资	严仁赓	X16	19480128	
432	华南走私和中港协定	袁贤能	X16	19480128	
433	中国工业化落伍的原因	范齐	X16 X17	19480128 19480204	
434	中国的经济现状与银钱业的责任	资耀华	X17	19480204	
435	外汇平衡基金之意义及其作用	赵靖	X17 X18	19480204 19480218	
436	当前中国经济的危机及其出路	丁洪范	X18	19480218	
437	恢复工贷，改善办法	袁贤能	X18	19480218	
438	胜利以来美国对外经济政策之评议	汪兆琛	X19	19480125	
439	两种不同原则下的两种经济政策	E. 特拉赫坦伯格　作 王运成　译	X19	19480125	
440	论改革币制	史道源	X20	19480303	
441	工贷的症结	范齐	X20	19480303	
442	中国小农经济之结构与得失（上）（下）	刘君煌	X21 X23	19480310 19480331	
443	采用银币传说的由来	袁贤能	X21	19480310	
444	对张群十项经济改革计划的几点具体建议	赵靖	X22	19480324	
445	论西德经济现状	王运成译	X23	19480331	
446	借资与逃资	范齐	X23	19480331	
447	孙中山与马克思（上）	樊弘	X24	19480407	
448	我们要来一个金融独立运动	丁洪范	X25	19480414	

续表

序号	标题	作者	期数	时间	备注
449	纪念费暄先生	杨曾武	X25	19480414	
450	试释四层累退税	龙吟	X26	19480421	
451	战后苏联经济之增长	王运成 译	X26	19480421	
452	论短期国库券的发行	宋承先	X27	19480428	
453	新书介绍：《天津的经济地位》，编著者：李洛之，聂谷，1948 年 3 月 1 日出版	董式珪	X27	19480428	
454	科学与资源——在南大五四纪念会讲演词	鲍觉民	X28	19480505	
455	英镑与美元问题	梅莹 译	X28	19480505	
456	外汇平衡工作的检讨	史道源	X29	19480512	
457	实施中的苏联战后五年计划	P. 叶高洛夫 作 王运成 译	X29	19480512	
458	救济特捐与当前经济危机	赵靖	X30	19480519	
459	闲话资本捐	范齐	X30	19480519	
460	中东油田的面面观	杨生茂	X31	19480526	
461	物价继涨与银行政策——从罗伯生之银行政策理论说到当前中国物价问题	苏绍智	X31 X32	19480526 19480602	
462	新政府究竟有无经济政策？	丁洪范	X32	19480602	
463	结汇证明书使用办法之商榷	赵靖	X33	19480609	
464	当前经济的货币关系	（英）R. G. Hawtrey 著 胡鲁声 胡鉴美 译	X33 X34 X35	19480609 19480616 19480623	
465	外汇新法令与侨汇逃避	袁贤能	X34	19480616	
466	限价配给与消费剩余	龙吟	X35	19480623	
467	论游资	马笙伯	X36	19480630	
468	试算表不平衡检查法	焦达民	X36	19480630	
469	英国国际贸易日趋好转	赵德洁	X37	19480707	
470	论战时节约的目的	范齐	X37	19480707	

续表

序号	标　　题	作者	期数	时间	备注
471	“唯物”与“道德”	严仁赓	X38	19480714	
472	新外汇政策的检讨	周孝曾	X38	19480714	
473	反对在战乱中征课临时财产税	龙吟	X39	19480721	
474	论战时节约的方法	范齐	X39	19480721	
475	怎样打开外汇问题的双支	梅莹	X40	19480728	
476	答马伯笙先生	严仁赓	X40	19480728	
477	斥反对资本捐者的意见	何三畏	X40	19480728	
478	天津工业之危机	余新民	X41	19480804	
479	官僚资本的形态及其特质	芮昌义	X41	19480804	
480	币制改革时机未至	杨学通	X42	19480811	
481	我国战时市场之变态	刘传炎	X42	19480811	
482	论补救新外汇政策缺点的办法	周孝曾	X43	19480818	
483	膨胀通货的法术	陈炳和	X43	19480818	
484	论华北剿总之土地改革方案	刘君煌	X44	19480825	
485	我国现行营业税之物质及其改进	刘传炎	X44	19480825	
486	法令·币值·人民信心	龙吟	X45	19480904	
487	论新币制	史道源	X45	19480904	
488	论新币制改革政策	周孝曾	X46	19480908	
489	利率与工商业	王德龄	X46	19480908	
490	通货膨胀下之资产负债对照表及其脱节处	余新民	X47	19480915	
491	我国币制的改革及其前途	丁洪范	X48	19480922	
492	利率与物价	王德龄	X48	19480922	
493	通货税负担的发生与分配	陈炳和	X49	19480929	
494	漫谈“九·一八”物价政策	胡炳望	X49	19480929	
495	我为什么赞成开征资产税	马寅初	X50	19481006	
496	财产税之理论与实际	周孝曾	X50	19481006	
497	我国实行资本捐困难之补救	何三畏	X50	19481006	
498	论配给	龙吟	X51	19481013	

续表

序号	标题	作者	期数	时间	备注
499	再和严仁赓先生论游资	马笙伯	X51	19481013	
500	新书介绍：《新币制——金圆券》，撰稿人：吴大业、冯华德；出版年月：1948年9月；发行人：中国经济研究所	董式珪	X51	19481013	
501	华北批发物价指数	杨学通	X52 X53	19481020 19481027	
502	论补救新币制缺点的办法	周孝曾	X53	19481027	
503	从速控制发行，挽救新币制	滕维藻	X54	19481103	
504	中国官僚资本的形成	黄昌义	X54	19481103	
505	中国合作问题的检讨	魏重庆	X55	19481110	
506	财政的通货膨胀的影响	陈炳和	X55	19481110	
507	财经措施应再补充的一点	王佩玖	X55	19481110	
508	改币后的天津市场概况	范齐	X56	19481117	
509	论“核本定价”	管锦康	X57	19481124	
510	今后金圆券的动向	吴庆和	X57	19481124	